ジェンダー・暴力・権力

鳴子博子 編著

水平関係から水平・垂直関係へ

晃洋書房

はしがき

　本書の共通テーマは「ジェンダー・暴力・権力」である．ジェンダー・暴力・権力の三要素のうち，まず暴力と権力の関係について見ることにしよう．編者は18世紀後半の社会思想，政治思想を研究領域としているので，当時の国家のはじまり，権力の起原をめぐる二人の言説を取り上げてみたい．

　まずその一人，アンシャン・レジーム末期の弁護士・言論人シモン・ランゲ（S. N. H. Linguet, 1736-1794）が『市民法理論』（1767）で叙述する国家の成り立ちを瞥見しよう．ランゲが農耕者，牧畜者，狩猟者に与える性格規定はかなり特異で，彼の語る国家のはじまりは一般的な世界史の理解とは大きく異なっている．農耕者は収穫物を排他的に独占しようとするあまり臆病で，集合するより隠れ分散しようとし，乳を利用するために動物を放牧する牧畜者も臆病で分散傾向を持つとされる．それに対して，狩りで仲間や助けを必要とする狩猟者だけが，未開の野蛮を引き継ぎ，臆病な農耕者と牧畜者の所有物を強奪して，彼らを家来にしたのだという．さらに主人となった狩猟者は力づくで奪い取ったものの所有を法律によって権利とする．要するにランゲのテーゼは，社会は暴力から生まれ所有権は横領から生まれた，である．

　対するもう一人はルソー（J.-J. Rousseau, 1712-1778）である．ランゲ・テーゼが『人間不平等起原論』（1755）への反駁的応答であることは疑いようがない．ルソーの描き出す国家はランゲと異なり，暴力そのものが社会・国家の起原なのではなく，国家は戦争状態という社会を覆う暴力状態を正すために人びとの自発的合意によって設立されたとされる．合意に基づく国家の設立という理論枠組みの採用は，ルソーが社会契約論者と呼ばれる所以だが，第四階級と言うべき都市の零細民の窮状をつぶさに見，自身も極貧生活を体験したランゲからすれば，合意に基づく国家設立などという言説は，激しい攻撃・反駁対象でしかなかった．人びとの合意による国家設立を認めないランゲだが，人間の恐れや暴力に着目した点に限れば，むしろ社会契約説の先人ホッブズとの類似点が見て取れよう．ランゲの生きた時代はルソーと四半世紀ずれていて，社会矛盾が激化し，都市の窮乏がさらに進行した時代だった．荘厳な建造物の上部の装飾と建物を支える土台石との関係を引き合いに出しながら，社会的な上下関係

を「いくら頑張っても，社会の一番下の土台石に重みがかからないようにすることはできない．それは，ほかのあらゆる石の重みで永久に押しつぶされるためにある」と断言するランゲは『剰余価値学説史』や『資本論』に自身の言説を登場させるほどカール・マルクスに大きな反応を起こさせた．ランゲとルソーの間の溝は深い．しかし私たちは，ルソーの「自発的合意」のニュアンスも見落とすべきではない．ルソーの描写する「合意」は問題を全部解決するようなすっきりした合意ではなく，むしろ問題含みのものであった．国家設立に至る説明はこうである．農業と冶金の発明を内容とする「大きな革命」によって社会状態に移行した人びとは，モノを所有するようになったことで，ほどなくモノをめぐって争い合う戦争状態に突入する．戦争状態は，確かに誰にとっても危険な暴力状態だが，多くのモノを所有する富者にとって，よりいっそう忌むべき状態だったので，国家設立の合意は，所有権の確立の必要を誰よりも望んだ少数者である富者が，多数の貧者を巧みな弁舌で誘導してとりつけたものだった，と．始まったばかりの国家で富者は自身に有利な法律を策定する．要するにそれは「そもそもの始まりが悪い」バイアスのかかったスタートだったというわけである．

　以上，暴力との密接な関係の中で立ち上がる権力の起原をめぐる2つの言説を紹介したが，それでは，暴力，権力関係にジェンダーはどうかかわってくるのだろうか．少なくとも彼らの国家の起原，権力の起原の言説には，ジェンダー関係が語られず，ジェンダーの問題が捨象され除外されているように見える．ジェンダー視点から事物を捉え直すことが私たちには必要ではないか．本書はエンゲルスの『家族・私有財産・国家の起源』やバッハオーフェンの『母権論』を念頭に置いているのではなく，むしろ現代から問題を捉える．暴力－権力関係を国家という公領域からマクロ的にアプローチするばかりでなく，私たちにより身近な近接領域から捉えるようなアプローチはないのだろうか．第7章の筆者棚沢直子は，母の主体的な位置から母子を凝視することから出発し，それを世代関係に広げ，世代関係を私領域から引き出すために世代〈社会〉関係という語に到達する．棚沢はフェミニズムが水平の男女関係をもっぱら問題にし，男女平等の実現を求めてきた点を強調，確認した上で，人間の垂直関係，世代間関係を分析することの重要性を強調する．1789年8月26日の『人および市民の権利宣言』は「人は，自由かつ権利においても平等なものとして出生し，かつ生存する」と宣言するが，実際には，生まれたばかりの乳児や幼児，全部

ではないが，かなりの数の高齢者などは，他者の世話を受けずには生活できない．他者の世話を必要とする人と他者を世話する労働を行う人との間には力の強弱，力関係が存在する．人間の垂直関係，世代関係に存在し作用する力，暴力への注視は，DV の問題に留まらず根源的な力の問題領域に私たちを誘う．垂直関係，世代関係における力，暴力を権力の源泉に捉える視座の獲得である．余りに近すぎて認識できなかった力，権力を，棚沢はフランスと日本を凝視，比較することによって捕捉したのである．本書の特筆すべき特徴の 1 つは，水平関係から水平 – 垂直関係への重心移動の提起にある．それはミクロとマクロを結節する視座なのである．

　現代とはどのような時代なのか，執筆者たちが共有する認識は何か．権威主義的社会・国家に抗する1970年代の異議申し立ての時代から半世紀が経過した．公領域と私領域との間に線を引き，公私の領域を切断したのは近代の仕業に他ならず，両領域は連続し相互浸透するものであると告発した第二波フェミニズム後の世界に私たちは生きている．執筆者たちが，リアルタイムにであれ，事後的にであれ，「個人的なことは政治的なことである」という第二波フェミニズムの主張から多かれ少なかれ影響を受けていることは改めて言うまでもない．私たち執筆者は当然のこととして，それぞれの価値観を持っているが，多様なセクシュアル・マイノリティの存在を認識し，そうした人びとへの偏見の除去，権利擁護が喫緊の課題とされる現代においても，真の男女平等，ジェンダー平等はすでに克服された課題なのではなく，依然，幾多の課題が残されていることは疑いえないという認識は緩やかに共有している．

　3 部 9 章からなる本書が分析対象とする時期は，18世紀後半から現代までであり，各章は各自の問題意識に導かれて，それぞれの研究領域から共通テーマ「ジェンダー・暴力・権力」にアプローチしている．執筆者の研究領域は人文科学，社会科学にまたがり，フランス社会思想史・政治思想史，フランス植民地史，ロシア政治思想史，日本近現代史・南方移民史，社会政策・ジェンダー史，アイルランド・ブリテン社会思想史，フランス思想・日仏比較研究，政治思想史・フェミニズム，哲学・社会思想と多岐にわたる．各章を大別すれば，国家（公領域）にアクセントを置き，そこからアプローチする論考と近接領域，私領域の分析を中心に据え，そこからアプローチする論考とに分けられる．それゆえ，本書の論考が公領域からであれ，近接領域からであれ，連続し相互浸透するプラットホーム，空間でどのように出合い，対話を進めてゆくのかが問

題なのである．

第Ⅰ部「革命・反乱・亡命」は以下の３章からなる．

第１章「ルソー的視座から見た時間・空間のジェンダー「フランス革命」論──戦争状態を終わらせるものは何か」において鳴子は，国王の権力と民衆の暴力とが剥き出しの力として対峙・衝突する歴史の例外期としてのフランス革命期をジェンダー視点から捉え直す．バスチーユ攻撃，ヴェルサイユ行進，第二革命（８月10日の革命）という３つの暴力を伴った直接行動は王権の振りほどきを遂行する現場であったが，なかでも本章が重要視するのは，民衆の女性たちが家族という近接領域から公共空間に現れ出て，国王に直談判してパリへの強制的な遷都と８月の諸法令と人権宣言の裁可とを実現させたヴェルサイユ行進である．

革命は以後，ヴェルサイユ行進の影響圏で進行する．第二革命に至るプロセスの中で，国王の拒否権撤回を求めるジロンド派の女王ロラン夫人の闘いは民衆の集団行動ではないが，やはりヴェルサイユ行進の影響圏での闘いと言えよう．分析は王権の振りほどきを完了させた第二革命で終わらない．第二革命は王権という外部の敵は振りほどいたものの民衆自身の内部の敵（自身の奴隷性）を振りほどきはせず，戦争状態を終わらせてはいないからである．本章は第二革命から２年弱後の最高存在の祭典への民衆の自発的な参加を注視する．自身の奴隷性を振りほどかなければ，政治は戦争の次元に留まり道徳の次元に転換させることはできない．男性のみならず女性も公共空間に登場した最高存在の祭典は，政治を道徳の次元に転換させる場，民衆が人民となり，集団の暴力行動が革命へと転化しうる場に他ならないからである．

1970年代の第二波フェミニズムに先んずること180年，人間の自由を宣言した人権宣言を裁可させたのは，男たちではなく民衆の女性たちの家族防御的な暴力行使だった．近接領域から公共空間に現れ出た女性たちの直接行動が，フランス革命の歩みばかりか人類の歴史を大きく動かしたのである．

第２章「ナポレオンと植民地──反乱，奴隷，女性」で平野は，フランスの周縁の植民地グアドループでナポレオン期に起きた反乱を素材にしている．この地では革命期に一度廃止された奴隷制が再建される中で反乱が起き，暴力的に抑圧された．しかしこうした歴史は，本国史に場を与えられないばかりか，反乱に参加していたはずの女性をめぐっては史料の問題もあって語られること

はほぼないのが現状である．平野はフランス史における植民地史の語りについて，従来から，植民地にまつわる事象がカッコに入れられていたと指摘している．強調のカッコではなく，挿入のカッコである．そのため本筋のフランス史の中では語らずにすませることもできたし，語られていてもいつでも取り外して省略することができたというのである．

　グァドループの反乱は，ハイチ革命という大きな事件が近くにあっただけに，ほとんど語られることがない．挿入のカッコにすら，入れられていないといった体である．ジェンダーの視点もほぼ捨象されている．本章では，グァドループの反乱に加担した女性を主人公にした小説『混血女性ソリチュード』が取り上げられている．第二次世界大戦後になって，古い歴史書のほんの断片からその存在が掬い取られた女性である．この小説に出会ったことは，本書のテーマに向き合う上で，「現在と過去をつなぐ重要な鍵と思えた」と平野は述べる．本章では，グァドループをはじめとする地に今なお根深く残る社会的不平等や差別に思いを致し，「沖縄を想起させまいか」と記されている．「周縁の地の歴史こそが時代の特質を示すこともあるのではないか」というのが根底にある問題意識である．このような視点を据えることは，本国における歴史の語りを問い直すのみならず，歴史に根ざしつつ現代に形を変えて引き継がれる社会の亀裂を再考する一助になるとも思われる．

　第3章「19世紀亡命ロシア人社会における「むすびつき」」は，「自由ロシア印刷所」の活動，同印刷所発行の新聞『コロコル（鐘）』で大きな足跡を残したロシア社会主義の提唱者ゲルツェンを中心に，ゲルツェンの妻ナタリア，盟友オガリョフ，オガリョフの妻マリア，オガリョフの内縁の妻にして後にゲルツェンの内縁の妻となったナタリアなど，19世紀ロシア人亡命者の「むすびつき」を論じる．ゲルツェンもオガリョフも名門貴族の家に生まれたが，ゲルツェンは婚外子であったこと，オガリョフは婚内子であったが，幼くして母を亡くし農奴の乳母や外国人の養育係に育てられた家庭環境から，両者は家族や農奴，家内奴隷に対して振るわれたロシア的な家父長権力の横暴を身に染みて成長した．

　大矢は共通テーマへの応答について「ロシア的な家父長権力の横暴や近代市民社会に組み込まれた家族の役割分担といったものを超克した「むすびつき」をめざした19世紀ロシア人亡命者たちの実践を分析した」と述べる．また本章で最も強調した点については「ゲルツェンの提唱した「ロシア社会主義」は，

遅れたロシアの農村共同体を基礎に近代市民社会を飛び越えて一気に社会主義に移行することが可能だとするものだった．同様にゲルツェンを取り巻く亡命ロシア人社会は，ロシア貴族の前近代的な現実に身を置きながら近代的な家族制度も超克した「むすびつき」をめざした．いずれの場合も前近代から一気にポスト近代への跳躍，「近代」なるものを相対化する視点がある」と語る．

　ロシアの名門貴族の富裕さは私たちの想像を超えている．オガリョフの幼少期，領地に出かける時の移動は，18頭の馬に約30人の召使を引き連れていたという．「新しい人々」になろうとした彼らの挑戦は，編者にその数十年後の日本で起きた日陰茶屋事件を想起させる．神近市子がアナーキストの大杉栄を刺し重傷を負わせたその事件は，大杉の提唱したフリーラブの実践による人間関係のもつれから引き起こされたものだったからである．その後，大杉が伊藤野枝とともに関東大震災直後に憲兵隊の甘粕大尉（後に満州国建国に暗躍）らの手で虐殺された事件も大正期とそれに続く時代を考える上で重要である．だが，話を19世紀ロシアに戻そう．妻であれ誰であれ自由恋愛は許されるべきだという理想とそれを許し切ることのできない生の感情との間で彼らは苦悩し，新しい「むすびつき」は彼らを幸せにはしなかったのである．

　第Ⅱ部「国策移民・労務政策・女性の自由」は以下の3章で構成される．
　第4章「移民史研究におけるジェンダー——南方国策移民を軸にして」において大久保は共通テーマへの応答について「移民政策をジェンダー（両性の社会的性差）で考察する方法として「移民モデル」に着目した．これにより移民政策を男女両方とも同時に捉えることが可能となり，「移民モデル」を切り口にした南洋移民・ブラジル移民・満州移民・南方移民の政策の比較によって，特に満州移民における「大陸の花嫁」政策の権力性や暴力性が一層際立つ形となった」と述べる．最も強調した点については「「政策移民」の出発地点を1921年に設立し，従来は重視されてこなかった南洋（群島）移民から移民政策を比較することにより，国策会社東洋拓殖（株）の出資や移民モデルの共通点が明確になったことである．また，南方移民＝南方国策移民が男性のみを対象とし，企業社員として養成して派遣する移民であったことから，その移民モデルの特殊性が浮き彫りになった．このことは「南方の花嫁」政策もあり得たと予想され，「大東亜共栄圏」における民族配置や人口政策との関係も示唆することになった」と語る．

　本章の論点は，過剰人口対策・失業対策としての移民政策から民族増強としての移民政策への変化・推移，現地への定着と民族増強を目指す満州移民で初めて配偶者対策として女性移民政策が行われたこと，南方国策移民では欧米の植民地であった外南洋（東南アジア）へは国際的摩擦を可能な限り避けて進出が図られていたことなど多岐にわたる．筆者は満州移民について農業移民の配偶者調達を図るための女性移民政策は1933年から年を追うごとに切実度を増していったこと，入植地は抗日勢力の優勢な地域や満ソ国境地帯が主で，しかもその多くは中国人から強制収用した既耕地であったことを記す．編者が思うに，入植女性の中には現地人からの敵対的な視線を敗戦前から感じ取っていた人もいたのではないか．関東軍が早々に撤退した後の入植者たちの逃避行が苛酷をきわめたことはつとに知られている．女性移民政策の存在から改めて中国残留婦人，中国残留孤児の問題に目を向ける読者も少なくないだろう．とはいえ，本章の重心は筆者の中心的な研究対象である南方国策移民分析に置かれ，「南方拓殖人材」の養成機関である拓南塾の活動を軸に論述が進められる．南方国策移民モデル（単身男性・企業社員）の特殊性は，大東亜共栄圏における民族配置という強固なイデオロギーを失った後の戦後日本の東南アジア進出のあり方との連続性の有無という観点からも読者の関心を誘発するかもしれない．

　第5章「戦時期の女性労務動員が現代日本に残したもの——「生理休暇」に焦点を当てて」において堀川は共通テーマへの応答について「共通テーマの中では，特にジェンダーと暴力に応答した．戦時期という暴力の時代が，その次の時代に残したものは何であったのかを，ジェンダーの視点から明らかにした」と述べる．そして本章で最も強調した点については「戦時期の女性労務動員のために生じた研究や，労務動員に関わった人物たちの活動が，敗戦後，とくに生理休暇制定という形で実を結ぶ様子に注目した．生理休暇制定についての議論をたどることで，現代社会の女性労働者のリプロダクティブ・ヘルス／ライツに関する課題を照射した」と語る．

　筆者は労働基準法第68条に生理休暇の規定があることを知っているかと読者に問うことから本章を書き始めている．育メンという語の流布からもわかるように，ジェンダーフリーな育児に関する制度がオープンに議論される一方，生理による就業困難を訴える日本女性は3割と言われるにもかかわらず，なぜ生物学的性差（セックス）に関わる生理休暇制度に人びとの視線がほとんど向けられないのか，現状への疑問，問いが投げかけられる．

　戦後，先進国に生理休暇規定はなく GHQ に休暇の必要性の認識はなく日本女性の中にも反対論がある中で，規定の削除・復活の綱引きが繰り広げられた．本章の特徴，強味は，戦時期の労働科学研究所の古沢嘉夫の研究に言及しつつ，大日本産業報国会にも加わった赤松常子の経験が戦後の労基法に生理休暇規定を盛り込むためにどのように貢献したかを丹念に追っている点にある．現代の究極目標を女性に限定されないすべての労働者がディーセントワークを実現することと見定める筆者は，現代にあって生理休暇の議論の深化が求められると論を結んでいる．

　第 6 章「アイルランド共和主義と女性」で後藤は，アイルランドが人工妊娠中絶の合法化，離婚要件の緩和，同性婚の合法化を決したのは，2018年，2019年，2015年の国民投票の結果によってであったことから論を起こしている．このようにごく最近までアイルランドで家族，婚姻，出産に関する女性の自由が著しく損なわれたままであった原因は，カトリックの価値観を色濃く反映した1937年憲法の規定にあった．

　ところで，アイルランドには，イギリスからの支配脱却を目指す，1914年結成の女性組織「クマンナバン Cumann na mBan」があり，1916年のイースター蜂起にも多くのメンバーが参加した歴史がある．それゆえ筆者は，デヴァレラ政権下で1937年憲法が制定された時，クマンナバンのメンバーはなぜ女性抑圧的な憲法を許したのかと問う．そして本章の課題を「もしクマンナバンにフェミニズム的起源があるのであれば，なぜそのメンバーは1937年憲法に「闘争的」に反対しなかったのか．それはどのようなフェミニズムだったのだろうか」という問いの解明に置く．

　本章はデヴァレラがいかにクマンナバンを実質的に解体へと追いやったのか，そのプロセスを詳しく分析する．そうした分析の結果，鍵を握っているのはクマンナバンの帯びる「スパルタ的共和主義の平等」の論理であることが明らかにされる．そこには，男性と同じ働きをする者か男性の代弁者，あるいは「殉教者を抱えるピエタの聖母」（さらに言えば「スパルタの母」）しかなかったと筆者は述べる．読者を待っているのは衝撃的な結論である．

　第Ⅲ部「世代関係・自己所有・「食」の問題」は以下の 3 章からなる．
　第 7 章「権力関係の起源としての世代」において棚沢は，自身の研究生活を時系列的に整理して読者に提示する．第 1 節 フェミニズム vs. 母子関係，第

2節　ジェンダー vs. 性社会関係，第3節　西欧の普遍性 vs. 日本の特殊性といった風にである．そして筆者は第4節の世代社会関係概念に到達する．そのプロセスは本書の主題に合わせて「権力関係の起源としての世代」の仮説にたどり着くようにしてある．

　本章に記述されていることは，筆者個人の研究史の記録であると同時に，1970年以降のフランスおよび日本，そしてアメリカのフェミニズムや女性思想の歴史の総括となっている．本章は通読していただくのが一番なので下手な説明は不要である．これまでのフェミニズムや女性思想へのコミットメントの有無，距離感によって読者の捉え方，受け止め方は当然異なってこようが，筆者はどのような読者にとっても極力わかりやすい記述を心掛けている．母子関係から社会へ広げられた世代社会関係の概念は，ミクロとマクロを結節させる．筆者の提起する水平関係から水平＋垂直関係への視座の転換は，未来に開かれた私たちの時代の立ち位置を指し示している．

　第8章「フェミニズムと自己所有」の冒頭，原は，私たちがたとえリベラリズムの言語に違和感を持っていたとしても，自身の体験，欲求，未来への希望を語ろうとする時，リベラリズムの言語でしか語れないという問題（編者も含めて，おそらく相当数の人びとのモヤモヤ）を先鋭に突きつける．そこから原は，フェミニズムの政治哲学・政治思想研究の果たすべき役割は，リベラリズムの中心的な概念を徹底的に解剖することにあり，本章では所有権概念に的を絞ってこの課題に挑戦することを宣言する．真っ向勝負の野心的な課題，問題設定である．以下，筆者自身の言葉を記そう．

　筆者は共通テーマへの応答について「女性に対する暴力と抑圧が存在する社会には，暴力を可能にし，暴力を触発する社会関係・制度が存在し，さらには，その関係を正当化する何らかの通念が存在する．西欧的な近代化により自由民主主義的な社会が実現し，明らかに差別的な制度が廃棄され，通念が駆逐されたのちにも暴力や抑圧が残存しているとすれば，私たちは近代の思想，それを代表するリベラリズムの思想の深部まで掘り進めることで，その原因を探らなければならない」と述べる．本章で最も強調した点については「近代リベラリズムの思想の中核が所有権にあるという仮定から出発し，ロックの所有権思想やそれを継承するリバータリアニズムが，個人の所有権を絶対的な価値前提とするがゆえに平等や協働に基づく社会理論たりえないことを論証する．その上で，「自分が自分の人身を所有する」という自己所有権命題に対する論駁につ

いて検討し，所有権に基づかない社会理論を構想することの可能性を展望したものである」と語る．

改めて言うまでもなく，ロックの所有権論を構成する身体所有権（自己所有権）と労働所有権（財産所有権）の論理は，政治思想史や社会思想史で必ずと言ってよいほど取り上げられる基本的かつ重要な論理に他ならない．その一点からもフェミニズムの政治哲学・政治思想研究の挑戦の大きさ，重さは推し測れよう．筆者はおわりにで自身の結論を簡潔に示した後で，本章では触れられなかった今後の重要課題として，自律（自己決定権）の問題―自律の再概念化―の探究の必要を挙げて論を締め括っている．

第9章「現代日本の「食」の問題とジェンダー」の筆者河上は本書を締め括る最終章について以下のように語る．

「私は長い間，19世紀ドイツの哲学者ルードヴィヒ・フォイエルバッハの哲学思想を研究してきましたが，近年，彼の「食の哲学」に注目しています．

フォイエルバッハは，マルクスに影響した哲学者として有名ですが，晩年，食の哲学を構想しています．それには次のような背景があります．彼は，当時のドイツの強権的な「国家」への批判から，1848年革命に参加しますが，そこで社会運動家たちの観念的で自己中心的な革命運動に絶望します．そして人間の真の自由は，「国家」を支える宗教的精神的文化「知」の秩序（権力）構造を解明することなしには実現不可能であると考えるようになります．しかしその「知」の秩序構造は，人びとの日常的な生活や意識のなかに入り込み不可視になっているので，その隠れている真実・意味を，その感性領域まで解明することが必要であると考えました．そこから彼は，「性」や「食」などに潜んでいる時代精神や宗教文化や「イデオロギー」などを解明する，批判哲学を追究しました．

彼の有名な言葉：「人間とは，食べるところのものである」は，すべての人間の生命・生存の存在基盤として承認・保障されねばならない人間の根本的な本質としての「食」の宣言です．「食」は時代や社会や家族のもとにあります．彼が生きた19世紀後半のドイツでは，人びとは悲惨な労働状況や生活不安，貧困や病気などで，満足な食もできませんでした．彼自身も晩年生活苦に陥り，日々の「食」にも困るようになります．そうした生（活）の現場から時代の食のあり方・考え方を解明し，「食」の役割・意味を追求する「食の哲学」を，彼は構想しました

　この章は，フォイエルバッハの「食の哲学」に倣って，現代日本社会で不可視になっている「食の問題とジェンダー」との関係について解明を試みたものです.

　20世紀後半からのフェミニズム運動を含む，世界の民主化と自由化の運動のもとで，私たち，女性の生活も平等で自由になったといわれています. しかし実態は，グローバルな資本主義の経済力・科学技術・政治システムと一体の（男性優位の）ジェンダー構造のもとで，女性たちはなおも労働・格差・差別・環境危機などの問題のなかにいます. しかしジェンダー構造にかかわるそれらの問題の超克は，「平等や正義」の理論や運動だけでは不十分なようです. なにしろ女性自身が生や生活の場で，それらの問題に（両面的に）かかわっており，しかもそのかかわりが不可視化されているからです. それゆえここでは，私たちの生（活）を支えている「食」の場に照明を当て，今日の食の問題への女性たちのかかわりを可視化することを試みます. 前半部では，現代日本の食とジェンダー，とくに女性たちの食の問題へのかかわりを，後半部では，女性の自由を提唱してきた第二波フェミニズムのなかで食の問題を主題化してきたエコフェミニズムの食論と，ポストフェミニズムにおける食のケア論を検証したいと思います.」

　河上は，人類の古い家族は，共食と子育てを性愛関係にのみ結びつけておらず，複数の母たちが支え，複数の父たちも参与した「開かれた家族」であったと記す霊長類学者の山極壽一の論を紹介している. 河上が注目した山極の論―人類の「開かれた家族」のあり方―に編者は惹きつけられる. そこにこれからの新しい家族の可能性を模索するヒントがあるように思えるからである. 本書第1章で論じたように，230年前，パリの女性たちは家族を飢えから脱出させるために集団となって行動に出た. 食とジェンダーの問題は，私たちが想像する以上に強く結びつく. ヴェルサイユ行進はその生きた例証である. 現代のグローバル化した不透明な世界のただなかにあって，私たちはもう一度，根源に遡って食の問題や家族のあり方を見つめ直す必要があるだろう.

目　　次

第Ⅰ部
革命・反乱・亡命

.

第1章　ルソー的視座から見た時間・空間の ジェンダー「フランス革命」論
—— 戦争状態を終わらせるものは何か

はじめに

　人民の歴史家ミシュレによって「女の革命」と呼ばれたヴェルサイユ行進（1789年10月5‐6日）は，同様に「男の革命」と称されたバスチーユ攻撃（同年7月14日）の3カ月弱後に起こった．これら2つの民衆の集団的な直接行動の時間差になんらかの意味があるのだろうか．空間についてはどうか．女たちのヴェルサイユ行進の移動距離は，パリ‐ヴェルサイユ間の片道16km，2日間で往復32kmだったが，1792年の8月10日の革命を担った男たち（マルセイユ兵とブルターニュ兵）の南仏マルセイユ‐パリ間，仏北西部ブルターニュ‐パリ間の距離や革命を防衛するために志願した男たち（フランス全土からの義勇兵）が向かった対オーストリア・プロイセン戦の前線までの距離は，ほとんどの場合，16kmをはるかに超えた長さであった．

　本章の目的は，バスチーユ攻撃から最高存在の祭典（1794年6月8日）までの間に，公領域・政治‐軍事領域に現れ出た男女の直接行動を時間と空間を意識しつつ捉え，フランス革命における暴力とジェンダーの関係を浮かび上がらせることである．本章では，ルソー（J.-J. Rousseau, 1712-1778）の革命概念と性的差異論を分析視座として採用する．なぜなら筆者はルソーの革命概念に，独自の「ジェンダー」観が伏在していると見るからである．『社会契約論』冒頭のテクストに注目したい．

　　もし，私が力しか，またそこから出てくる結果しか，考えに入れないとすれば，私は次のようにいうだろう——ある人民が服従を強いられ，また服従している間は，それもよろしい．人民が軛を振りほどくことができ，またそれを振りほどくことが早ければ早いほど，なおよろしい．なぜなら，そのとき人民は，〔支配者が〕人民の自由を奪ったその同じ権利によって，

自分の自由を回復するのであって，人民は自由をとり戻す資格をあたえられるか，それとも人民から自由を奪う資格はもともとなかったということになるか，どちらかだから（CS：351-2, 15）.

2つの疑問が浮上する．1つは，人民が軛を振りほどくことが肯定される文言の前に，人民が服従することを肯定，容認する文言が置かれるのはなぜか，であり，もう1つは，なぜ「権力を打倒する」や「権力を奪取する」ではなく，「軛を振りほどく」という表現が用いられているのか，である．一般にテクスト中の「服従する obéir」ことと「軛を振りほどく secouer le joug」こととの関係は，時間軸上の，人民全体が服従に耐える状態・段階から服従を脱する状態への変化と捉えられるが，本章では異なる理解・読解に挑戦してみたい．時間軸上の変化よりも人びとの差異に着目して，同一の時点に，同様の状況にある人びととの間でとられる行動，姿勢の差異をそこに読み取ることはできないか．つまり，同時点に，服従に耐え続ける人びとと服従から抜け出す行動を起こす人びととに分かれるような差異を読み取ろうとする試みである．

　続いて，「軛を振りほどく」という表現に留意して，人びとが行使する暴力の質についても考えてみたい．革命は稀に無血で行われることもあるが，多くは血の流される暴力革命となる．ほとんどの革命は戦争とともに，暴力の噴出，爆発とならざるをえないからである．ルソーが「権力を打倒する」や「権力を奪取する」ではなく，「軛を振りほどく」という表現を用いていることに何か意味があるのではないか．それは単なる修辞に留まらず，ルソーの革命の質となんらかの連関があるのではないか．権力の打倒・奪取といった表現の場合，視線は他者や外部に向かっているのに対し，軛を振りほどくという表現では，視線は自己や内部に向かっているように思われる．もし暴力革命を正当化する論理があるとすれば，それはどのような論理だろうか．そしてなぜ市民宗教の章は『社会契約論』の実質的な最終章に置かれているのか，『社会契約論』冒頭のテクストと市民宗教の章とはいかなる関係にあるのだろうか．

第1節　バスチーユ攻撃とヴェルサイユ行進

1　「男の革命」と「女の革命」の暴力

7月14日のバスチーユ攻撃に至る状況変化の中でまず注目されるのは，前日

の13日午前1時の入市税関門54カ所中40カ所の放火である．放火者はパンその
ものの略奪ではなく，課税の「場」の破壊によってパンの価格を下げさせよう
と図ったものと考えられる．放火者は，関門という現場を狙ったという意味で，
直接的，具体的であるが，王権の機関を同時に破壊しており，事件に計画性や
システム破壊的な意図も十分感じられる．13日午後5時，パリ「選挙人会」の
代表は，武器を要求しに，廃兵院（アンヴァリッド）に向かったものの，司令官
に要求を拒否された．他方，翌14日午前10時，4-5万もの民衆が群れをなし
て廃兵院前に現れる．彼らは，平和的な交渉ではなく，実力で武器を奪おうと
した．このようにパリの「選挙人会」の有産者たちの行動・交渉は暴力を伴わ
ず穏健なものであるのに対し，パリの群衆の行動は，暴力を伴い攻撃的である．
最も注目されるのは，同時刻の，廃兵院からわずか数百メートルの地点に野営
していたブザンヴァル将軍率いる諸部隊の全指揮官の返答である．もし当時の
パリの緊迫した状況を考慮に入れず一般的に言えば，軍の統括者ブザンヴァル
は，群衆鎮圧の命令を下せばよいはずである．しかし彼は，各部隊の指揮官に
対して，部隊が群衆に立ち向かってゆくかどうかを尋ねる．指揮官は全員一致
で否と答えた．ゴデショは，「これが「この日の決定的な事件」だった」と書
く（Godechot, 1988：63＝1989：45）．
　　事態をルソーのテクストにそって捉えると，この瞬間こそ〈パリの群衆が軛
を振りほどくことができるとわかった瞬間だった〉と言えるのではなかろうか．
押し寄せてきた群衆と国王派遣の軍隊が対峙したが，その時，数に勝る群衆の
力の前に，王権側が力の行使を断念した瞬間が訪れ，この瞬間を境に，群衆は
何もしない部隊を尻目に，安々と3-4万挺もの銃と12門の大砲，1門の臼砲
を奪うことに成功したからである．「専制と恣意の象徴であったバスチーユ」
（Soboul, 1951：99＝1953：上99）の降伏は，14日午後5時を待たなければならない
が，分水嶺はバスチーユならぬ廃兵院にあったように思われる．廃兵院の勢い
のままに銃と槍で武装した群衆がバスチーユに集まったのが午前11時半，フラ
ンス衛兵分遣隊が廃兵院で群衆の奪った大砲5門とともに到着し，それらの大
砲がバスチーユの門と跳ね橋に向かって据えられたのが午後3時半，ここで軛
の振りほどきの成功は決定的となる．バスチーユ攻撃の男たちの力は大砲に象
徴され，誰の目にも可視化された．バスチーユ司令官ロネーに降伏を決断させ
た決め手は，銃ではなく，より強力な大砲だった．
　　他方，10月のヴェルサイユ行進の主役である女たちの行動はどうだったのか．

10月5日：フォーブール　サン　タントワーヌを出発した女性の一団が，パンを求めて，パリ市庁舎前に集結．「バスチーユ征服者」の首領のひとりである執行吏マイヤール Maillard の指揮のもと，6-7000人の女性が，パリの食料確保のためと国王に対し8月4-11日のデクレおよび人権宣言への署名を迫るために，ヴェルサイユめざして行進した．デモ隊の代表団が国民議会に迎えられ，ついで国王が接見した．国王は，署名とパンを約束した．

10月6日：明け方，デモ隊が近衛兵と流血の騒ぎをひき起こしたあと，宮殿に侵入し，王妃の控えの間まで踏み込む．虐殺を避けるため，国王一家はバルコニーに出て，デモ隊が望むまま，パリへ戻ることを約束する．行列は，国民衛兵に警護され，1時に出発するが，その朝に殺された近衛兵の首も一緒であった．夜10時に，国王一家はテュイルリ宮に到着．群衆は，パリに「パン屋の親方とその女房，小僧」を連れてきたと叫んだ．国王は，これ以降，パリ民衆の虜囚となる．議会は「国王と不可分である」と宣言し，パリに移転することを準備し，10月19日に大司教館 Archevêché に移り，11月9日に最終的に，テュイルリ宮殿近くのマネージュ［調馬場］に移転した（Godechot, 1988：75-76 = 1989：54-55）．

ミシュレは2つの直接行動について「男はバスチーユを奪い，女は王を奪った」（Michelet, 1952：279-280 = 1968：122）と対比的，象徴的に叙述し，7月と10月の行動で獲得したものを「バスチーユと王」と語っているが，本章ではそれを「権力とパン」と言い換えたい．男たちは権力そのものを獲得し，女たちは食料（現物）を確保した．男女それぞれの行動は，より抽象的なもの，より具体的なものの獲得に向かっているからである．バスチーユ攻撃からヴェルサイユ行進までの3カ月弱の間，女たちは社会が大きく地殻変動する状況変化をじっくり観察し，その変化が不可逆的であることを直感的につかみ取った．その後にはじめて女性たちは自ら行動したと捉えることができるだろう．女たちは男たちのように暴力への沸点が低くない．女性たちも武装し，大砲さえ連ねてヴェルサイユに向かい，国王の権力に対し暴力でもって要求を突きつける．しかし，言葉こそ過激だが，残虐行為を行うのはほとんど女たちではない．槍先には丸パンをかざし，車には小麦を載せて帰る道々では，女たちは武器を木の枝や木の葉で隠し，あるいは飾っている．彼女たちがそうしたのは，ヴェルサ

図1-1　ヴェルサイユ行進

出所：Decaux, Alain (1972) *Histoire des Françaises*, Paris, Perrin.

イユ行進の行きと帰りとでは，彼女たちの暴力・武器へのスタンスがかなり違ったものになっていたからではないか．女たちの暴力は家族の「飢え」から生命を守る自己防御的な暴力行使であったと言えるだろう．

2　ルソーの性的差異論からの捉え直し

ルソーの性的差異論の中心的なテクストを引用する．

（前略）女の理性は実践的な理性で，それは，ある既知の目的を達成する手段を見い出させるにはきわめて有能だが，目的そのものを見い出させない．男女の相互関係は驚嘆すべきものだ．その関係から一個の道徳的人格が生じ，女性はその目となり，男性はその腕となるのだが，しかし，両者は相互的な依存状態におかれ，女性は見る必要のあるものを男性から教えられ，男性はなすべきことを女性から教えられる（後略）（傍点は引用者）（E：720，下60-61）．

ルソーは自分にとって意味ある「目的」に集中し，その「目的」をとことん追求し，事物の根源にまで遡る力を男性に認めているが，同時に，ルソーはその「目的」が誤ることがないとは決して考えず，むしろ誤った「目的」を追求する男性の独善の弊害を指摘した．これを筆者は，「デカルト（男性）型人間」の

弱点，欠点と表現し整理した（鳴子，2017b：360-367）．

　続いて，ルソーの女性理解のためには，独自の自由の観念の把握が必要だろう．

> 　自分の意志と反対のことをしなければならない場合には，どんなことになっても私は実行しない．だからといって自分の意志どおりにもしない．私は弱い人間だからだ．（中略）私は，人間の自由というものはその欲するところを行なうことにあるなどと考えたことは決してない．それは欲しないことは決して行なわないことにあると考えていた（後略）（傍点は引用者）（RP：1059, 106）．

ルソーの中の女性性の強さが端的に表れているテクストである．筆者が「ルソー型（女性）人間」と表現し整理した女性は，他者（相手）の感情，周囲のさまざまな事情，状態を感じ取る感受性に恵まれ，意識してそうするのではなく，好むと好まざるとにかかわらず，それらを感じてしまう．他者（相手）の感情を感じ取る力が強いということは，個々の夫婦間の暴力行使／不行使を例にとれば，相手を生身の人間として感じ，たとえ相手が憎むべき存在だったとしても，残虐な行為を加えたり殺したりすることは，ほとんどの場合，女性にとってしたくないことである．残虐行為や殺人の回避は，女性にとってしたくないことをしないことと言えるだろう．女性の暴力の回避は，「ルソー（女性）型人間」の自由の行使と捉えることができよう（鳴子，2017b：360-367；鳴子，2018b：392-403）．

　それでは，89年の直接行動はどう捉えられるだろうか．先の『エミール』のテクストでルソーが論じているのは男女の差異性と夫婦一組での道徳的人格の陶冶，完成についてである．しかし89年の直接行動は，家族内の一組の夫婦に留まらず，家族の外の公的領域で起こされた男性と女性の集団行動であった．位相の違いに留意しつつ考えてゆこう．まず，一組の夫婦間で，腕である夫は目である妻からなすべきことを教えられ，目である妻は夫から見るべきものを教えられる必要があるとはどういう意味か．夫婦が補い合ってことに当たらなければならないと考えられているのは，夫も妻も不完全な存在であるからである．ところで分析の前に，ルソーのこの立論が西欧世界でどのような位置を占めているのか瞥見しておこう．男女の肉体的相違から「男＝形相・女＝質料」と見て，女の不完全性（のみ）を強調するアリストテレスならびに聖書の記述

から原罪を誘発した女への男の支配を当然視するアウグスティヌスの男女観は，西欧の底流をなす思潮である（中村，2017：31-51，166-177）．聖書に由来する「夫妻は一体・一人格」とする捉え方こそ受け継いでいるが，西欧の「男＝上・女＝下」の序列観は持たないルソーの両性の不完全性の主張は，西欧の底流にある思潮と相当な隔たりがあることは明らかである．

　ルソーの立論を掘り下げてゆこう．夫が妻からなすべきことを教えられると言っても，それは妻が夫になすべきことはこうである，と教えるという意味ではないだろう．もしそれが妻にできるのならば，妻は独立した完全な存在ということになるだろうからである．ルソーの言わんとしているのはそうではなくて，妻が高感度のアンテナでキャッチした人びとの感情や周囲の状況を妻の口から聞いて，その妻の言葉から夫が，気づかなかったこと，察知しえなかったことを学び取って，独りよがりの判断ではなくより良い判断を下すことが可能になるといった意味だろう．他方，妻が夫から見るべきものを教えられるということも，夫が妻にこれこそ見るべきものだと直接教えるということではなく，妻は常日頃見ている周囲の雑多な事象の中で，とくに意識的に見るべき事柄を夫の行動から学び取るといった意味であろう．こうして夫婦が相互に補い合うことで夫婦が一人前の人格となって道徳的に正しい判断，行動が可能になるとされ，しかも，公私の領域を行き来し，公的な領域で活動するのは夫のみで，妻は家族のもとに留まって，夫に働きかけ続けるものとされた（鳴子，2017b：373-379）．

　しかし，89年の歴史的現実は，ルソーの説く男女一組の夫婦の枠を飛び出て，男たちのみならず，女たちも集団となって公的領域に登場する．専制権力と対峙し，その支配を振りほどこうとしたのは，まずバスチーユに結集した男たちの集団だった．暴力行使をできるだけ回避しようとする女たちはまだ動かない．暴力の沸点の高い女たちが立ち上がるのは，暴力回避が困難で，座しているのが限界に達した場合に限られる．バスチーユ攻撃から3カ月弱，冬を前にしてパリのパンの欠乏は激しくなり，家族は飢えている．このままでは飢え死にしかねない．パリの女たちはバスチーユを陥落させた男たちの行動とその後のパリの状況変化から自ら学んだ．飢えは，家族と女たちの限られた生活圏に座していても解決しない．この困難な状況を打破するにはヴェルサイユに住む国王を動かさねばならない．王から有効な施策を引き出さなくてはいけない．家族の生存の危機という限界状況に立ち至った女たちは，もはや夫に自分の思いを

伝え，託して家族のもとに留まるのではなく，自身が直接行動に出た．要するに，先に能動的な男性が軛を振りほどいた後，3カ月弱後，女たちも服従から転じて軛を振りほどく行動に出た．女たちも遅れて受動から能動に転化した．この時間差は，人間を差異あるものと見なすルソー的な観点からすると，男女の性的差異に起因するものと捉え返すことができよう．

　ところで，「世の中というものが女性の読む書物だ」（E：737，下89）と語るルソーにとって人間の差異性の中で性的差異はきわめて重要なものであった．男性を事物の根源にまで遡って考えることのできる存在だとし，女性の教科書は世間であるとするルソーに対して，女性蔑視的であるとの反駁は必至である．しかし，ルソーを断罪するだけでは片手落ちであろう．世間を教科書とすることに，マイナス面だけではなくプラス面もあるのではなかろうか．女たちは男たちより服従に耐えやすく，男たちほど早く行動を起こしにくい．しかしそうした女たちが，書き換えられた新しい教科書を読み取って，男たちとは異なる女たち自身のやり方で男たちに続いたのである．

　ヴェルサイユ行進は，先に能動化した男性の集団行動から見るべきものを学び取った女たちが，受動から能動へ転じて実現した直接行動だった．行動する夫に対して，家族の中に留まって働きかけ，間接的に公的領域に影響を及ぼすのではなく，女たち自身が直接，狭い生活圏を飛び出て，公的領域で行動したことの意味はきわめて大きい．夫婦一組での人格的完成の枠組みを超えて，男性集団，女性集団が作用し合う公共空間が出現したからである．10月5日の女性たちに逡巡はなく，むしろ男性たち（国民衛兵ら）は直ちに行動に移れず，女性たちの後追いになった．なぜ女たちのヴェルサイユ行進は実現したのか．家族を飢えから守るためには暴力回避が困難となり，待ったなしの行動が必要と女たちが考えたからである．家族の生命を繋ぐ自己保存のための食料確保はもはや男たちに任せておけなかったからである．そしてその時，女たちのヴェルサイユ行進から，男たちは自身のなすべきことを教えられたのである．

　ところで，ヴェルサイユ行進が可能となった条件の1つに，パリ‐ヴェルサイユ間の距離があるように思われる．20kmに満たない距離は，天候などの条件がそろえば，1日で徒歩で往復できるギリギリの距離だろう．これが，パリからはるかに離れた国境の町など，より遠い距離であったなら，女たちは行動に移れなかったかもしれない．ヴェルサイユは，日常的には女たちの生活圏の外の地であったが，家族を残して行ってゆけない距離ではない．女性集団が，

パリの生活圏ごとヴェルサイユに集団移動したと言ってもよいだろう．その結果，女性たちは国王一家をパリに連れ戻し，以後，国王と議会を民衆の監視下に置き，8月の封建的諸特権の廃止に関するデクレおよび人権宣言を裁可させることに成功する．これは国王の意志ではなく女性たちの圧力による裁可であり，強制的な遷都であった．

　フランス革命の引き金を引いたバスチーユ攻撃に比べればヴェルサイユ行進は仏革命史でそれほど注視されてこなかった．確かにバスチーユ攻撃なくしてヴェルサイユ行進はなかったかもしれないが，専制権力の振りほどきが一部の者の蜂起に留まっているのか，それとも通常，暴力を極力回避しようとする者まで立ち上がる全体的状況，蜂起に至っているのかは重大なポイントである．革命史において男性に続く女性の能動化の意味は限りなく大きい．

第2節　8月10日の革命

1　拒否権をめぐるロラン夫人の闘い

　本節では，革命史が第二革命と呼び，「1000年にわたる王政が転覆された」(Godechot, 1988：111＝1989：88）1792年8月10日の革命をルソー的視座から捉え直してみよう．対立軸は王の拒否権をめぐる攻防にある．

　　6月11日：ルイ十六世が非宣誓司祭の流刑に関する5月27日のデクレおよびパリにおける連盟兵露営地設置に関する6月8日のデクレに拒否権を発動した．内務大臣ロランは，国王に対して慇懃な書簡を書き，拒否権発動に抗議した（Godechot, 1988：105＝1989：82）．

立法議会が決定した宣誓忌避僧侶を流刑可能にするデクレと首都パリに信の置ける軍隊を配備するデクレとに対し，国王は拒否権発動で応戦した．ジロンド派の内務大臣ロランは国王に拒否権撤回を求める長文の手紙を送ったが，翌12日，デュムリエ内閣の他の2名のジロンド派大臣とともに罷免される．6月20日以前に限れば，拒否権をめぐる攻防の一方の主役はジロンド派の女王ロラン夫人（Mme Roland, 1754-1793）と言ってよい．なぜなら，ジロンド派の主張を練り上げ，国王宛の拒否権撤回を求める手紙を書いたのは，ロラン大臣ではなくロラン夫人であったからである（Roland, 1986：146-163）．モンターニュ派の司法大臣ダントンはそれから3カ月半後の9月27日，国民公会において「フランス

が必要としているのは，自分の妻の目ですべてを見ようとはしない大臣だ！」と侮辱的な批判を浴びせた（Decaux, 1972：543＝1980：210）．ダントンとロランは8月10日の革命直後に，今度は立法議会によってそれぞれ司法大臣と内務大臣に任命されていたが，九月の虐殺（オーストリア・プロイセン軍のパリ侵攻を恐れるパリ民衆によって引き起こされた受刑者の大量殺戮）を黙認するダントンと虐殺を押し留めようとするロランとの亀裂，対立は深まっていた．ダントンが上掲のルソーの「女＝目・男＝腕」の言説を知っていたかどうかはわからないが，対立の深まる中で発せられたロラン夫人の政治活動を暴露するこの有名な非難は，依然，女性を公的領域から排除しようとする当時の習俗の存在とそれにもかかわらず彼女が獲得した公然たる影響力とを同時に物語るものである．

　ところでロラン夫人の影響力，政治力の源泉はどこにあるのか．その政治力は，彼女が週2回開くホテル《ブリタニク》でのサロンで培われた．このサロンにはブリソーをはじめとするジロンド派の主だった議員はもちろん，モンターニュ派のロベスピエールさえ情報収集を目的として通っていた．ロラン夫人は，議員たちが立法議会後，彼女のサロンでその時々の政治課題をめぐって繰り広げる議論の一部始終を部屋の一隅で黙って聞く．女たちがしばしばそうしたように，夫人が議会（公的領域）に傍聴に行くのではなく，夫人が議会の方をサロンに赴かせ，空間移動させたのである．パリの貴金属彫刻師の親方の娘時代からプルタルコスとルソーの信奉者であった彼女は，最初「女性の本分」を守って，黙してサロンでの男たちの議論に加わらなかった．だが，彼女は夫からだけでなく，広く革命派の第一級の人びとから「見る必要のあるもの」を貪欲に吸収していく．夫人は，世間ならぬジロンド派の議論を「教科書」としてじっくり読み取り，内容を咀嚼し，培った筆力によって大臣にかわってなすべきこと，つまり政治的文書を練り上げる．ダントンの批判後は，彼女はもはや黙ってはおらず，より公然と自ら行動する．夫人の闘いは，ヴェルサイユ行進の女性たちよりもずっと権力中枢に近い位置から，知識を獲得した一女性の遂行した闘争だった．だが，彼女の国王への説得は功を奏さず，王の拒否権を失効させたのはその後の民衆の直接行動だった．それゆえ，ロラン夫人の挑戦を過大視することはできないが，夫人が男たちから少し遅れて能動化したこと，しかしルソーの夫婦の道徳的一人格論の説くように間接的な影響を及ぼすのではなく，彼女自身が直接，政治にコミットしていった（目であるとともに腕ともなった）点において，彼女もまた，ルソーの政治構想を超えたヴェルサイユ行進

後の女性であったと言えるだろう．夫人がジロンド派の女王として，爾後パリの民衆の女たちから憎まれていったとしても，ルソーの創作世界『新エロイーズ』では，クララン農園という家族領域で夫婦（家族）の道徳秩序（習俗）の枠内に留まって死ななければならなかったのは妻ジュリのみで，夫ヴォルマールや愛人サン＝プルーは生き続けたが，ロラン夫人は公的領域に踏み出し，政治闘争の末に戦死（ギロチンによる刑死）を遂げ，後追い自殺したのは夫と愛人ビュゾ（ジロンド派議員）だったのである．

2　8月10日の革命の暴力

　改めて8月10日に至るプロセスを追うことにしよう．まず6月20日，民衆の直接行動が起こされる．89年10月のヴェルサイユ行進によって王権はパリの監視下に入ったが，91年6月，「パン屋の一家」は人びとの監視下からの逃走を試みた．このヴァレンヌ逃亡が失敗に帰したにもかかわらず，92年6月に国王は拒否権を発動し，ロラン大臣つまりロラン夫人の撤回要請も拒絶し革命に抗した．ここに至ってパリの民衆は，議会を跨いで王権と直接対峙した．パリの年金生活者ギタールの日記は6月20日のチュイルリの緊迫した空気をよく伝えている．

> 六月二十日　水曜日　気温15度．寒い．雨．
> ちょうど一年前のきょう，王はひそかにモンメディに向かって出発し，ヴァレンヌで捕らえられたのだ．今日，二十日，フォブール・サン・タントワーヌ，フォブール・サン・マルソーの三万〜四万におよぶ男，女，子どもたちが，槍その他さまざまの恐ろしげな武器で身を固め，大砲をひいて，チュイルリー王宮および庭園に到着した．彼らは武装大集団となって王および王妃の居室に侵入した．指導者の一人アクロギーとかいう男（？）が国民徽章のついた自由の象徴である赤い帽子を王にさし出し，民衆を喜ばせるためにこれをかぶって下さいと言って，笑いながら王の頭にかぶせた．別の一人が，国民の健康を祝して乾盃して下さいと言いながら葡萄酒の壜をさし出した．王はグラスもなしに壜からじかに飲んだ．これはまさに一触即発の場面だった．（中略）チュイルリー庭園にはそのとき，十万以上の市民と，三万以上の国民衛兵，第一線部隊兵士がいたのである（後略）（Guittard, 1974：154-155＝1980：102）（訳者による補足は省略）．

デモ隊の装備，集団の態様について日記は槍などの武器を携帯し，大砲まで引いていたこと，女や子どもも含まれていたことを記す．日記には 3 つの集団の自筆スケッチが添えられている．三集団は，第一がサンテールに指揮され銃剣やサーベルで武装した場末街の労働者の集団，第二が槍や棒切れをもった人びとの集団，第三が女闘士テロワーニュ・ド・メリクールを隊長とするぼろをまとった人びとの集団に分かれていたという（Decaux, 1972：493＝1980：147-148）．

　さて，国王の居室内を異様に長く 8 時間も行進した「6 月20日」を準備したのはセクション総会であった．この時期，セクション総会の構成員は能動的市民に限られており，デモを計画，推進したサンキュロットとは，商店主，親方，手工業者といった人びとであった．では，より民衆的で僅かなものしか持たない受動的市民はこの事件と無関係であったのかと言えばそうではない．セクション総会に「受動的市民の民衆が少なくとも傍聴者として参加していたことをうかがわせる」と記されているように，6 月20日の行動は民衆に支持された事件であった（柴田，1988：232-235）．武器携行に関しては，パリ市長ペチヨンの武器携行禁止の書翰がセクション総会で披露されており，穏当で合法的な「請願」が求められていた．それが実際には，武装した多人数の「デモ」となったのである．さらに，その後のセクションでは 7 月下旬から 8 月初めにかけて総会の常時開催と受動的市民の地区集会への大量参加とが実現するという際立った変化が見られた（柴田，1988：236-238；Soboul, 1958：585-588＝1983：213-216）．そうだとすると，6 月20日の直接行動は，受動的市民が日常的なセクション活動に積極参加する転換期に起こった事件であった．

　次に，8 月10日当日の経過を抜粋する．

　　8 月10日：深夜警鐘が鳴らされる．サンテールの率いるフォーブール　サン　タントワーヌ地区住民とアレクサンドルの率いるフォーブール　サン　マルセル地区住民は，テュイルリ宮殿へ行進する準備を整える（後略）．
　　午前 5 時：場末街［フォーブール］の各セクションが，マルセイユとブルターニュの連盟兵を伴って，行進を開始．前夜には警護が厳しかったポンヌフの上で合流した．警護に当たっていた部隊はすでに撤退し，大砲は撤去されていた．
　　午前10時：国王は，国民衛兵を閲兵するためにテュイルリ宮殿の中庭に降りる．国民衛兵の大多数は「国民万歳」を叫ぶ．国王は，テュイルリ宮殿

も安全でないことを知る．国王は，家族とともに議会に向かうことを決意
した．しかし，宮殿の護衛兵に射撃停止の命令を出さなかった．

午前10時30分：国王が出発すると，宮殿の門がこじあけられ，蜂起者が宮
殿に殺到した．銃撃戦が起きる．国王はスイス人連隊に射撃中止を命じる
が，すでに遅かった．スイス人連隊に対する殺戮が開始され，スイス人連
隊と同じ肋骨様紐飾りのある赤い軍服を着たフランス竜騎兵も多数殺され
る．死傷者はおよそ1000名，そのうち600名は宮殿の護衛兵であった．

正午：テュイルリ宮殿は征服され陥落した（Godechot, 1988：109-111＝1989：
87-88）．

3　第二革命の捉え直し──連盟祭は人民集会なのか

　革命史は6月20日の民衆の示威行動を本戦8月10日の前哨戦あるいはリハー
サルと捉えてきた．では，両日の間にあるバスチーユ占拠三周年記念連盟祭が
挙行された7月14日はどのような位置を占めるのだろうか．92年7月14日の連
盟祭に焦点を当て，ルソー的視座から92年夏の事態を捉えてみよう．しかしな
ぜ7月14日なのか．私たちはバスチーユ攻撃一周年を記念して1790年に始まっ
たシャン・ド・マルスを会場とした連盟祭に注目する．7月14日は民衆が軛の
振りほどきを開始した89年のバスチーユ攻撃を起点として，毎年この日に繰り
返し，全国各地から自らの意志でシャン・ド・マルスに足を運び，7月14日の
意味を確かめ合う人びとの集会となったからである．ところで，ルソーは国家
創設の立憲集会とその後の立法集会について次のように述べる．

　　人民の集会が，一連の法律を承認することによって，一たび国家の憲法を
　　定めたところで，それで十分だとはいえない．（中略）思いがけない事態が
　　どうしても必要とするような，特別の集会のほかに，何ものも廃止ないし
　　延期しえない，定期の集会が必要である．すなわち，人民が，一定の日に，
　　法によって合法的に召集され，そのためには，とくに他のいかなる召集の
　　手続きをも必要としないような集会である（CS：426, 128）．

まず確認すべきは，バスチーユ占拠記念連盟祭は立憲，立法を行う定期人民集
会ではないが，人びとが毎年繰り返し「7月14日」を確かめ合う「定期」集会
であった点である．それでは，問題の92年7月14日はどのような集会だったの
だろうか．

　7月14日：多くの県から上京してきた多数の「連盟兵」の面前で，バスティーユ占拠 3 周年記念式典が催された．一部の新聞によれば，観客と参加者は合わせて50万名に上る．ペチヨンは歓呼で迎えられ，臨席していた国王は憂わしげであったが，群衆は国王を無視しているようであった（Godechot, 1988：108＝1989：85）．

92年 4 月20日に始まった戦争の渦中にあるフランスは，オーストリア・プロイセン軍の攻勢にあい，議会は 7 月11日，「祖国は危機に瀕す」と宣言した．各県の連盟兵は祖国フランスを防衛する任に当たる決意，意志を持って 7 月14日に会場のシャン・ド・マルスに参集した．92年の連盟祭に集まった人びとの目は，国王にではなく立法議会議員やとりわけ，市長に復職したばかりのペチヨンに注がれた．人びとは「ペチヨンか，しからずんば死を！」と叫んだ．立川孝一は，この日のメイン・セレモニイが「貴族の木」を燃やす「火刑」であったこと，しかもこのセレモニイが国王の会場到着の前に開始されたことに着目し，旧制度への敵意と国王への冷ややかな態度の現れを読み取っている（立川, 1989：142-147）．ただし，祭典，祭りとして連盟祭を捉える立川とは異なり，本章は，祭りとしてよりも刻々と変化する人びとの意志の表れ，結集点として連盟祭を見る．輒の振りほどきの開始から 3 年，人びとの意志と力はどのように表れたのか．

　筆者は「92年 7 月14日」を，7 月14日を中心としつつ，当日のみでなく，国王の拒否権行使に端を発した 6 月20日のデモから 8 月10日の蜂起に至るひとつながりのプロセスの全体として捉えるべきであると考える．7 月14日連盟祭当日，フランス劣勢の中，祖国防衛のため前線へ向かおうとする各県の連盟兵の意志と力が際立っている．彼ら愛国者の意志は，貴族の木を燃やし，「ペチヨンか，しからずんば死を！」と叫ぶシャン・ド・マルスに参集した50万とも言われる人びとの意志と呼応していた．そして長いスパンの「92年 7 月14日」の帰結点に 8 月10日がある．「92年 7 月14日」は拒否権の撤回をせず，国内に革命に従わぬ宣誓忌避僧侶を留め置き，首都パリに革命を守る連盟兵の配備を認めない国王の権力と民衆の力とが衝突すること，やむなしとする人びとの意志と力となって現れ出た．バスチーユで開始された輒の振りほどきから 3 年，人びとのこうした意志と力が法の上にある者（王権）の力の振りほどきを完了させるに至ったのである．

　それでは，8月10日の革命の主体は誰なのか．柴田三千雄は，8月10日の蜂起をパリの市民と地方から来た連盟兵とが一緒になってチュイルリ宮を武装攻撃したものとした上で，蜂起の主体はパリの市民であるとし，そこに連盟兵が加わったと捉える（柴田，1989：122-3）．しかし「92年7月14日」に現れ出た意志と力を重視する本章の観点からは，連盟兵の意志と力に正当な位置を与えるべきとの帰結が導き出される（鳴子，2019：18-23）．8月10日未明，パリ・コミューンは新コミューンに代わって，パリ市助役マニュエルがサン・タントワーヌとサン・マルセルの2つの場末街の合流を妨げていたポンヌフ上の大砲の撤去命令を出した．この撤去命令が重要なのは，それこそが，早朝に行進を開始した蜂起者たちの合流を可能にしたからである．とすると，8月10日の革命の力の分水嶺が，戦闘，銃撃戦の前の，未明のポンヌフ上の大砲撤去にあったと言えるだろう．8月10日の蜂起の際，チュイルリ宮殿に先んじて突入することになったパリの民衆は槍や短銃で武装していたものの，待ちかまえるスイス人連隊の武力の前では，民衆側に約400人という死傷者を出し，打ち負かされた．後続の大砲を引いたマルセイユとブルターニュの連盟兵の武力がなければ，チュイルリ宮殿を陥落させる（護衛側の死者，約600人）ことはおそらく困難だったろう．それゆえ本章は，8月10日の蜂起主体，革命主体をパリの民衆だけではなく「連盟兵とパリの民衆」と見なし，8月10日の革命の勝利は「92年7月14日」の人びとの意志と力によるものと結論づける．
　以上を空間軸で整理すれば，89年のヴェルサイユ行進が，パリを国王（王権）の言動，施策を至近距離で監視できる空間に変えた．つまり，女たちの直接行動がパリを「女＝目」化，公私の融合した「女性空間」化させたと言えるだろう．監視するパリは国王の拒否権発動を断じて許さない．しかしフランスはパリだけではない．第二革命の蜂起主体をパリ民衆とともに構成するマルセイユ兵・ブルターニュ兵は，フランス全土からパリに来て前線に赴くすべての義勇兵の一部である．フランス各地の男たち（義勇兵）は，物事の根源に遡って自身の目的（王権の失効とオーストリア・プロイセン軍に対する祖国防衛）を見定め，自由な意志によって長い距離をものともせず，「女＝目」となった首都パリに結集した．繰り返しを恐れずに言えば，パリの民衆の意志と力だけでは，バスチーユに始まった王権の振りほどきを果たすことはできなかっただろう．そのような意味で第二革命は革命の空間がフランス全土に広がった「全土的な革命」と言えるだろう．

　このように第二革命は法の上にある者をなくし，王権の振りほどきを完了さ
せた．では，それは人びとを縛っている軛の振りほどきの完了を意味するのか．
その答えは否である．翌月には九月虐殺が開始される．第二革命は人びとを縛
る軛の一部を振りほどきはしたが，人びとの戦争状態を終わらせはしなかった
のである．

第 3 節　最高存在の祭典

1　ベイルでもなくウォーバートンでもなく

　本節は，革命史が軽視することの多い94年 6 月 8 日の最高存在の祭典を捉え
直すことにする．ゴデショは祭典当日の記述を「 6 月 8 日（牧月20日）：ロベス
ピエールが主宰して最高存在の祭典が開かれた．国民公会議員のうち合理主義
者，無神論者はこの祭典に怒り狂い，キリスト者は不満を抱いた．ロベスピエ
ールは人の目には滑稽なものに映った．ロベスピエールの人気は下降線をたど
り始めた」（Godechot, 1988：162＝1989：131）と数行で終わらせている．対照的に
この祭典に多くの筆を割くミシュレは「これほど楽しい期待をもたれた祭典は
かつてない．これほど歓喜とともに祝われた祭典はかつてない．牧月十九日の
夜には，ギロチンは姿を消した．パリじゅうが花の海である［文字どおり．こ
れは誇張の言ではない］」（Michelet, 1952：868＝1968：444）と書き出している．
2 つの記述が大きく異なるのは，ゴデショは抜き差しならぬ状況に陥った議会
から客観的に祭典を見ているのに対し，ミシュレは祭典の主役である民衆の心
情から叙述しているからである．ゴデショはモンターニュ派内部の左右両派
（エベール派，ダントン派）のロベスピエール派による粛清後も国民公会内に存在
し続ける一方の合理主義者，無神論者と他方のキリスト者の立ち位置を簡潔に
描出したが，ルソーは市民宗教の章の中で，対立軸をベイル（いかなる宗教も国
家に役立たない）とウォーバートン（キリスト教こそ国家の堅固な支えである）に代表
させて際立たせていた．この対立の構図は革命期のみならず18世紀フランスを
貫いていたのである（鳴子，2014：308-313）．

　なぜロベスピエールは人の目に滑稽に映ったのか．祭典の主宰者が，人びと
を疑心暗鬼にし，議会内だけでなく議会の外でも支持を失い孤立していたから
である．ルソーは市民宗教を「主権者がその項目を決めるべき，純粋に市民的
な信仰告白」，「厳密に宗教の教理としてではなく，それなくしてはよき市民，

図1-2　最高存在の祭典

出所：フランソワ・フュレ／モナ・オズーフ，河野健二・阪上孝・富永茂樹監訳（1995）『フラン
　　　ス革命事典』I，みすず書房.

忠実な臣民（被治者 sujet）たりえぬ，社会性の感情」と記した（CS：468，191）.
『新エロイーズ』では「いやしくも真の信仰者ならば，けっして不寛容たりえ
ず，迫害者にもなりえない，ということだ．仮に私が司法官であって，法律が
無神論者に死刑を課しているならば，私はまず誰であれ人を無神論者として告
発してくる者を無神論者として焚刑に処することから始めるであろう」と語っ
てもいた（NH：589，下245）.

　最高存在の崇拝が，ルソーの言うように神の下に市民相互を緊密に結びつけ
る社会性の感情であるならば，『新エロイーズ』の精神に即して極言すれば，
ロベスピエールは真っ先に死刑に処せられても仕方のない人ということになる.
革命の流れを大まかに見ると，無神論者を死刑にする法をつくったのも，無神
論者を告発したのもロベスピエールだったとしても過言ではないからである.
もとより，ルソーとロベスピエールの論理は不連続である．ロベスピエールの
言う「議会の一般意志の支配」をルソーは許容しえない．議会が人民を代表し
て法をつくることをよしとしないルソーは，ロベスピエールが人民になりかわ
って法をつくることを認めるはずはないのである（鳴子，2012：66-84）.

　今度は，ゴデショの記述するキリスト者と合理主義者，無神論者とミシュレ
の描写する民衆の三者に目を向けよう．キリスト者（ウォーバートン）とは，人
間の2つの頭（国王と教皇）の併存が国家の紐帯となると考える人びとである.

合理主義者・無神論者（ベイル）とは，人間の頭（主人）をなくす推進者であり，いかなる宗教も国家に役立たないと考える．彼らは，理性や哲学が国家の軸にあれば十分で，キリスト教にかわる新たな信仰は不要と考える．キリスト者でも合理主義者，無神論者でもない民衆はどうか．各地で民衆は非キリスト教化運動に加わり，教会を破壊したが，その運動の絶頂期に合理主義者，無神論者の挙行した93年11月10日のパリの理性の祭典には，熱意を示さず傍観しただけだった．非キリスト教化運動（破壊）の後に必要とされるものは，理性と哲学なのだろうか．ルソーは一人一人が媒介者を持たず直接結びつく新しい神，新国家の紐帯としての神の創造が不可欠と考える．ルソーは，それなくしては人民にも革命にもなりえないもう１つの闘いを提起していた．もう１つの敵が残っている．その敵とは何か．

2　戦争状態を終わらせるもの──暴力から道徳へ

この問いに答えるために，20世紀のフーコーの権力論と18世紀のルソーの権力論との間に意外にも共通性のあることを指摘しておきたい．周知のように，フーコーは，社会に張り巡らされた網目の中にある人間を，権力の中継項として主体化と従属化双方の機能を担う存在と見る．ところでルソーの「主人と奴隷」論では，網目と言わず鎖と表現されるが，ルソーは主人も含めてすべての人間は奴隷であり，奴隷はただ主人に従属するばかりではなく，それぞれの持ち場で主人の権力システムを支えてもいることを見抜いていた．ルソーは『社会契約論』冒頭で，「自分が他人の主人であると思っているようなものも，実はその人びと以上に奴隷なのだ」（CS：351, 15）と断言した．主人は奴隷以上に奴隷である者の別称であり，ルソーの「主人と奴隷」論には，これまでの国家は，実は，全員が奴隷からなる国家でしかなかったという，大どんでん返しが用意されていたのである．要するに，ルソーの権力論は，支配─服従の関係を単純に主人と奴隷の二項対立と捉える実体概念的な権力論ではなく，歴史の大部分を占める常態期にあっては，すべての奴隷が機能し作用し合う関係概念的な権力論であった．こうした点でフーコーとルソーの権力観は共通性を持っていたと言える．しかし，実体的な力と力とが現れ出て，衝突する革命を歴史の例外期に捉えた点で，ルソーはフーコーと決別する．その上，ルソーによれば，外部の敵を振りほどいても，奴隷は自分の内部の奴隷性をも振りほどかなければ，その暴力行使は単なる動乱，騒擾に留まり，革命たりえないし，民衆は人

民たりえない．つまり，全面譲渡とはこれまでの国家，社会を自らも支えてきた自身の軛（奴隷性）を振りほどくことだったのである（鳴子，2012：159-187）．

　合理主義者，無神論者は，理性と哲学の勝利を信じ，なお闘わなければならない内なる敵があるとは考えなかったが，ルソーは理性は誤りやすいから感情（良心）によって補われなければならないと説いた．軛を振りほどく暴力が革命となり，民衆が人民になるためには，力の次元から道徳の次元への転換が必要なのである．それを可能にするものこそ，民衆が一堂に会する人民集会であり，人民集会における市民宗教の受容であった．ここで，本章冒頭の疑問に戻る．暴力革命を正当化することが可能な論理があるとすればそれは何か，市民宗教の章が『社会契約論』の実質的最終章に置かれているのはなぜか．「人民が，それによって人民となる行為」（CS：359, 28）の「それ（行為）」とは，通常，社会契約の締結を指すものと解されるが，突き詰めて考えゆくと，「それ（行為）」は市民宗教の受容に他ならず，国家創設時の最初の人民集会は，市民宗教を受容する集会でなければならない．市民宗教とは，自分と平等な関係にある同胞との間で，二度と再び主人（人間の頭）をつくって奴隷に転落せず，取り戻した自由を保持するために，新しい祖国の神（人民の神）の下で「人間の正義」を実現することを約束する，祖国の道徳の基礎となる信仰のことである（鳴子，2012：173-183）．ルソーの革命は，ロックのように初めから人民の革命権として正当化されない．ただ，暴力が力の次元から道徳の次元に転化することによって，事後的に革命と認められ正当化されうる．だから市民宗教の受容は人びとが軛を完全に振りほどいたこと，すなわち既存の信仰を含めた全面譲渡の完了を意味し，人びとが殺し合う戦争状態の終結を意味する．

　議員同士が死をもって闘った革命政府・議会内は，フーコーの政治観そのままに「政治は戦争」であり，力の次元から道徳の次元への転換を図る場ではなかった．「政治＝戦争」から「政治＝道徳」に変える転換の場は，それゆえ，民衆が足を運んで集まった最高存在の祭典以外には存在しなかった．最高存在の祭典には誰が参加したのか．最高存在の祭典はパリのみならず各都市でも同時開催され，女性にとって長距離という障壁は取り払われた．男性だけでなく女性が家庭から公共空間に自発的，積極的な参加者として姿を現した．女性が参集する意味は何か．自ら（自派）の主導する法のみが正しいとして，その法を強行するのは，これまでの考察を踏まえれば，男の理性の誤り，独善・暴走と言えるだろう．天上からの声，人間の内奥に宿る良心だけは誤らないとする

ルソーは，誤りがちな理性の導き手は良心しかないとした．男性より感情に恵まれているとされるのは女性である．もとより人間の感情には悪しき情念も含まれるが，理性の暴走，独善を阻むには，女性が常に存在し働きかけ続けることが不可欠なのではなかろうか．

　ここに至って『社会契約論』には女性が登場しないという大問題を俎上に載せねばならない．ルソーは，政治と軍事の公領域には夫（男）だけを参画させ，妻（女）は家庭に留め置いたからである．公領域での女性の「不在」を女性の「排除」と見なすべきなのか．ルソーの政治構想では，家族は単なる私領域とは言えず，大きな祖国（ルソー型国家）に対して小さな祖国（ルソー型家族）と呼ばれる．大小 2 つの祖国の議論は，『社会契約論』を包摂する主著『エミール』で展開される（E：700，下20）．妻（女）は家庭に留まって，公領域に送り出す夫（男）に周囲の状態を知らせ，妻（女）の良心の働きかけによって夫（男）の理性を完成させることを求められた．ルソーの政治構想は，夫（男）よりも感情に恵まれている妻（女）の役割，機能があって初めて成り立つものだったのである．それゆえ『社会契約論』における女性の不在は，単なる「排除」ではなく，女性の「伏在」と見るべきであると筆者は考える．

　しかし革命期の女たちは公領域から排除されがちであったけれども，伏在したままではなく顕在化した．女たちが危機に際して，直接，公共空間に登場したという点で，ルソーの構想を超えていた．ヴェルサイユ行進では，女性集団が空間移動して革命への道を開かせた．最高存在の祭典では，夫だけではなく小さな祖国がまるごと公領域に空間移動した．小さな祖国は，ルソーの説くように生活空間に固定されたままではなく開かれ，空間移動して大きな祖国を出現させたのである．フランス革命がルソーの革命に最も近づき，瞬間的に人民を出現させたのは最高存在の祭典においてであった．新しい神の受容は創り出される祖国の始まりを意味する．もし最高存在の祭典が人民自身の立法する人民集会の始まりとなったなら，フランス革命は真の革命と呼ばれえただろう．

おわりに

　ルソーの政治構想の核は，すべての市民の意志からしか一般意志は発見できない（意志は代表できない）とする直接性の政治哲学にある．性的差異論は人間の差異性に気づかせてくれる点で今なお一定の意味はあろうが，その帰結とし

て性役割を固定化した点には筆者は賛同しない．ルソーの直接性の政治哲学を女性を含むあらゆる性に開放することは，実は彼の政治体系自体が要請していると言えるのではないか．20世紀後半のフェミニズムに180年も先行して，フランス革命期の女性たちは「個人的なことは政治的なことである」を直接行動に移した．ルソーの直接性の政治哲学と性的差異論とを同等の重みで位置付ける必要はもはやなかろう．ルソーから学ぶべきことは，直接性の政治構想の意義を再発見し，議会制の欠陥を認識すること，政治をイデオロギーから解放することにある．とりわけ，女性のみならず男性の中にもある女性性（良心，言い換えれば裁判官性）を十分に政治的決定に働かせることが，現代国家を戦争をしない国家に近づける道であるように筆者には思われる．

※本章は，平成27年度科研費基盤研究(C)「ルソーのアソシエーション論から女性の能動化と戦争を阻止する国家の創出を探究する」（15K03292，研究代表者：鳴子博子）による研究成果の一部である．また，本章は鳴子（2018a），同（2018b），同（2019）を原型に持ち，新たな論述を加え再編した論考である．

参考文献

ルソーのテクストについては *Œuvres complètes de Jean-Jacques Rousseau*, Bibliothèque de la Pléiade, Paris, Gallimard に拠り，各著作所収の巻の発行年及び巻数を著作名の後に記している．本文中では各著作を RP, NH, CS, E と略し頁数を記すとともに，訳書の頁数も併記した．

RP: *Les Rêveries du Promeneur solitaire* (1959) Ⅰ（今野一雄訳（1960）『孤独な散歩者の夢想』岩波書店［岩波文庫］）．

NH: *Julie, ou la Nouvelle Héloïse* (1964) Ⅱ（松本勤訳（1981）『新エロイーズ』『ルソー全集』第十巻，白水社）．

CS: *Du Contrat social* (1964) Ⅲ（桑原武夫・前川貞次郎訳（1954）『社会契約論』岩波書店［岩波文庫］）．

E : *Émile ou de l'éducation* (1969) Ⅳ（今野一雄訳（2007，改版）『エミール』上・中・下，岩波書店［岩波文庫］）．

Decaux, Alain（1972）*Histoire des Françaises*, Paris, Perrin（渡辺高明訳（1980）『フランス女性の歴史3——革命下の女たち——』大修館書店）．

Godechot, Jacques（1988）*La Révolution française, Chronologie commentée 1787-1799*, Perrin（瓜生洋一・新倉修・長谷川光一・山崎耕一・横山謙一訳（1989）『フランス革命年代記』日本評論社）．

Guittard, Célestin（1974）*Journal d'un bourgeois de Paris sous la Révolution*, présenté par Raymond Aubert, Ed. France-Empire, Paris（河盛好蔵監訳（1980）『フランス

革命下の一市民の日記』中央公論社).

Michelet, Jules (1952) *Histoire de la Révolution française,* Bibliothèque de la Pléiade, 2 tomes (桑原武夫・多田道太郎・樋口謹一訳 (1968)『フランス革命史』(世界の名著37)中央公論社).

Roland, Mme (Marie-Jeanne) (1986) *Mémoires de Madame Roland,* Édition présentée et annotée par Paul de Roux, Mercure de France, Paris.

Soboul, Albert (1951) *La Révolution française 1789-1799* (小場瀬卓三・渡辺淳訳 (1953)『フランス革命』上・下，岩波書店[岩波新書]).

——— (1958) *Les sans-culottes parisiens en l'an II, movement populaire et gouvernement révolutionnaire, 2 juin 1793-9 thermidor an II,* Paris, Librairie Clavreuil (井上幸治監訳 (1983)『フランス革命と民衆』新評論).

柴田三千雄 (1989)『フランス革命』(岩波セミナーブックス30) 岩波書店.

立川孝一 (1989)『フランス革命』中央公論社[中公新書].

中村敏子 (2017)『トマス・ホッブズの母権論──国家の権力 家族の権力』法政大学出版局.

鳴子博子 (2001)『ルソーにおける正義と歴史──ユートピアなき永久民主主義革命論』中央大学出版部.

——— (2012)『ルソーと現代政治──正義・民意・ジェンダー・権力』ヒルトップ出版.

——— (2013)「フランス革命と明治維新──ルソーの「国家創設」論からの比較考察」『法学新報』(中央大学法学会) 120(1)・(2).

——— (2014)「フランス革命と明治維新──ルソーの「国家創設」論からの比較考察」永見文雄・三浦信孝・川出良枝編『ルソーと近代──ルソーの回帰・ルソーへの回帰』(ジャン＝ジャック・ルソー生誕300周年記念国際シンポジウム) 風行社.

——— (2017a)「ルソーのリプロダクション論と18世紀──授乳と戦争──」『経済学論纂』(中央大学経済学研究会) 57(5)・(6).

——— (2017b)「ジェンダー視点から見たルソーの戦争論──ルソー型国家は膨張する国家なのか──」『法学新報』(中央大学法学会) 124(1)・(2).

——— (2018a)「ルソーの革命とフランス革命──暴力と道徳の関係をめぐって」『nyz』5．堀之内出版.

——— (2018b)「フランス革命における暴力とジェンダー──バスチーユ攻撃とヴェルサイユ行進を中心に」『中央大学経済研究所年報』50.

——— (2019)「ルソー的視座から見た1792年8月10日の革命──国王の拒否権と民衆の直接行動をめぐって──」中島康予編著『暴力・国家・ジェンダー』中央大学社会科学研究所研究叢書39.

——— (2020)「ルソーの『ポーランド統治論』から見たヨーロッパ政治秩序──ポーランドとフランスの拒否権を対比して──」新原道信・宮野勝・鳴子博子編著『地球社会の複合的諸問題への応答の試み』中央大学学術シンポジウム研究叢書12.

（鳴 子 博 子）

第2章　ナポレオンと植民地
──反乱，奴隷，女性

はじめに

　ナポレオン期の奴隷植民地といえば，最大のフランス領だったサン＝ドマングが思い起こされる．革命に呼応して奴隷たちが蜂起し，10年を超える動乱の末にハイチとして独立した．1794年に一度廃止された奴隷制が，ナポレオンによって1802年に再建されるという混乱を経てのことだった．

　ところで当時カリブ海のフランス領奴隷植民地には，さらにマルティニックとグァドループもあった．ここは革命期に騒乱はあるものの，フランス領にとどまった．半世紀後の1848年に最終的に奴隷制が廃止された後にも，現地の民族運動は独立には向かわない．そもそも解放されたのは，さまざまな地から奴隷として連れ込まれた者たちである．独立後の状況が思わしくなかったハイチの例もみていたであろう．彼らにとっては，本国の市民と同等の権利を獲得することの方が現実的だった．ヨーロッパにおいても「独立」の動きが本格化するのは，19世紀以降であることを思い出しておこう．

　これらの地はさらに1世紀後の1946年，フランス「海外県」という位置づけを得た．当初は実質的には「植民地」だったが，1970～80年代には法制度上も本国の県と同等となった．それでも今日まだ，社会的な不平等や差別は根深く残っている．これらフランスから遠い周縁の地は，ある意味では沖縄を想起させまいか．

　本章では，フランス史でもあまり注目されることのないグァドループに焦点をあててみたい．植民地時代のカリブ海の行政はマルティニックが中心で，ここはさらに周辺化された地域である．しかも，1794年の奴隷制廃止がマルティニックには及ばなかったのに対し，グァドループでは廃止が実現している．いずれも1794年にイギリスに占領されるものの，グァドループは即座にフランスが奪還し，奴隷制廃止の法令が適用されたからである．

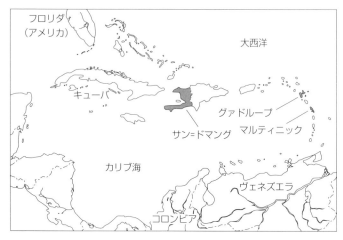

図2-1　カリブ海

　その後権力の座についたナポレオンは，奴隷制の再建をもくろむ．それを見越したグァドループの民衆は1802年に反乱に立ち上がるが，厳しく弾圧された．ナポレオン時代の植民地といえば，もっぱらハイチに言及されるなかで，周縁に位置するこの地では何が起きたのか，それはフランス史においてどのように語られるのか．

　筆者はこれまでフランス植民地史研究を手掛けるなかで，抑圧される植民地の歴史が，本国でどう語られるのかに関心をもってきた（平野，2014；平野，2016）．ナポレオン期という重要な時期において，周辺のさらに周辺の歴史がいかに書かれてきたのか，いかなる視点が可能なのかを見直すことから，何らかの示唆を得られるのではないか．当時のグァドループの騒乱に関しては，本国とグァドループ双方の歴史家の間で研究が蓄積されてきている[1)]．本章ではそれらに依拠してこの時代の概要を描き出しつつ，考察を進めたい．なお本章では「黒人」という呼称を括弧を付さずに使うが，ここで言う黒人とは，奴隷および「自由有色人」（奴隷身分から解放された有色人，あるいは出生時から自由な身分の者）のいずれをも含むものとする．

　そこで以下の行論では，はじめに革命期のカリブ海植民地をめぐる状況を概観し，次にグァドループでの反乱を追う．最後に，グァドループの一人の女性をテーマにした小説を取り上げて，今日の社会も視野に考えたい．

第 1 節　革命期のカリブ海植民地
——ヴィクトル・ユーグを中心に

1　グァドループの奪還

(1)　サン＝ドマングと奴隷制廃止

　まずはサン＝ドマングの状況からみておこう．1791年 8 月にこの地で起きた奴隷の蜂起は，革命家たちに具体的な「難問」をつきつけた．奴隷制の維持は，すべての人の平等を謳った革命の理念を損なうが，奴隷制がなくなれば植民地経済は崩壊し，フランスの富の源泉が失われる．救うべきは革命の理念か，本国経済か，革命家たちは苦悩した（平野, 2002；浜, 2003）．

　結論が出ないうちに，本国の騒乱が植民地に飛び火する．本国では1793年からイギリスやスペインとの間にも革命戦争が始まっていたが，カリブ海の周辺にも，敵であるイギリスやスペインの植民地がひしめいている．サン＝ドマングでは，革命に反対するプランテーション経営者である白人が奴隷の反乱を抑え込もうと，近隣のイギリスと手を結んでいた．しかも対する奴隷たちは，もう 1 つの敵スペインと連携したのである．

　イギリス，スペイン双方とも，最も豊かな植民地サン＝ドマングをあわよくば手に入れようとしてのことである．そうであるなら革命政府にとって，サン＝ドマングの維持が最優先課題となる．フランスは奴隷を自らの側に取り込んで事態を乗り切ろうと，1794年 2 月 4 日，奴隷制の廃止を決定した．つまり奴隷制廃止は革命の理念ゆえではなく，植民地を維持するために成し遂げられたわけである．奴隷制廃止の法令では，「植民地に居住するすべての者が，肌の色の区別なくフランス市民であり，憲法に定められたすべての権利を享受する」（河野, 1989：497）と定めている．解放された奴隷たちが，実際に「フランス市民」として扱われたのかは，後にみることにしよう．

(2)　グァドループと奴隷制廃止

　それではグァドループは，どのような状況だったのか．奴隷制廃止の後も，イギリスとの戦いは続いた．奴隷制廃止の法令が成立した直後にイギリスはマルティニックを（3 月23日），さらにグァドループを（4 月20日）占領した．このうちグァドループだけは，フランスは年末までにほぼ奪還する（Régent, 2004：

図2‐2 ユーグのグァドループ奪還

出所：Dubois, L. (2004) *A Colony of Citizens: Revolution and Slave Emancipation in the French Caribbean, 1787-1804*, Chapel Hill and London, Univ. of North Carolina Press, p. 192.

276-283：Rodigneaux, 2017：203-220)．その結果，イギリス領となったマルティニックでは奴隷制が維持されたのに対して，フランス領に残ったグァドループでは奴隷制が廃止され，黒人たちは自由を得たのである．一度廃止を経験したことは，グァドループのより自由で反抗的な姿勢として深く記憶に刻まれて，マルティニックとの相違を際立たせていく．

グァドループの奪還を指揮したのは，国民公会から奴隷制廃止の法令を伝える任務を負っていたヴィクトル・ユーグ（Victor Hugues, 1762-1826）である．植民地奪還を果たしたユーグは，熱烈な革命派だった．時はロベスピエール失脚後だが，ユーグは遅れて恐怖政治を敷くと反革命派を次々と排除していった．

ユーグについてはグァドループの奪還者としてのみ語られてきた感があるが，近年の M. ロディニョー（Rodigneaux, 2017）による伝記は，その逆説的で多様な経歴を明らかにしている．マルセイユに生まれ10歳で船乗りになって以降，商人，政治の扇動者_{アジテーター}，革命初期にはサン＝ドマングで新聞の編集者，パリではジャコバン派，国民公会の派遣委員としてグァドループに到来，次いでナポレオンに仕え，ギアナに入植し，最後は王党派の外交官となっている．フリーメ

ーソンでもあった．革命の転変に合わせて立場を変えた者は他にもいるが，ユーグもまた変貌しつつ時代を生き延びたのである．

2　奴隷制から強制労働へ

(1)　兵士としての黒人

以下ではユーグを軸に，グァドループ奪還前後の状況を追ってみよう．まずは奪還に当たってユーグが「黒人」兵を登用したことが指摘される．フランス領カリブ海では，1703年から黒人奴隷を民兵として徴用していた．当初は土木や運搬などの作業が主だったが，イギリスとの対抗関係ゆえに，1759年からは武器も携帯するようになる．1768年には，5〜8年の軍役を条件に解放されるとも定められた．ただし外敵の危険が小さくなると奴隷を武装させることへの批判が高まって，革命勃発後の1790年には解放は一時停止されている（Régent et Bonniol, 2006：218-221）．

それが革命の騒乱が植民地にも波及し，しかも1793年に英仏間で開戦すると，植民地でも軍隊の建て直しが急務となり，1794年初頭には改めて黒人兵を集めるよう指令が出された．しかし農園主たちは，この措置に後ろ向きだった．サン＝ドマングの蜂起で白人農園主が虐殺されているとの報に，奴隷が武装することへの警戒心が高まっていたからである．同年2月に奴隷制廃止が決定されると，むしろイギリスの支配下に入れば奴隷制が継続されると考える者たちもあった（Régent et Bonniol, 2006：227-228）．

ユーグがグァドループ北部のゴジエに上陸したのは，対英降伏からほぼ一月半後の6月3日である（Rodigneaux, 2017：199-203）．ユーグらは堡塁を掌握し，南の中心都市ポワンタピートルに進軍すると，まずは6月7日，本来の任務である奴隷制廃止を宣言する．その翌日にはさっそく志願兵の募集を開始した．対象は「すべての肌の色の市民」で，もちろん解放された元奴隷たちを念頭においたものである．奴隷制を廃止して解放された者たちをフランス側に抱き込むというサン＝ドマングでの方策は，グァドループでも同じだった（Régent, 2004：273；Adélaïde-Merlande, 1986：41）．

(2)　労働者としての黒人

この措置は，ユーグに決定的に有利に働いた．黒人たちはイギリス占領下では奴隷身分だが，奴隷解放を宣言したユーグとともに戦うことは，自らの自由

を守るために戦うことになるからである．兵員集めは順調に進み，まずは2000人，翌年には1万人を超えた．ユーグは給与にも差をつけなかった（Rodigneaux, 2017：209；Régent et Bonniol, 2006：233）．

　ただしイギリスを駆逐した後に，有色の「市民」が「自由」になったわけではない．奴隷制廃止で労働力不足になれば，元奴隷たちに働かせるしかあるまい．事実，奴隷制廃止の法にはユーグら現地の指導者によって，次のような文言が加えられていた．すなわち白人市民は友愛の精神で有色の兄弟に適切な賃金で仕事を与えること，他方で財をもたない者は，労働を通して自らの糧を得なければならないことである．ほかに手段もない解放奴隷たちは，結果的にほぼ強制的に働かされた（Dubois, 2004：195）．

　そもそもユーグは奴隷制には反対でも，解放された彼らが政治的に力をもつことは強く警戒していた．黒人を同等の存在とはみていなかったのである．黒人に対する差別的な思考を，ユーグもまた免れてはいなかった（Régent, 2004：368-371；Rodigneaux, 2017：209, 283）．

　「市民」となったはずの元奴隷たちは，片や戦いに，片や労働に従事させられたのだが，それは要するにフランスに奉仕することだった．ユーグの時代に元奴隷たちが歌わされたという「ラ・マルセイエーズ」の替え歌は，とりわけ彼らが強制労働を逃れられなかったことを巧みに表している．

> 立て，ギニアの子らよ
> 労働の日は来た
> ああ，これがわれわれの運命だ
> 陽が上る前に農園へ！（繰り返し）
> 法がこのように命じている
> 法の定めに従おう
> 悔いることなく働こう
> そして与えられるところにふさわしいものとなるのだ
> 鍬を持て，市民よ！　隊列を組め！
> 耕そう（繰り返し），熱意をこめて良き田畑を作ろう（Lacour, 1858：22）

　つけ加えるなら，ユーグが反革命派を苛烈に追撃して恐怖政治を敷き，多くの人をギロチンにかけたことも忘れてはなるまい．革命が揺り戻すなかで，1798年，フランスに逃れていた者たちの圧力でユーグは本国に召還された．

第2節　奴隷制の再建へ

1　グァドループの騒乱

(1)　ラクロスの着任

　1799年11月9日，ナポレオンによるブリュメール18日のクーデタが起きた．権力を握ったナポレオンが，一面では革命の精神と相反する統治を行っていくことは知られているが，植民地についても同様の姿勢が顕著になっていく．本章ではそのあたりをみていこう．

　ユーグの後任は，安定しなかった．自由を得た現地の住民は簡単には従わず，場合によっては反乱を起こして本国から派遣されてきた者を追放することもあった（Bénot, 1992：36-37；Saint-Ruf, 2014：61）．しかもナポレオンが制定した1799年の共和暦8年憲法第91条には，「植民地の体制は特別の法によって定められる」（Godechot, 2006：161）と記されている．植民地に本国の法が適用されないというのは，奴隷身分から解放された者たちは本国と同じ「市民」ではないと表明したものとも受け取れる．ユーグが去った後に帰還してきた農園主たちは，奴隷制自体の再建を期待していた．そうした情勢を前に憲法への不満も相まって，農園から逃亡する者たちもあった．グァドループはすでに騒然とした状況だった（Saint-Ruf, 2014：62）．

　1801年5月に着任したのが，将軍ジャン＝バティスト＝レモン・ド・ラクロスだった．かつては革命派として鳴らした人物だが，革命が後退するなかで彼自身もやはり変化していた（Saint-Ruf, 2014：43-44；Bénot, 1992：39-40）．着任するやラクロスは，反抗的な現地人を処罰するなど厳しい姿勢で臨んだ．さらに支配層を建て直すべく，革命派と反革命派とに分断されていた白人層の修復に尽力する．ユーグの下で島を離れていた王党派やプランターとの和解を模索して，彼らの呼び戻しを積極的に進めたのもその一環である（Adélaïde-Merlande, 1986：58）．

　こうした措置は，解放された元奴隷たちが貸し出しを受けていた農園をめぐって，元のプランターとの利害の対立を生むなど，社会の不安定要因となった．必然的に現地の不満も高まった．ラクロスはフランスからの呼び戻しを一時取りやめるが，他方では反体制的とみなした者たちを逮捕するなど，強硬な姿勢は崩さなかった（Adélaïde-Merlande, 1986：59）．ラクロスの植民地における対応

は，革命の揺り戻しという時代に沿って反革命勢力と手を結び，台頭しつつある有色人を抑え込む方向だと言える．

(2)　二人の混血——ペラージュとデルグレス

　ところで混乱の時期の1799年に，グァドループに送られてきた二人の混血がいた．マグロワール・ペラージュ（Magloire Pélage, 1766-1810）と，ルイ・デルグレス（Louis Delgrès, 1766-1802）である．二人はともにマルティニックの生まれで，植民地軍に入隊し，1794年にはマルティニックでイギリス軍とも戦った．対英敗北後に一時フランスに送還されていたが，軍でしかるべき地位を得てグァドループに来島したものである（Adélaïde-Merlande, Bénélus et Régent, 2002 : 330-332）．

　とくに旅団長という高い地位にあったペラージュは，民衆にも人気があった．有色の者が高位を得てフランス人と肩を並べる姿は，人びとには英雄と映る．現地での支持があればこそ，ラクロスの統治下で問題が生じた際に民衆との間の仲裁に入るなどして，力を発揮することもできた．

　ただしペラージュの行動は，必ずしも民意に沿ってはいかない．ペラージュはラクロスの方針に加担して，民衆の反乱を抑える方向を推し進めていくのである．フランスからは蔑みの対象である者が，社会上昇を求めて支配者側に加担するケースは，植民地支配のなかではまれではない．ペラージュもその一例を示しているわけだ．対してラクロスが，ペラージュを白人と同等に扱うには至らなかった．ペラージュは，順当にいけばグァドループの軍の最高指揮官のポストにつけたはずが，ラクロスは彼を任命しないのである．有色人兵士の不公正感は，こうした事態からも呼び起こされていく（Adélaïde-Merlande, 2014 : 55-68）．

　着任の5カ月後には，反ラクロスの反乱が起きた．有色の兵士たちは，イギリスと戦い自らの自由を得ることを大きな動機に入隊したのだから，指導者がラクロスのような人物となれば，それに反抗して離反するのも自然であろう．このとき人びとが発した「ラクロス，くたばれ！」「自由に生きるか，さもなくば死ぬまでだ！」（Lacour, 1858 : 146）という声は，革命を象徴するだけでなく，彼らの決意を象徴するものともされている．事態はラクロスの拘束にまで進展した．ラクロスはペラージュの助けでようやく近隣の英領に逃れるありさまだった（Dubois, 2004 : 361-362）．

　このような動きの背後で，奴隷制の再建は着実に進められていた．サン＝ド
マングに眼をやれば，反乱の指導者トゥサン＝ルヴェルチュールが1801年7月，
サン＝ドマング憲法を公にしていた．「フランス領」としてのサン＝ドマング
の憲法と明記しつつも，自身が終身総督になるなど，フランス支配からの離脱
を前提としたものにも読めた．トゥサンの行動を前にナポレオンの側では同年
秋，すでに奴隷制再建は既定路線となっていた（浜，2003：137-139；Bénot，
1992：45）．

(3)　奴隷制再建への布石

　こうした方向を後押ししたのは，イギリスとの関係である．ラクロスが英領
に逃れられたように，この時期，イギリスとの戦争は終結していた．ヨーロッ
パでの戦争が一段落したことで，植民地に戦力を集中させる準備は整っていた．
カリブ海への派兵は，1801年末にまずサン＝ドマングに向けて始まった．派遣
軍の指揮官は，ナポレオンの妹ポリーヌの夫，ルクレール将軍である．続いて
情勢が不安定になっていたグァドループに向けては，1802年4月1日にリシュ
パンス将軍の率いる軍がフランスを出港した．

　それに先立つ3月25日にイギリスと結んだアミアンの和約で，イギリスに占
領されていた植民地のフランスへの返還が決まっていた（Branda et Lentz
2006：319-320）．それを受けてフランス政府は5月20日の法令で，マルティニッ
クなどフランスに復帰する地域には革命前の法に則って，奴隷制は維持される
とした（第1条）．フランスは奴隷制を廃止していたのだから，これは実質的に
その再建である．加えて第4条では，植民地の体制は今後10年は政府の策定す
る規則に従うとされた（浜，2003：146）．つまりは奴隷制が廃止されたグァドル
ープのような地域でも，それが復活する可能性が示されたことになる．

　ラクロス追放後のグァドループでは，初めて本国人ではなく，カリブ海生ま
れの者たちが統治にかかわることになったのだが，実権を握ったのはペラージ
ュだった．独立派の動きも含めてグァドループは騒然としていたが，外からは
追放されたラクロスなど本国に通じた者たちが，また内からはそれに呼応する
ペラージュなどが主導して，民衆を弾圧する力が働いた．リシュパンス将軍の
指揮する軍がグァドループに到来したのは1802年5月6日，民衆の動きはすで
に相当抑えられつつあった（Saint-Ruf，2014：59-70）．

2　蜂起の終焉

(1)　デルグレスの最期

　事態が進展するなかで，デルグレスはどうしていたのだろうか．これまであまり触れずにきたが，デルグレスはフランスの側に接近したペラージュと違い，支配に抵抗したことで名を残す人物である．ペラージュとともに指導陣の一角を占めていたが，ラクロスとの対立の時に，民衆の側に立つと決めていた．この際人びとに，未来が開けるよう，死ぬまで抵抗することを誓ったデルグレスについて G. サン゠リュフ（Saint-Ruf, 2014：70）は「正面から歴史に入った」と記している．

　リシュパンスの攻撃の第一波は，1802年5月10日から28日まで続いた．先に述べたように，フランス領に復帰したマルティニックなどでの奴隷制維持が決められたのは，5月20日．まさにこの戦いの最中に，グァドループの人びとは遠からず自分たちにも奴隷制が再建されるだろうことを知ったわけである．

　死を賭して戦うという言葉通り，デルグレスはリシュパンスの軍に追い詰められて，バス゠テールのマトゥバの陣地で400人の仲間とともに自爆した．その後も各地で秋まで反乱は続き，相次いで弾圧された．サン゠ドマングでは，指導者トゥサン゠ルヴェルチュールがルクレールの軍に捕縛された後，他の闘志たちが戦いを引き継いだのだが，グァドループではデルグレスの死後も，蜂起した者の多くが処刑されて，そのような展開にはならなかった．犠牲者はおよそ一万人と見積もられている（Bénot, 1992：74）．

(2)　奴隷制再建──自由の剝奪・権利の剝奪

　一方ペラージュは，この戦いに際してもフランスの側，すなわちリシュパンスをさまざまな経路で支援した．リシュパンスは3500人の軍の3分の1を失っており（Régent et Bonniol, 2006：239；Régent, 2004：415），ペラージュの支援は貴重だった．先にも引いたサン゠リュフ（Saint-Ruf, 2014：73）は，グァドループの指導的地位についたペラージュについて，サン゠ドマングのトゥサン゠ルヴェルチュールのような役回りを果たすことも可能だったのに，裏切り者と名指される結果になったと記している．トゥサンがフランス共和国の価値を認めながら，自由を守ることを最重要課題としたのに対し，ペラージュはそうしたヴィジョンをもてなかったというのである．

　グァドループには1802年7月16日，奴隷制が改めて導入された．先述の5月

20日の法令とは違ってこの7月の法令こそが，グァドループの奴隷制を復活し，一度自由になった者たちを再び隷従に戻したわけである[2]．

　加えて指摘しておきたいのは，かつて「自由有色人」とされていた人びとが7月の法令で「市民」の肩書を禁じられ，それまで革命の過程で得ていた権利を反故にされたことである[3]．革命前には自由有色人は，植民地では「自由人」だが，フランス本国ではそうと認められず，いわばまた裂き状態にあった．それが革命の開始からほぼ3年がたった1792年3月28日にようやく，本国市民と同等の資格が認められていたのだが（平野，2016：59-60；Régent, 2004：427），7月の法令はそうした措置も含め，革命期に黒人たちが得た種々の権利を無効にしたのだった．

図2-3　デルグレスのスケッチ

出所：Jacques Adélaïde-Merlande (1986) *Delgrès ou la Guadeloupe en 1802*, Paris, Karthala.

　グァドループをめぐる経緯から見えるのは，端的に，権力を握った者たちの周縁部に対する抑圧や暴力である．それは普遍的内容をもつ人権宣言が，普遍的には適用されなかったという表現で，説明されるだろうか．とはいえ，人権が普遍的に認められているはずの現代において，正式にフランス領であるこの地域の歴史が，フランスの国民史に含まれているだろうか．周縁部に対する暴力は，革命の歴史が書かれる際に顧みられているのだろうか．

(3)　植民地の登場人物と歴史の語り

　そうした観点から，以上に言及した歴史の登場人物が，今日どのように語られているか，考えてみよう．デルグレスはカリブ海，とりわけグァドループでは英雄だが，通常のフランス史で名前が出てくることは，まずない．サン＝ドマングのトゥサン＝ルヴェルチュールの知名度には，比ぶべくもない．グァドループの人びとにとって裏切り者であるペラージュは，フランスからみればつまりは現地の協力者である．彼ゆえにリシュパンスなりラクロスなりが助けられた面はあっても，しょせんはフランス史の表舞台にもち上げられることはない．

　他方リシュパンスはグァドループで戦功をあげたが，やはりフランスの歴史で言及されることはほぼない．この地は当時こそ砂糖植民地としての重要性があったものの，サン＝ドマングには及ばず，現在では遠方の小さな領域で「本

国史」における重みは小さいと言わざるを得ない．対してサン゠ドマングに派
遣されたルクレールは，トゥサン゠ルヴェルチュールを捕らえる功績をあげな
がらも，その後は全島蜂起に会い，責務を果たせないまま黄熱病に倒れた．ル
クレールの場合は勝者として歴史に名前を刻むことはなかったが，1804年に独
立するハイチの名とともに想起される．敗北の将ルクレールが相対的に触れら
れることが多いのは，ナポレオンの縁者であるのに加えて，サン゠ドマングの
フランスにとっての重要性ゆえであろう．

　要するに，植民地での事件やその担い手たちが本国の歴史に残るか否かは，
植民地の規模や重要性，場合によっては本国の著名人に所縁のある者か否かな
どの要素が，語りにおける重みの決め手になるといったらよいだろうか．

　そうであるなら，植民地のなかでも周縁の地に生きた女性が本国史に名を残
すこともほぼないと，諒解されよう．実際には蜂起に参加した女性もいたが，
その存在を私たちが知る手がかりはほとんど残されていない．ただ，1802年の
グァドループの蜂起については，ソリチュードという女性の存在が今日では知
られている．次節では彼女をめぐって考えることにしよう．

第3節　歴史に埋もれた者
——『混血女性ソリチュード』から考える

1　ソリチュードの掘り起こし
⑴　小説となった女性

　ソリチュードは混血で，デルグレスらと共に戦い，リシュパンスの軍に捕ら
えられて死刑になった女性である．ただし彼女は妊娠していたので，処刑は出
産を待ってその年の11月に行われた．生まれた子どもは奴隷にできるからだと
いう．

　ソリチュードなる女性が実在したことを最初に歴史書に記したのは，A. ラ
クール（Lacour, 1858 : 311）だとされる．わずか14行の記述で，これだけならソ
リチュードは再び歴史に埋もれたとも思われるが，第二次世界大戦を経た1972
年，その存在を『混血女性ソリチュード（*La Mulâtresse Solitude*）』（以下『ソリチ
ュード』）として小説にした作家がいる．アルザスのメスに生まれたポーランド
系ユダヤ人，アンドレ・シュヴァルツ゠バルト（André Schwarz-Bart, 1928-2006）
である．大戦ではレジスタンスに加わって逮捕されるが，脱走してレジスタン

ス活動を続けた．一躍注目されるようになったのは，ユダヤ人のレヴィ家の物語を綴った最初の作品『最後の義人（*Le dernier des justes*)』(1959，以下『義人』)でゴンクール賞を受賞してからである．この作品はユダヤ人の殲滅を文学に昇華させた初期のものとなる．

　アンドレはカリブ海を素材にすでに妻シモーヌと共著で『青いバナナと豚のお料理（*Un Plat de porc aux bananes vertes*)』(1967，以下『お料理』) を書いていた．シモーヌはグァドループの奴隷にルーツをもつ．この小説は1950年代，パリの老人向け養護施設が舞台である．ここに住む半ば盲目のマルティニック出身の黒人女性マリオットが，施設での生活を語りつつ，子ども時代を回想する．マリオットの祖母がソリチュードの娘との設定である．ソリチュードがどのような女性かは触れられておらず，祖母が1802年のソリチュードの処刑を前に生まれたはずであることも書かれていない．ソリチュードその人を描く小説は，1972年の『ソリチュード』を待つこととなる．

　しかし『お料理』を発表したとき，アンドレ自身はソリチュードを核にした7巻にのぼるカリブ海ものの連作（cycle antillais）をすでに構想していた．ソリチュードの名前に言及されるだけの『お料理』は，連作の序章という位置づけである（Simon, 1972).その連作全体のタイトルを，アンドレは『混血女性ソリチュード』としている（Kaufmann, 2008).

(2)　アンドレ・シュヴァルツ＝バルトとカリブ海

　共著とはいえ，なぜユダヤ系のアンドレがカリブ海にかかわる『お料理』のような小説を手掛けたのか．この点についてはアンドレ自身が手記「なぜ私は『混血女性ソリチュード』を書いたか」を残している（Schwarz-Bart, A., 1967).以下，手記に拠りながら考察していこう．

　アンドレは1950年代からカリブ海出身者とすでに交流があった．彼らとの共通点としてアンドレは，「奴隷制」を意識していた．というのは幼い頃に，旧約聖書の「出エジプト」について，ユダヤ人が「エジプトで奴隷に貶められていた」と父から聞かされていた．それが再びヒトラーの下で奴隷のように扱われたのであり，「ユダヤの子ども」として，また「奴隷制のなかに生まれた者たちの遠い子孫」として，カリブ海の奴隷制に目を開かされたというのである．

　執筆のきっかけについては以下のように書かれている．『義人』刊行より前の1955年12月，友人宅での心地よい集まりの帰り道，カリブ海出身の女性が同

じ席でのある発言に傷つけられたと明かした．アンドレは，世界は変化してきておりいずれ人種差別はなくなるだろうと慰めたが，彼女は100年たっても1000年たっても，差別は終わるまいと答えた．これは実は，アンドレが子どもの頃に感じていたことでもあったという．この言葉が決定的となり，アンドレはいつの日か彼女に応えよう，そして彼女が間違っていたことを本によって示そうと，決心したのだという．

　それでもカリブ海を舞台とした小説を書くまでには，なかなかに苦悩したようである．白人である自分が有色の人びとについて語っていいのか，というのは最大の課題であった．しかしこれについては，次のように言うことができるだろう．すなわちアンドレの独自性は，ユダヤ人が被ったホロコーストを特別視しないことだ，と．アンドレの言葉を引くなら，「収容所世界が『普通』といわれる世界と決定的に異なる」のではなく，普通といわれる世界が特別に凝縮された形が収容所世界なのだ．そしてソリチュードの連作は，収容所世界への遠回しで遠慮がちのアプローチとみなせると表現している．

　『お料理』の舞台が養護施設であるのも関係する．ある日アンドレは，一人の有色の女性が老人向けの養護施設に入っていく姿を目にした．ヨーロッパの現実は，弱い者の搾取や女性差別や老人排除であり，それは白人すらも人間以下の状況に貶めている．ならば人種差別を超えて，人間による人間への暴力や破壊という，より普遍的な問題として捉える方が重要なのではないか．それゆえ老人が打ち捨てられる施設というのが，奴隷制と強制収容所の「微妙なつなぎ目」になるという思考が『お料理』の出発点となった．

　後に妻シモーヌ（Schwarz-Bart, S., 2015：11）が記すところでは，『義人』についてアンドレは，「ショアーについての小説ではない．ショアーを手がかりにした人間の本性に関する小説だ」とのメモを残していた．そうした視線が，自らの出自にとどまることなく，カリブ海にも関心を広げた小説につながったといえるだろう．ちなみに『お料理』は，グァドループのクレオール語を内にもつシモーヌとの共同執筆になったわけだが，手記にはシモーヌの存在が，カリブ海にはよそ者である白人のアンドレにとって，とりわけ言語の面における障壁を越える大きな一助となったと記されている．

2　抑圧される者から抑圧される者へ

(1)　『ソリチュード』の受容をめぐって

　『お料理』に続く作品は共著ではなく，1972年に夫婦それぞれが小説を発表した．妻の作品はここではおく．アンドレの作品が，連作全体のタイトルと同じ題名の『ソリチュード』であった．さっそく文芸評論家シモン，P.-H.（Simon, 1972）は好意的な紹介を執筆した．シモンはソリチュードを，2つの人種，優しさと怒り，生の喜びと絶望など，相反するものの間にあって捉え難い人物だと評し，底流には歴史に圧し潰された人びとに対する，アンドレの共感があると述べている．それはワルシャワのゲットーで蔑まれた人びとにも目を向けさせるだろうとも，シモンは記している．

　ところが積極的な評価は少なかった．全体として『ソリチュード』には厳しい批判が寄せられたのである．批判の中心は，やはり白人がカリブ海について書くことに対してで，いわば作者の「正統性」をめぐるものだった．彼なりに結論を出していた課題のはずだが，なかには妻の作品を横取りしたのではないかと疑う者もあったという（Garcin, 2015）．これに深い傷を受けたアンドレは，以後は執筆はしても一部を除いて公刊していない．

　こうした批判に接すると，反ユダヤ主義や黒人奴隷制といった歴史的背景が，純粋に作品を読むという行為そのものを難しくしている現実が迫ってくる．それでも近年では，アンドレの作品の再評価が進んでおり，連作の刊行も2006年のアンドレの没後に発見された草稿を元に，夫婦連名で再び始まっている．再評価の背景は何か．

(2)　感性の混血性・複数性

　ここで改めて，ソリチュードという女性を連作の核に置いた点について考えてみよう．アンドレのこの選択は，彼女が混血であったことが1つの大きな要素であるのは間違いあるまい（Gyssels, 1996：18-38）．物語でアンドレは，ソリチュードの母が奴隷としてアフリカからグァドループへ向かう船の中で強姦されて身ごもった，という設定にしている．この「混血性」を「複数性」と言い換えてみるとどうだろう．アンドレ自身にも混血性が読み取れないだろうか．それはポーランド系ユダヤ人でフランス国籍という彼の出自に見られるだけではない．ユダヤ人として家族に虐殺の記憶をもちつつ，ユダヤ人迫害の過去があるフランス社会で暮らし，旧奴隷植民地出身者との間につながりを見出すア

ンドレの，感性の面での複数性・混血性である．

　シモーヌとの結婚は言うまでもなく，彼の複数性をさらに豊かにした．シモーヌのように旧奴隷植民地に出自をもつ人びとの複数性は，改めて言うまでもあるまい．20世紀の終盤から，フランス本国ではより厳格に「世俗化／脱宗教化」が進められているが，カリブ海は今日でもキリスト教が根づいた，宗教が重みをもつ社会であることにも注意すべきだろう．ちなみにアンドレの母語はイディッシュ語で，フランス語は後に学んだ言語である．

　連作再出発の皮切りとなった作品（Schwarz-Bart, S. et A., 2015）に寄せたシモーヌの序文は示唆的である．自分が結婚したのは「ユダヤ人？　黒人？　それともフランス人？　……彼はあらゆる方面にはみだしていった．それは全的な普遍に取りつかれた魂だった」．この意味するところは，単にアンドレが1つの属性に還元できない人物だった，ということではないのではないか．誰かを1つの属性で表現しようとする行為そのものが，思考を硬直化させ狭めることにつながるのだと，気づかされないだろうか．

　それは根がなくなることを意味しない．アンドレはユダヤを主題にした作品もさらに構想していたが，ユダヤのもの，カリブ海もの，いずれにおいてもそれぞれ黒人やユダヤ人をわずかでも登場させている．そうしたいわば相互の浸透性は，自らの根を積極的に増やし，さらに枝葉を広げていく方向性である．それはまさに今日，出自をたがえる多くの人びとが共存する社会となったフランスに，必要と考えられていることではないだろうか．

おわりに

　『ソリチュード』刊行当時の評価がどうあれ，ユダヤ系のアンドレがカリブ海世界を小説にしたことの意味を，とりわけ今日において過小評価することはできない．近年のフランスでは，誰が歴史の最大の犠牲者かという不毛な議論が起きている（平野，2014）．その特権的な地位を主張するのは，圧倒的にユダヤ系である．いかに過酷とはいえ奴隷制はジェノサイドではなかったとして，奴隷制の過去に連なる人びとの反発は軽くあしらわれている感もある．「被害者の度合い」の競い合いにおいてユダヤ人が優位を占めるのを目にすると，ユダヤ系の作家がカリブ海を素材とする小説を書いた意義は，刊行当時よりむしろ今日にこそあるのではないかとも思われるのである．

　しかもアンドレが取り上げたのは，デルグレスでもなく，もちろんペラージュでもなく，ソリチュードという女性だった．抑圧される者のなかでも，さらに抑圧される立場に置かれ，歴史においても語られることの少ない存在に注目するアンドレに，さらに何を読み取れるだろうか．ユダヤ人の苦悩を特権化することなく，異なる民族の苦悩にも自ら開いていったアンドレのまなざしは，このような過去を背負う当事者だけでなく，歴史をどう捉えるのかという歴史認識の問題にも，私たち歴史研究者をいざなうだろう．そして死後，長い時間を経て新たに見いだされたソリチュードという女性の存在を通して，改めて私たちの視線をフランス本国から旧奴隷植民地という周縁部の歴史へと広げるだろう．

　※本章は，拙稿「ナポレオン期の奴隷植民地グアドループ——周縁部をめぐる歴史の語り」（『武蔵大学人文学会雑誌』第50巻第 3 - 4 合併号，2019年 3 月）に加筆修正したものである．

注
1 ）　A. ラクール（Lacour, 1858）はこのテーマで最初の著作である．以下には研究が本格化する第二次世界大戦後の主要な文献をあげておく（Saint-Ruf, 1965；Adélaïde-Merlande, 1986；Bénot, 1992；Adélaïde-Merlande, Bénélus et Régent, 2002；Régent, 2004；Dubois, 2004.）
2 ）　7 月16日の法令の原典はこれまで知られずにきたが，2009年に J.-F. ニオールと J. リシャール（Niort et Richard, 2009）は，エクサンプロヴァンスの古文書館でそれを発見した旨を述べている．
3 ）　自由であるためには，革命以前から自由だった者はその証明書を要求され，革命後に自由になった者には1200フランの納税義務が生じるなどした（Niort et Richard, 2009：48-50；Régent, 2004：425-427）.

参考文献
Adélaïde-Merlande, J. (1986) *Delgrès ou la Guadeloupe en 1802,* Paris, Karthala.
Adélaïde-Merlande, J., Bénélus, R. et Régent F. (2002) *La Rébellion de la Guadeloupe 1801-1802*; (Recueil de textes), Conseil Général de la Guadeloupe / Société d'histoire de la Guadeloupe.
Bénot, Y. (1992) *La démence coloniale sous Napoléon,* Paris, La Découverte.
Branda, P. et Lentz, T. (2006) *Napoléon, l'esclavage et les colonies,* Paris, Fayard.
Dubois, L. (2004) *A Colony of Citizens: Revolution and Slave Emancipation in the*

French Caribbean, 1787-1804, Chapel Hill and London, Univ. of North Carolina Press.

Garcin, J.（2002）«A la mémoire d'André Schwartz-Bart, le Blanc qui avait osé écrire sur les Antilles», *Bibliops,* https://bibliobs.nouvelobs.com/romans/20150205.OBS1821/a-la-memoire-d-andre-schwartz-bart-le-blanc-qui-avait-ose-ecrire-sur-les-antilles.html

Godechot, J（2006）*Les constitutions de la France depuis 1789,* Edition corrigée et mise à jour par H. Faupin, Paris, Flammarion.

Gyssels, K.（2015）*Marrane et Marronne : la co-écriture réversible d'André et de Simone Schwarz-Bart,* Amsterdam/New York, Brill/Rodopi.

――――（1996）*Filles de Solitude : essai sur l'identité antillaise dans les（auto-）biographies fictives de Simone et André Schwarz-Bart,* Paris, L'Harmattan.

Kaufmann, F.（2008）«L'œuvre juive et l'œuvre noire d'André Schwarz-Bart», *Pardès,* n° 44, https://www.cairn.info/revue-pardes-2008-1-page-135.htm

Lacour, A.（1858）*Histoire de la Guadeloupe,* t. 3, *1798 à 1803,* Basse-Terre（Guadeloupe）, Imprimerie du gouvernement.

Niort J.-F., et Richard, J.（2009）«A propos de la découverte de l'arrêté consulaire du 16 juillet 1802 et du rétablissement de l'ancien ordre colonial（spécialement de l'esclavage）à la Guadeloupe», *Bulletin de la Société d'histoire de la Guadeloupe,* n° 152.

Régent, F.（2004）*Esclavage, métissage, liberté : la Révolution française en Guadeloupe 1789-1802,* Paris, Grasset & Fasquelle.

Régent, F. et Bonniol, J.-L.（2006）«Soldats nés esclaves dans la Guadeloupe révolutionnaire 1792-1802», in Bernand C. et Stella, A.（coord.）, *D'esclaves à soldats : miliciens et soldats d'origine servile XVIIIe-XXIe siècles,* Paris, L'Harmattan.

Rodigneaux, M.（2017）*Victor Hugues : l'ambition d'entrer dans l'Histoire 1762-1826,* Paris, Editions SPM.

Saint-Ruf, G.（2014）*L'épopée Delgrès : la Guadeloupe sous la révolution française,* Paris, L'Harmattan.

Schwarz-Bart, A.（1967）«Pourquoi j'ai écrit La Mulâtresse Solitude», *Le Figaro littéraire,* n° 1084.

Schwarz-Bart, S.（2015）«Avant propos», in Simone et André Schwarz-Bart, *L'Ancêtre en Solitude,* Paris, Seuil.

Simon, P.-H.（1972）«"La Mulâtresse Solitude" d'André Schwarz-Bart, "La Rivière sans repos" de Gabrielle Roy», *Le Monde,* 25 février.

河野健二編（1989）『資料 フランス革命』岩波書店.

浜忠雄（2003）『カリブからの問い――ハイチ革命と近代世界』岩波書店.

平野千果子（2016）「奴隷制時代のフランスにおける「黒人」――見えないものから見えないものへ」『歴史学研究』第946号〈特集 不在の歴史学〉.

―――― (2014)『フランス植民地主義と歴史認識』岩波書店.

―――― (2002)『フランス植民地主義の歴史――奴隷制廃止から植民地帝国の崩壊まで』
　　人文書院.

（平野千果子）

第3章　19世紀亡命ロシア人社会における「むすびつき」

は じ め に

　本章は，19世紀ロシアの政治思想家・活動家のアレクサンドル・イヴァノヴィッチ・ゲルツェン（Александр Иванович Герцен, 1812-1870）を中心としたロシア人亡命者たちが実践した，家父長的暴力や国家が担保する家族制度，あるいは近代市民社会が要求する家族の役割分担などを超克した，自由な「むすびつき」の実践を分析したものである[1]．

　周知のごとくゲルツェンは，反政府的な言動の咎で2度にわたって国内流刑に処せられた後，自由な活動の場を求めて1847年にロシアの国境を後にして以来，1870年にパリのリヴォリ通りのフラットで息を引き取るまでの23年間[2]，一度もロシア国内に戻ることなくヨーロッパ各地を転々としながらの亡命生活を送った．とはいえその間，彼がロシアと疎遠になったわけでは決してなかった．多くの親族や友人が彼を訪れ，あるいは彼と行動を共にした．とくに1857年から63年にかけて彼が発行した新聞『コロコル（鐘）』が「大改革期」のロシア世論に大きな影響力を持つようになると，ロンドンの彼の元を訪れるロシア人の数は激増した．他方，ゲルツェン自身もプルードンへの援助やガルバルディーとの交流などを通してヨーロッパの左翼論壇において一定の地歩を確保しながらも，ロシア国内の問題から目をそらしたことはなかった．言葉を変えて言うなら，国外にありながらも常に「ロシア人」であり続けたのであった．

　本章では，ゲルツェンとともにロシア国外で生活していたロシア人のうちで，とくに彼と「むすびつき」が強かった妻のナタリア・アレクサンドロヴナ・ゲルツェン（ザハーリナ）（Наталья Александровна Герцен（Захарьина）, 1817-1852），盟友のニコライ・プラトノヴィッチ・オガリョフ（Николай Платонович Огарёв, 1813-1877），オガリョフの内縁の妻でのちにゲルツェンの内縁の妻になるナタリア・アレクセーエヴナ・ツチコヴァ＝オガリョヴァ（Наталья Алексеевна Тучкова-

Orapёва, 1829-1913）を中心に彼らの「むすびつき」を分析することにする．と
もに浪漫主義の洗礼を受け，自由と女性の解放を信条としたロシア人亡命者た
ちの「むすびつき」の実践分析である[3]．

第1節　家 庭 環 境

　ゲルツェンの父，イヴァン・アレクセーエヴィチ・ヤーコヴレフは「ボヤー
リン」の血を引くモスクワの名門貴族であった．「ボヤーリン」とは，モス
クワ大公国による集権化以前に地方を支配していた豪族のことで，イヴァン4
世以後の「ドヴォリャーニン」に比べると中央権力に対して，はるかに強い独
立性を持っていた．18世紀のピョートル大帝による改革によって制度上は両者
の違いはなくなるが，皇室との距離などその後も家格の違いは隠然として残っ
た．
　ヤーコヴレフ一族においてもイヴァンの母親ナタリア・ボリソヴナはメシチ
ェルスキー公爵家からの嫁入りだったし，その長女（つまりイヴァンの姉）マ
リアはホワンスキー公爵家に嫁いでいる．公爵家との縁組によって，ヤーコヴレ
フ家は皇室にもつながる名門貴族ということになる（Пассек, 1878：1-2）．実際，
イヴァンの2番目の兄，アレクサンドル・アレクセーエヴィチ・ヤーコヴレ
フは枢密顧問官を拝して短期間ではあったが宗務総監を務めたこともあったし，
3番目の兄，レフ・アレクセーエヴィチ・ヤーコヴレフもまた，晩年，枢密
顧問官として元老院議員を務めている．
　その3番目の兄，レフ・アレクセーエヴィチ・ヤーコヴレフが若いころ，
外交官としてシュツッツガルトのロシア公使館に勤務していた時のことである．
早々に軍務を退役して自由の身となって外遊中のイヴァンがシュツットガルト
の兄のもとを訪れた．そこで彼は当地の下級官吏の娘ルイザ・ハーグ（Henri-
ette Wilhelmina Luisa Haag, 1796-1851）と出会う．対ナポレオン戦争直前の1811
年ごろのことである．家出してきた彼女を公使館のコーヒー係として雇ったの
が縁だった．やがて当時15歳のルイザが妊娠したことが判明すると，イヴァン
は彼女の懇願を受け入れて彼女を連れてロシアに帰国する．モスクワの並木道
環状線に面したヤーコヴレフ家の屋敷で生まれた息子[4]はアレクサンドルと名付
けられた．父親はイヴァンなのでロシアの風習に従って息子のアレクサンドル
の父称（ロシアのミドルネーム）はイヴァーノヴィッチとなった．苗字としては

ドイツ語の「心の」を意味する「ヘルツェン」をロシア語風に表記した「ゲル
ツェン」が与えられた (Пассек, 1878 : 36)．イヴァンは婚外子のアレクサンドル
にヤーコヴレフの姓を名乗ることを許さなかったのだ．アレクサンドル・イヴ
ァーノヴィッチ・ゲルツェンの名はこうしてできたのである．

　実はイヴァンにはアレクサンドル・ゲルツェンのほかにももう一人「ゲルツ
ェン」姓を名乗る息子がいた．彼が農奴女に生ませたエゴール・ゲルツェンで
ある．上述したようにイヴァンは軍務を退役したのちにロシアを離れるのだが，
それと前後して，モスクワ近郊のポクロフスキー村でその男の子は生まれた．
イヴァンの姉のマリア（『公爵夫人』）[5]が生まれた男の子を引き取り，その後，帰
国したイヴァンに引き渡した．エゴールと名付けられた男の子は9歳にして初
めて自分の父親に会ったのだった．親子の初対面は空々しいものだった．イヴ
ァンはエゴールの肩に手を置き「冷たく接吻した」あと，姉の「公爵夫人」に
対してフランス語で，彼に相談もなくエゴールを引き取ってきたことに不満を
漏らしたという．イヴァンは最初の出会い以来，「一生の間」「息子に対する反
感を感じ続けたのだった」(Пассек, 1878 : 37-38)．

　ゲルツェンも外国人を母に持つ自分とロシアの農奴を母に持つ「兄」エゴー
ルとの境遇の違いに幼年時より気づいており，深く同情していた．ただし，彼
はその自伝『過去と思索』においても「彼の悲しい孤独な生活」についてほと
んど書き残していない[6]．イヴァン・ヤーコヴレフ家の家内奴隷や農奴女たちと
接することによって，幼いゲルツェンの心に「あらゆる奴隷制度とあらゆる専
横に対する抜きがたい憎悪」が植えつけられたのであった（ゲルツェン，1998 :
51）．

　いかにも横暴で放埒な「むすびつき」であるが，このような「むすびつき」
はイヴァン・ヤーコヴレフに限ったことではなかった．たとえばイヴァンの
「長兄」[7]，アレクサンドル・ヤーコヴレフも，1803年の末に皇帝の不興を買って
宗務総監の職を辞してモスクワに戻ると，並木道環状線の一族の屋敷内に「大
きな蔵書室と立派な農奴ハーレムを設立した」(Яковлев, 1915 : 7)．ところがこ
の「長兄」，自らの最晩年にペテルブルクに戻ると，そこでハーレムの農奴女
オリンピアーダと正式に結婚し，その息子アレクセイを自らの遺産相続人に指
名してしまう．これは「息子やその母親に対する愛情が故」，というよりは
「弟たちに対する憎悪」，つまり自分の遺産を自分の弟たちに相続させたくな
かったからだった，といわれる (Пассек, 1878 : 55-56)．ヤーコヴレフ兄弟の間で

は「地主的天性」によって「家計は共通だったし，領地も分割していなかった」ため，財産を巡る争いが絶えなかったのであった（ゲルツェン，1998：25）．かくして1825年の「長兄」の死によって，期せずしてハーレムの婚外子アレクセイ（化学の実験に熱中していたので「化学者」というあだ名で呼ばれていた）は（ゲルツェン，1998：128-129；Пассек，1878：55），名門貴族ヤーコヴレフ一族の跡取り息子となり，アレクセイ・アレクサンドロヴィッチ・ヤーコヴレフを名乗るようになったのだ．

　ただし，彼は他のヤーコヴレフ一族のような破廉恥な旦那衆にはならなかった．彼はハーレムの「兄弟」たちとその母親たちをタンボフ県のシャーツクにある所領に帰し農民としての生活を送れるよう取り計らい，所領の農奴に対しては年貢を半額にしたうえ滞納を帳消しにし，さらに兵役も免除してやったのだった（Пассек，1878：56）．他方，「長兄」の「大きな蔵書室」の18世紀のフランスの書物はゲルツェンを啓蒙し，屋敷の一室を実験室に転じ化学実験に没頭していた「化学者」は，自然科学に対するゲルツェンの目を啓かせたのだった．

　さて，ヤーコヴレフ家の若主人となった「化学者」の計らいによってシャーツクの所領に戻されることになった「兄弟」たちの中にナタリアという少女がいた．彼女も「長兄」の婚外子なのでヤーコヴレフの姓を名乗ることは許されず，母親の姓であるザハーリナを名乗っていた．ナタリア・アレクサンドロヴナ・ザハーリナ，のちにゲルツェンの妻になるナタリアである．ちなみにナタリアは並木道環状線の屋敷で生まれているので，ゲルツェンとナタリアは同じ屋敷内で誕生したことになる（ゲルツェン，1998：130-131）．

　「長兄」の死によってペテルブルクのハーレムを引き払い，シャーツクの所領に向かう途中で一行がモスクワに立ち寄った際，ヤーコヴレフ兄弟の長女「公爵夫人」は当時8歳のナタリアに目をとめた．「公爵夫人」は彼女を引き取り，自宅で育てようと考えたのだった．エゴールの場合と同じように，自らの弟の不始末の面倒を見ようという義務感からか，あるいは「母親の母性的圧迫から逃れるためにのみ」（ゲルツェン，1998：378）嫁いでいった二人の娘が去った後の孤独感を癒すためか，「公爵夫人」の動機はよく分からないが，とまれナタリアは母親から引き離され，「みなし児」としてモスクワの「公爵夫人」の元で生活することになったのである（Пассек，1878：56）．

　「公爵夫人」についてゲルツェンは，「口やかましく，気むつかしいおばあさん」と表現し，「彼女のお説教や小言には果てしがなかった」と回想している．

ロシアの因襲に包まれた彼女の家について彼は「好きになれなかった」と語り，[8)]
「私はその家では自由に呼吸することができなかった」と回想している．「家」
というよりは家の女主人，「公爵夫人」の抑圧的な性格が彼にこのような嫌悪
感を催させたのであろう．「彼女のそばにいると，わたしは息の詰まるような
感じがした」（ゲルツェン，1998：130-131）．

　幼いナタリアが連れてこられたのは，このように「口やかましく，気むつか
しい」「公爵夫人」の抑圧と保守的な因習が支配する「正教的でロシア式の古
風な家」だった（ゲルツェン，1998：376）．「公爵夫人」は「住む場所を与えてや
っただけで十分」だと考えており（ゲルツェン，1998：386），「自分が引き取った
子どもの教育に，とくに金をかけるようなことはしなかった」ので，読み書き
の手習いには貧しい寺男が呼ばれ，教科書は祈祷書だった（ゲルツェン，1998：
389-390）．「わたくしの幼年時代はこの上もなく惨めで苦しいものでした」，「別
の世界に抜け出したいという願いがますます強く……なってゆきました」，と
後に彼女はゲルツェンに書いている（ゲルツェン，1998：386）．

　さて，ゲルツェンの盟友となるニコライ・プラトノヴィッチ・オガリョフ
(1813-1877) は，上記の二人とは違い，由緒正しいモスクワ貴族の環境に生ま
れた．彼はゲルツェンの父，イヴァン・ヤーコヴレフとも姻戚関係にある4等
文官のプラトン・ボグダノヴィッチ・オガリョフとその正式な妻である裕福な
貴族の娘エリザベータ・イヴァノヴナの間に生まれたからである（Пассек，
1878：253）．

　彼はその幼少時代を，ペンザ県のスタロエ・アクシノの父親の領地で，ある
いはモスクワでは並木道環状線沿いのニキーツキー・ヴァロータの「大きな屋
敷」，または当時はまだモスクワ郊外だったクンツェヴォのモスクワ川の川沿[9)]
いの別荘で過ごした（Конкин，1989：7）．領地のアクシノへ出かけるときには18
頭の馬を仕立て，30人ほどの召使を引き連れての大移動となった（Огарёв，
1953：677）．裕福な貴族の生活である．

　とはいえ，彼の母親は彼が1歳半の時に亡くなったので（Огарёв，1953：676)，
幼い彼は二人の農奴の乳母に育てられ，やがて，養育係兼家庭教師のドイツ人
カール・ゾンネンベルクに育てられた．彼もまた，上記の二人と同様に孤独な
少年だったということができるかもしれない．

　「典型的な農奴主－旦那」だった父親の農奴に対する暴君的な態度にも幼い
彼は心を痛めた．たとえば彼の乳母の夫は「旦那」の言いつけを守らなかった

ために罰として兵隊に出されてしまった．当時の兵役は25年間だったので，家族とはほとんど生き別れになる重い罰であった．また，オガリョフの部屋には巨大な聖像入れがしつらえられ，大斎期には精進が強制された（Пассек, 1878：262）．後にオガリョフは父親について「彼は家庭では暴君だった」「家の中を重苦しい倦怠感が支配していた」と回想している（Огарёв, 1953：676）．これに対して13歳の頃から彼につけられた家庭教師たちはフランス啓蒙主義や「デカブリスト」の思潮を彼に吹き込んだ（Огарёв, 1953：264）．オガリョフもまた，上記二人と同様に啓蒙的ヒューマニズムの観点から農奴主－旦那的生活を深く憎むようになったのであった．オガリョフ家を支配していた宗教的な影響も「ヴォルテールやバイロンを読むこと」によって霧散した（Пассек, 1878：263）．

　実際彼は，1834年7月に「立憲的な精神」を彼の手紙の中に発見した憲兵隊によって逮捕された後（Егоров, 1974：60），35年4月からペンザに流刑になるのだが，流刑中の38年に父親が死亡し，その遺産を相続すると，2年前に結婚したばかりの妻の反対を押し切って，父のリャザン県（現在はモスクワ州）の領地ベロオムトの農奴を解放している．

　ペンザに流刑中にオガリョフは，県知事の家の舞踏会で知り合ったマリア・リヴォーヴナ・ロスラヴレヴァ（Мария Львовна Рославлева, ?-1853）と結婚した．彼女は両親が破産したため，母方のおじで当時ペンザの県知事をしていた A. A. パンチュリゼフに育てられていたのだった．彼女についてオガリョフの友人の П. В. アンネンコフは「非常に聡明な女性」としながらも彼女の「妥協なく，気まぐれな性格」を指摘しているし（Анненков, 1989：140-141），ゲルツェンもオガリョフ夫妻の間に存在する「趣味」の「矛盾」に気付き，「ジョルジュ・サンドの小説やわれわれの会話の中から切れ切れに拾い集めた」彼女の思想特有の，「一種の婦人解放思想を盾にした」独善性を危惧した（ゲルツェン, 1998：130-131）．オガリョフの友人たちも「彼女の独自性と自由思想性があまりに激しく表面化する故に彼女を好まなかった」といわれ，あまり芳しい評判は残っていない（Тучкова-Огарёва, 1929：vii）．西欧の自由思想と貴族令嬢のわがままさを合わせて持った女性だったようだ．

　オガリョフの2番目の「妻」になったのは，彼の領地とは隣合わせの領地の領主で当地の貴族団長を務めていたアレクセイ・アレクセーエヴィッチ・ツチコフの娘で，16歳年下のナタリアという名前の少女だった．彼女の父親の A. A. ツチコフもまた，ロシアの名門貴族の家系に属している．たとえば彼の弟

のパーヴェルは1812年の対ナポレオン戦争に従軍後，枢密顧問として元老院議員も務めている．パーヴェルのほかにも彼の五人の兄弟は全員対ナポレオン戦争に従軍しており，そのうち二人は戦死している．西欧的教養と愛国心に満ちた一族であった．彼自身も対ナポレオン戦争に従軍し，秘密組織「福祉同盟」に加入した．「福祉同盟」とは，軍事クーデターによって農奴制を廃止し立憲主義を導入しようとして1825年12月に武装蜂起した「デカブリスト」と呼ばれる青年将校たちの組織である（松村，2012）．ただしツチコフ自身は「デカブリスト」の蜂起には参加していない．これは蜂起の時にペテルブルクにいなかったためといわれている（Тучкова-Огарёва, 1929：15）．とはいえ，当局からは警戒されていたようで，1849年にペテルブルクでサン・シモンやフーリエの社会主義を研究していたグループが摘発された，「ペトラシェフスキー事件」が起こると，ツチコフは「共産主義者のセクトとの関与」の疑いで逮捕されている．

　以上が本章で対象にする登場人物を取り巻く家庭環境の概観である．次節ではさらに彼ら相互の「むすびつき」について分析を進めて行こう．

第2節　むすびつく人々

　オガリョフとの最初の出会いについて，1826年2月にオガリョフの祖母が死んだ際に彼と最初に会った，とゲルツェンは回想している（ゲルツェン，1998：89）．ゲルツェンの記憶が確かなら，それは前年の12月に起きた「デカブリスト」事件の直後のことになる．いずれにしろ二人の「むすびつき」のきっかけは，多分に偶然が作用している．それはたまたま父親とモスクワ川を散歩していたゲルツェンが，一人のドイツ人が川で溺れかかっている現場に居合わせたことがきっかけだった．このドイツ人こそ，後にオガリョフの家庭教師になるカール・ゾンネンベルクだった．ほどなくオガリョフの祖母が亡くなって家中が立て込んでいた時に，モスクワ川での事件以来ゲルツェン家と交流のあったゾンネンベルクが一時的にオガリョフをゲルツェン家に預け，そこでゲルツェンとオガリョフは知り合ったのであった（ゲルツェン，1998：88-89）．

　二人の少年はすぐにお互いの中に共通の志向を見出した．二人は浪漫主義の薫り高いシラーの『ウィリアム・テル』や『人質』の主人公たちの権力に屈しない姿に夢中になり，また他方で「ルソーの『社会契約論』からモンテスキューに進み『デカダンス』や『法の精神』を熱中して読んだ」（Огарёв, 1953：693-

694).　その延長上に「12月14日の事件とニコライの話へと移っていくことはた やすいことだった」(ゲルツェン，1998：91)．ドイツ浪漫主義とフランスの政治 思想が二人の少年を結び付け，彼らを「デカブリスト」の命を賭した大義，ロ シアの専制打倒という大義へと駆り立てたのであった．その後，二人の少年は モスクワ川沿いの高台「雀が丘」に登ってこの大義に「生涯を捧げる」ことを 誓うのだが，この「雀が丘の誓い」という「きわめて不自然で芝居じみた」行 いも (ゲルツェン，1998：94)，ドイツ浪漫主義とフランス政治思想の感化なしに は考えられないことなのである．

　当時自由主義的な雰囲気が支配していたモスクワ大学に進学した後も，二人 は他の学生とは思想的に一線を画していた．ポーランド蜂起の鎮圧後に一層強 化されたロシア国内の思想統制やフランス七月革命後の事態の進展は，二人に とって，彼らが今まで信奉してきた政治理論が解決策となりえないことを示し たように思われたのだ．そのような思想的な閉塞状態にあって，二人はサン・ シモン主義を知る[10]．「われわれにとってサン・シモン主義は啓示であった」(ゲ ルツェン，1998：194)．サン・シモン主義の「女性の自由とか肉体の権利の承認 という言葉」が「われわれの心を強く打った」(ゲルツェン，1998：192)，と後に ゲルツェンは回想している．大学在学中に二人は自由主義から，肉欲を承認し 女性の解放を掲げるサン・シモンの社会主義へと歩を進めたのであった．思想 的には大学内で最左翼に位置した．

　しかしながら二人を結び付けた思想が，皮肉なことに二人を引き離すことに なる．卒業直後の1834年にオガリョフが，続いてゲルツェンが政治犯として逮 捕され，流刑に処せられたからである．オガリョフは9カ月の拘留の後にモス クワを処払いとなり，39年までペンザ県アクシノにある父の所領で暮らすこと になる．ここで県知事の仕事を手伝っていたオガリョフは県知事の親戚のマリ アと知り合い，36年に結婚している．すでに述べたようにこの結婚は長続きし ないのだが，少なくとも新婚当初は夫婦そろって隣の領地のツチコフ家を訪れ ることもあり，そこでオガリョフはかつて「福祉同盟」のメンバーだったツチ コフから「デカブリスト」の物語を聞いたり議論を交わしたりもした (Тучкова-Огарёва, 1929：36)．ツチコフの中にオガリョフは自分と同じ志向を見たのであ った．後に彼の「2番目の妻」となるツチコフの次女ナタリアともここで知り 合っている．

　他方，マリアとの結婚によって県知事の「身内」になったオガリョフには，

流刑生活から脱出する可能性が開けた．1838年には県知事の計らいによって
「治療」を口実にコーカサス山麓のピチゴルスクでひと夏を過ごすことができ
たのだ．その時，療養先のピチゴルスクでオガリョフは，2つの重要な知らせ
を受け取る．ゲルツェン結婚の吉報と父の訃報である．

　父の死によって膨大な遺産と行動の自由を手に入れたオガリョフは，ゲルツェ
ンを訪問することを計画する．実際彼は妻を伴ってゲルツェンの流刑先のウ
ラジーミルにおもむき，1839年3月にゲルツェンと感激の再会をはたすのだっ
た（Анненков, 1989：144-145）．ゲルツェンとオガリョフの「むすびつき」が復活
し，それにマリアとナタリアという二人の新婦がむすびついたのであった．四
人はキリスト像の前にひざまずき「涙を拭きながら」「四人が一緒になれたこ
とを感謝」した．ただマリアは，この浪漫的パトスに満ちた儀式に違和感を抱
いている．彼女にはこの儀式が「わざとらしい，子どもじみたもの」に思えた
（ゲルツェン，1998：482-483）．他の三人とは違い，彼女は計算高い現実的な女性
だったのだ．数日間ウラジーミルに滞在した後，オガリョフは父から相続した
ベロオムトの所領の農奴の解放に着手するためにペンザに戻り，マリアは夫の
流刑処分解除を嘆願するためにさらにペテルブルクへと旅を続けた．

　さて，ウラジーミルに流刑中のゲルツェンと結婚したナタリアだが，すでに
述べたとおり，ゲルツェンとは父親同士が兄弟なので彼女はゲルツェンの従妹
にあたる（近親者の結婚が作用したのか，子どもの育ちは悪かった．六人のうちで三人が
生まれて間もなく死に，生き残った三人のうちで一人は聾唖者だった）．また，二人とも
両親が正式な結婚をしていない婚外子であったという共通点もある．浪漫主義
的な時代の空気も共有していた．シラーは少年時代のゲルツェンの愛読書だっ
たし，ナタリアもサンドの恋愛至上主義に浸りきっていた．こういった諸要素
が二人をむすびつけたのであろう．長い文通の末，流刑中のゲルツェンはひそ
かにモスクワに戻ると，抑圧的な「公爵夫人」の家からナタリアを連れ出すこ
とに成功し，ウラジーミルで結婚式を挙げてしまう．シラーとサンドの浪漫主
義の薫香がこの多少不自然で強引な結婚，二人の「むすびつき」を成り立たせ
たのであった．

　ほどなくゲルツェンとオガリョフは相次いで流刑を解かれ，やがてゲルツェ
ンは勤務のためにペテルブルクへと発つのだが，ほどなく父に宛てた彼の手紙
の中に不穏な思想を認めた当局によって，ふたたび流刑に処せられてしまう．
他方，マリアとヨーロッパ旅行に出かけたオガリョフも，ほどなくマリアを残

して一人で帰国する．1842年 5 月にノヴゴロドに流刑中のゲルツェンを訪れた時，彼はゲルツェンにマリアと別れる決心を伝えたのだった．一方で，当時すでにローマで若いロシア人芸術家と同棲していたマリアは，オガリョフに彼の領地を担保とした30万ルーブリの借用書を書かせることに成功し，それに対する利息として年 1 万8000ルーブリの定期収入の権利を手にする（Анненков, 1989：157）．しかしそれでも離婚には合意しない．あまつさえ，傷心を抱えて 1 年以上ヨーロッパ各地を転々としていたオガリョフの前に突然，身重で現れた彼女は，生まれてくる子どもの引き取りをオガリョフに要求したのだった．オガリョフの方はといえば，彼は子どもを引き取る気になっていたらしい．モスクワの友人に書いている「父親になる決心をしていたが……生まれてきたのは月足らずの死んだ赤ん坊だった」（Анненков, 1989：165）．子どもの一件が片付くや，マリアはいそいそとローマの愛人の元に戻り，オガリョフも領地のアクシノへと戻っていった．

　一方でゲルツェンもこの時期，人生の節目を迎えていた．1846年 5 月に父のイヴァンが亡くなり膨大な遺産を相続すると，ゲルツェンは「妻の健康」を理由に，一族郎党を引き連れて47年 1 月に西ヨーロッパを目指して旅立ったのだ．その時の一行は，総勢10人．それ以後，家族係累，友人や召使などを伴って大人数でヨーロッパ各地を転々とするのがゲルツェンの生活様式となった．友人たちとの宴会も彼の楽しみだった．旅立ちにあたって彼は，1 月18日に友人のグラノフスキー家で友人たちと盛大な送別会を催した後，翌19日にはトロイカを連ねて最初の宿場までついてきた友人たちと，そこで再び昨日の送別会の続きを，これまた盛大に挙行した．ゲルツェンは父親から遺産のみならず，豪放なモスクワ貴族の生活習慣をも受け継いでいるのだ．

　ローマでは彼ら一行にツチコフ一家が合流した．当時アレクセイ・ツチコフもまた二人の娘を引き連れてヨーロッパを旅行中だったのだ．オガリョフの場合と同様に，元デカブリストのツチコフとゲルツェンは即座に意気投合し，以後，1848年秋にツチコフ一家が帰国するまでローマ，パリ，ベルリンと行動を共にするのだった．

　ゲルツェンの妻，ナタリア・ゲルツェンとツチコフの 2 番目の娘，ナタリア・ツチコヴァもすぐ打ち解け，親密な仲になった．後にナタリア・ツチコヴァは，ローマで最初にナタリア・ゲルツェンに会った時の印象を「私はナタリア・ゲルツェンほど魅力的な女性を見たことがなかった」と記し，「それ以来

彼女は永久に私の親しい人となりました」とすっかり彼女に心酔した様子を回想している（Тучкова-Огарёва, 1929：483-484）．ナタリア・ゲルツェンもまた，ツチコヴァ宛の手紙の中で彼女のことをサンドの小説の主人公に模して「私のコンシュエロ」と呼び，彼女との出会いによって「私の命はより満ち足り，高く響くように」なった，と書いている（Герцен, 1915：246）．パリでシャンゼリーゼ通り沿いの３階建ての家を借り，ツチコフ一家が３階，ゲルツェン一家が２階に住んだ時も，この二人は上下の窓に糸を張り小鈴を下げて合図しあったのだった．「ある言い方をすれば……恋をしていたのである」，「二人のナタリアは人間世界のはるか上空のロマンチックな夢の世界」へと運ばれたのだ，と評する伝記作家もいるが（Carr, 1949：42-43），いずれにしろ，二人のナタリアの関係は一種独特な「むすびつき」であった．

第３節　錯綜する「むすびつき」

　ナタリア・ツチコヴァが父の領地のヤホントヴォに家族とともに戻ったのは1848年の暮れのことだった．ナタリア・ゲルツェンによってサンドの小説と浪漫主義の薫陶を受けた彼女が故郷で浪漫の対象を探そうとしたことは当然のことだったし，その相手として隣の領地の若旦那オガリョフに白羽の矢が立ったのも，多少年齢は離れていたにしろ，そんなに不自然なことではない．ただし彼には，かたくなに離婚を拒む妻のマリアがいたのだったが．

　1848年末から49年初めにかけてオガリョフはほとんど毎日のようにナタリア・ツチコヴァに手紙を書いている．例によって浪漫的修辞に満ちた恋文だが，やがて彼は彼女との結婚を考えるようになる．世間体を考えてのことだった．他方，彼女の方は「結婚」という形式にはとらわれていない．サンド的な恋愛至上主義に殉じる覚悟である．「あなたは**結婚**に関して笑い飛ばしました．」1848年の末にオガリョフは書いている．「世間の圧迫から救ってくれるであろう，この冷厳とした事実は，何も意味しないのです」「だって私はあなたの自由に対していかなる権利をも主張しないのですから．あなたは完全に自由なのです」「誰でもお望みの人を愛せばいいのです」「だって私はあなたをかくも愛するので，あなたの幸福は私のものより大切なのですから」（Огарёв, 1917：16）．彼は結婚という体裁をとりながらも，より自由な「むすびつき」を提示したのであった．

　しかしながらオガリョフには結婚しようにもできない理由があった．妻のマリアがどうしても離婚に合意しないのだった．さらに悪いことにペトラシェフスキー事件の影響で行政は一層厳格で保守的になっていた．離婚せずに新たな婚姻を結べば，当時のロシアの法律では重婚罪に問われ，修道院送りになりかねなかった．父のツチコフもまた結婚にこだわり二人の「秘密結婚」を企てる．世俗の婚姻手続きをせずに，司祭を買収して教会で婚姻登録しようというのだ．しかしナタリア・ツチコヴァは父の勧めをきっぱりと断る．結婚という形式にとらわれずにオガリョフと内縁関係を続ける覚悟である（Тучкова-Огарёва, 1929：116-118）．また，刈り上げた髪と青い色眼鏡という当時の彼女のいでたちは，1860年代以降でこそ進歩的女性のシンボルになるものの，当時はまだ珍しかった（Тучкова-Огарёва, 1929：129）．彼女は時代に先駆けた「自由な女性」だったのである．

　結局オガリョフは彼女を伴ってモスクワから900kmほどはなれたヴォルガ川沿いの都市，シンビルスクに移り，そこで買収した製紙工場の経営に取り掛かる．ここで彼は農民学校や工場の機械化など先進的な経営を試みていたようだが，あるいはR. オーウェンに倣った工場経営を目指していたのかもしれない．

　内縁関係を続けていた二人だったが，1853年後半にオガリョフの妻マリアがパリで客死したニュースが届くと，オガリョフとナタリアは取り急ぎ結婚の手続きをしている[11]．世間体を気にした，というよりは国外旅券をとるために必要だったのではないかと考えられる．国外旅券の手続きは遅々として進まなかったが，手続きに手間取る間にオガリョフは火災で工場を失ってしまう．領地も解放した農奴に分け与えたり，マリアに対する「借金」のカタで取り上げられたりですでに彼の手元にはなかった．もはやシンビルスクにも，ロシアにすら留まる理由はなかった．55年にようやく国外旅券を手にするとオガリョフ夫婦は取り急ぎ，西ヨーロッパへと旅立った．

　さて，ロシア国内で私生活にとどまっていたオガリョフに対し，この時期，国外のゲルツェンは社会的にも家庭的にも激動の渦中にあった．イタリア統一運動やヨーロッパ各地で起こる革命的動乱を背景に，二月革命から第二共和制へと激動するフランスの首都パリに居を構えたゲルツェンは社会評論家としてヨーロッパの左翼論壇で一定の地歩を確保していた．そのような彼の家に1849年ごろからゲオルク・ヘルヴェークというドイツ人が出入りするようになった．

彼はゲルツェンと同様にヨーロッパの革命的状況の中で「革命詩人」としての
名声を得，そしてドイツ革命のためにパリで組織した義勇軍が敗退すると，経
済的にも行き詰った，いわば落ち武者亡命者としてゲルツェンの庇護を求めて
やってきたのだった．

　ゲルツェンも彼を温かく迎える．しかし，ほどなくヘルヴェーク夫婦との
「むすびつき」がほころびを見せる．発端は六月事件一周年の集会に参加した
咎でゲルツェンに逮捕状が出た1849年6月ごろのことだった．その時ゲルツェ
ンは，フランス政府の手を逃れてスイスに逃亡中だった．パリに妻ナタリアと
ヘルヴェークを残して．再三の誘いにも応じずに7月になってようやくジュネ
ーヴに到着した妻ナタリアとヘルヴェークの間に不穏なものを感じながらも，
ゲルツェンは自らの信条に殉じ，二人の関係に気付かぬふりをして陽気にふる
まった．自由は彼の金科玉条であり，サン・シモンやサンドの説く自由恋愛は
「理屈の上では」彼の信条だった．社会主義者として，私有財産や家族制度と
いうブルジョア的諸制度は否定の対象だった．友人夫婦との共同生活，という
「むすびつき」の形も彼の好みの生活習慣だった．しかし感情的には我慢がで
きない．結局，ジュネーヴで過ごした半年ほどの間，ゲルツェンは自らの嫉妬
心を「理性で封印」して妻ナタリアの自由恋愛を黙認し続けたのだった．[12]

　他方彼女は，所用でベルンへ去ったヘルヴェークにチューリッヒから12月23
日に書いている．「今度のお別れほど悲しいものはありません……いいえ，私
たちの生活はさらにいっそう素晴らしくなります．私たちはカエルのような人
びととなしに一緒に暮らすことになるでしょう．調和，調和，調和」（Ланской,
1958：269）．ゲルツェンの苦しみを知ってか知らずか，世間の下賤な興味に関
わらずに，友人夫婦との調和した共同生活という新しい「むすびつき」の再開
を求めている．

　ただし，ゲルツェンは我慢の限界に近づいていた．翌24日にヘルヴェークに
宛てて妻ナタリアは「昨晩アレクサンドルとながいことあなたについて話しま
した．」と書く．おそらくここで共同生活という「むすびつき」の再確認がな
されたのであろう，彼女は書く「あなた方は二人とも正しい！」．しかしすで
に彼女の心はヘルヴェークに傾いている．「彼（ゲルツェン）もまた（私を）愛す
ることはできますが，たくさん愛すことはできますが，**自分流**なのです」
（Ланской, 1958：269）．それでいて妻ナタリアは古い家族道徳には縛られてい
ない．翌年1月にゲルツェンに宛てた手紙でも「あなたに対しても，世間に対し

ても，わたしは潔白です．私は心の中に一言の非難も聞きません」と言い切っている（Ланской, 1958：270）．あくまでもサンド流の恋愛至上主義に忠実なのだ．それでいてこの期に及んでもなお彼女はゲルツェン，ヘルヴェークとの「調和」した共同生活の可能性を夢見ている．

　他方，ゲルツェンは事の次第を知って妻ナタリアに書く．「私たちの魂をかき乱す秘密を言葉にしたのだから，考えてもごらん，我々の和音を狂わせたのがヘルヴェークなのか私なのか」．とはいえ，妻ナタリアのヘルヴェークへの愛も尊重したい．結局彼は，自ら身を引くことで三角関係を清算しようとする．「私は（長男の）サーシャとアメリカに行く用意がある」と（Ланской, 1958：270）．

　その一方で妻ナタリアはゲルツェンと別れることは考えていない．「何ですって！　何ですって！　私，あなたと離れるなんてどうして出来ましょうか……数日後に子どもたちとともにパリに行きます」．彼女は取り急ぎパリのゲルツェンの元へ戻ったのだ（Ланской, 1958：270）．妻ナタリアが戻ってきたことでゲルツェンは安心し，2月に彼女が妊娠したことで彼は大いに満足した．ただし，ゲルツェンにはフランス政府から退去命令が出ていた．

　フランス領内に留まれないため1850年6月，ゲルツェン一家はニースに移住した[13)]．2階建ての大きな建物を借り，1階にはゲルツェン一家が，そして，こともあろうに2階にはヘルヴェーク一家が住んだ．これは愚かな選択だったかもしれないが，ゲルツェンにとっても嫉妬に駆られてヘルヴェークを追い出すことは彼の自尊心が許さなかった．表面上は「調和」の共同生活が復活した．しかしほどなく，些細なことが原因でゲルツェンの堪忍袋の緒が切れ，ヘルヴェーク夫妻は出て行った．その後，今度はヘルヴェークが嫉妬に駆られる．彼はゲルツェンに復讐するために妻ナタリアからの手紙を公表して妻を寝取られたゲルツェンの不面目を暴露し，また一方で彼の家父長的な家族観を攻撃した．結局これは文人仲間の「国際名誉法廷」事件に発展するのだが，本章のテーマから離れるので，割愛する．結局，この三角関係のもつれ，ヘルヴェークの復讐は1852年5月に妻ナタリアが病死するまで続くことになる．

　その後ゲルツェンは，イタリアやスイスを転々とした後に1852年8月にイギリスに上陸，ロンドンでの生活を始める．何度か住まいを換えた後，ロンドン市内のリージェント・パーク近くにフラットを借りたゲルツェンのもとにオガリョフ夫婦が現れたのは1856年4月のことだった．ほどなくオガリョフ夫婦も近くに部屋を借りて住み始めるのだが，「時間の大部分をゲルツェン家で過ご

した」（Тучкова-Огарёва, 1929：149）．すでにゲルツェン家には友人のエンゲリソンが妻とともに住んでいたし，オガリョフ夫婦もやがてゲルツェン家で暮らすようになった（Тучкова-Огарёва, 1929：157）．友人との共同生活が再開されたのだ．ただし，オガリョフ夫妻のほかにも，毎週日曜日になると多くの亡命者がゲルツェン家を訪れた．毎週日曜日の深夜に及ぶ宴会騒ぎが，壁一枚隔てて同じ建物に住んでいたイギリス人家族を悩ませた．

　というわけで1856年9月に当時はロンドン郊外だったパトニーに一軒家を借りたのは，1つには近所迷惑を避けるという理由があったが，それと同時に1853年に開設した「自由ロシア印刷所」を自宅の離れに設置したいという思いもあった．「自由ロシア印刷所」は，ロシア国内で検閲のために発表できない原稿を国外で印刷し，それをロシア国内に密輸する目的でゲルツェンが始めた無検閲出版活動だったが，当初はポーランド人が運営する「ポーランド民主主義協会」の出版所に間借りをしていたのだった．当初「自由印刷所」ではゲルツェンの論文を小冊子で印刷したり，『北極星』と名付けた雑誌を印刷したりしていたのだが，ロシア国内からの反応は鈍かった．国内の世論がロンドンの無検閲の印刷所を注目するようになるのは，クリミア戦争が終わって改革の雰囲気が社会を包むようになった後のことである．

　さて，パトニーのゲルツェン家にはオガリョフ夫妻も同居した．ところがオガリョフの妻のナタリアは急速にゲルツェンに惹かれていく．ナタリアは日記に書いている．「日ごとにゲルツェンはますます私の心中で近づくようになり，毎日彼を夢に見ています」「彼に対する限りない愛の感情が日ごとにますます私を捉えているのを感じたのです」（Тучкова-Огарёва, 1989：328）．ナタリアからの一方的な愛情に当初は戸惑いながらも，結局ゲルツェンは彼女に押し切られてしまう．再びナタリアの日記から．「私の強烈な愛情に打ち負かされてゲルツェンも私を愛するようになったことを知ると，私はすぐにオガリョフのもとに駆け寄った」「だって私には彼の痛みが分かったからです（もし私が彼の立場なら決してこれに耐えられないように思われるのです）」（Тучкова-Огарёва, 1989：329）．7月2日の日記には，すでに妊娠の可能性をほのめかし，オガリョフとの関係に悩み苦しむ．「私には赤ちゃんができそうです．哀れな，哀れな赤ちゃんが．許されることなく，招かれることなく，だれにも祝福されない赤ちゃんが生まれるのです」「オガリョフがこのことをどう受け止めるのかと思ってゲルツェンは真っ青になっています」「私の行為に理性はありません」「どうすればいい

のでしょう．私は死にます」（Тучкова-Огарёва, 1989：333）．あるいは一時的にロシアに戻ることも考えるが，オガリョフはそれには反対だった．彼女を「犠牲者」にしたくなかったのだ（Тучкова-Огарёва, 1989：338）．

　結局オガリョフはゲルツェンとナタリアの関係を静観する．二人の幸福を自分の幸福の上に置いたのだ[14]．1858年9月にナタリアが女子を生んだ時も彼は自分の娘として登録する．そのあと61年11月に双子が生まれた時も同様に自分の子どもとして登録している．

　ゲルツェンとの「むすびつき」も途切れたわけではなかった．ゲルツェン家での共同生活は続けられたし，1857年7月からは「自由ロシア印刷所」から新聞『コロコル（鐘）』の発行も二人で始めた．ゲルツェンが病気になればナタリアとともに彼を看病した（Тучкова-Огарёва, 1929：174）．『コロコル（鐘）』はおりしも改革期に入ったロシアの世論に無検閲の討論の場を提供することによって大成功するし，三人の共同生活も，58年にオガリョフが酒場で知り合ったメアリー・サザーランドという女性と同棲生活を始めるまでは（Тучкова-Огарёва, 1989：339），続けられた．63年に『コロコル（鐘）』が国内世論の支持を失って「自由ロシア印刷所」をジュネーヴに移転した後もゲルツェンとオガリョフの共同作業は続いたし，共同生活も断続的ながら続けられた．

　1870年1月にパリのフラットの一室でゲルツェンがナタリアにみとられながら息を引き取った時，彼は末期の幻想の中で辻馬車を停めてオガリョフの家に行く自分を見ていた（Тучкова-Огарёва, 1929：433）．オガリョフもまた，1877年6月にメアリーと暮らすグリニッジの一室で死の床にあったとき，薄れる意識の中で彼はロシア語で何かゲルツェンに語りながら「呼吸を停止した」という（Carr, 1949：400）．

おわりに

　周知のごとく，「ロシア社会主義」理論はゲルツェンの政治理論史上の最大の功績である．これは遅れたロシアの農村共同体に残る，耕地の共有制度や全員一致の民主主義という要素に注目して，市民社会を経由することなく，一気に社会主義に移行する可能性を指摘した理論であった．遅れたロシアの現実に立脚しつつ，西欧社会の先を目指したものだった．「むすびつき」の形についても，ゲルツェンらはロシアの暴力的で前近代的な現実に身を置きながら，近

代的家族制度を超えた新たな「むすびつき」を目指したのであった．換言すれば，それは前近代とポスト近代という歴史の軸上で「近代」なるものを相対化する試みでもあった．

　最後に彼らが目指した新しい「むすびつき」が当人たちに幸せをもたらしたか，という点を総括して論を結ぼう．ゲルツェンは妻ナタリアとヘルヴェークの仲を理屈では容認しながらも感情に打ち負け苦悶した．妻ナタリアはヘルヴェークの讒謗の中で疲れ果てて病死した．ナタリアがゲルツェンのもとに走った後のオガリョフは酒におぼれ孤独のうちに死んでいった．この間の事情を「家庭の悲劇の物語」とゲルツェンは回想しているし，オガリョフについては「哀れなニック」と彼らの伝記作家は書いている．彼らは皆，理屈では自由を奉じながらも感情的には「新しい人びと」になり切れず，理想と現実のはざまで苦悩したのであった．

※令和元年度札幌大学研究助成制度による研究成果である．

注
1）　ここでは「むすびつき」という用語を，家族や結婚をも含みながら，より広く，性別にかかわらず，人と人とが緊密に結びつくことを示す概念として使用する．
2）　172, Rue de Rivoli. *Герцен А. И.* (1964- : XXX, 288).
3）　亡命中のゲルツェンを巡る人間関係については E. H. カーによる優れた評伝がある．しかし残念ながら一般読者を対象とした評伝という性格からか，この作品には出典が明確に示されていない．本章はカーの評伝に負いながらも出典を確認しつつ，「むすびつき」に焦点を当てて「浪漫的亡命者たち」の人間関係を分析するものである（Carr, 1949）．また，長縄光男氏によるゲルツェンの人生と思想を分析した著作もある（長縄, 2012）．
4）　ゴーリキー名称文学研究所の建物として現存している．Тверской бульвар д. 25.
5）　ホワンスキー公爵家に嫁いだマリア・アレクセーエヴナ・ホワンスカヤ（ヤーコヴレワヴァ）（1755-1847）．ゲルツェンはその自伝『過去と思索』において彼女を「公爵夫人」と呼んでいる．
6）　「彼の同意なしにそれを印刷に付したくない」というのがその理由である（ゲルツェン，1998：34）．
7）　長兄のピョートルは1813年に早逝しているのでゲルツェンは彼のことを「長兄」と呼んでいる．
8）　Большая Бронная ул. д. 6. 現存せず．
9）　Ул. Большая Никитская, д. 23/14/9. 現在は劇場になっている．

10)　両者の会話にサン・シモンの名が最初に登場するのは1833年7月のことである（*Герцен А. И.*（1964-：XXI, 20).

11)　結婚によって，ナタリアの姓は「オガリョヴァ」になった．さらに父の領地を相続すると「ツチコヴァ＝オガリョヴァ」を名乗るようになる．以後本章では混乱を避けるために，彼女を単に「ナタリア」，ゲルツェンの妻のナタリアを「妻ナタリア」と表記する．

12)　この間の事情については，長縄（2012：331-359）参照．

13)　1860年までニースはサルデーニャ王国に属していた．

14)　おそらくこれはサン・シモンの『新キリスト教』の影響だろうが，ここでは指摘するにとどめる．

参考文献

Анненков П. В.（1989）Идеалисты тридцатых годов // Н. П. Огарёв в воспоминаниях современников. М.

Герцен А. И.（1964-）Собрание сочинений в 30-и томах, М.

Герцен Н. А.（1915）Письмо Н. А. Тучковой 1848 года // Русские пропилеи. М. Т. 1.

Егоров К. Н. и др.（1974）Летопись жизни и творчества А. И. Герцена. М. Т. 1.

Конкин С. С.（1989）В памяти современников // Н. П. Огарёв в воспоминаниях современников. М.

Ланской Л. Р.（Обзор）（1958）Письмо Н. А. Герцена Гервегам от 23 декабря 1849 г. // Литературное наследство. М. Т. 64.

Огарёв Н. П.（1953）Моя исповедь // Литературное наследство. М. Т. 61.

Огарёв Н. П.（1917）Письмо Н. А. Тучковой от 7 декабря 1848 г. // Русские пропилеи. М. Т. 4.

Пассек Т. П.（1878）Из дальних лет, С-Пб.

Тучкова-Огарёва Н. А.（1929）Воспоминания. Л.

Тучкова-Огарёва Н. А.（1989）Из «дневника» и записных книжек // Н. П. Огарёв в воспоминаниях.

Яковлев А. А.（1915）Записки. М.

Carr, E. H.（1949）*The Romantic Exiles*, Penguin Books（酒井唯夫訳（1970）『浪漫的亡命者』筑摩書房).

ゲルツェン，アレクサンドル（1998）『過去と思索　1』金子幸彦・長縄光男訳，筑摩書房．

長縄光男（2012）『評伝ゲルツェン』成文社．

松村岳志（2012）「デカブリストとフランス」，大東文化大学『経済研究』．

（大矢　　温）

第Ⅱ部
国策移民・労務政策・女性の自由

第4章　移民史研究におけるジェンダー
——南方国策移民を軸にして

はじめに

　近年，近代日本の移民研究は，歴史学・社会学・文化人類学等さまざまな専門分野から活発に進められてきている[1]．ただし，ジェンダー的観点からの研究は，海外出稼ぎ娼婦「からゆきさん」や，北米移民を中心とした「写真花嫁」，満州移民の「大陸の花嫁」などが知られるが，移民政策としては多くの課題が残る領域である．筆者が研究対象とする「南方国策移民」は，日中戦争開始後に拓務省によって進められた戦時南方移民政策によるものだが，その特徴は，18歳前後の青年男子を「拓南塾」などの南方移民養成機関で訓練し，卒業後は南方の日系企業に少数ずつ派遣するというものだった．つまり，政策として想定された移民は男性のみであった．では，このような南方国策移民は，それまでの移民政策とどのような関係にあり，どのような特殊性を持つのだろうか．本章では，近代日本の移民政策において，ジェンダーの観点から移民政策を比較するために，移民モデルに着目し，その検討を通して南方国策移民の特徴と歴史的位置づけを示したい．

　検討対象とするのは，1921年の内務省社会局設置以降に実施された，南洋群島移民（以下南洋移民），ブラジル移民，満州移民，そして戦時南方移民とする．国策としてブラジル移民や満州移民が含まれるのは一般的だが，その前段階として南洋移民を含むケースはあまり例がない[2]．第1節では，まずその妥当性について検討する．

第1節　政策としての移民はいつからか
——移民政策の時期区分

1　時期区分としての1921年

　1921年は2つの意味で移民政策の画期であった．1つには，第一次世界大戦後の戦後恐慌や，激化する労働運動や農民運動への対策として，内務省に社会局を設置して，移民の保護・奨励，補助金支給などの事務を主管させることになったことである[3]．岡部（2002）は，この内務省社会局の設置を「移民が国策化をたどり始める第一歩」と表しており，その点についての異論は少ないだろう．もう1つは，国策会社東洋拓殖株式会社（以下東洋拓殖(株)）の出資により「半官半民」の性質を持つ南洋興発株式会社（以下南洋興発(株)）が設立されたことである．以後，1922年に設置された南洋庁の援助を受けながら，南洋興発(株)はその製糖業等の事業のために，とくに沖縄県出身者を中心とした大量の移民を南洋群島へ受け入れることになった．この南洋移民を政策的移民とするかどうかについては，見解が分かれる．

2　政策的移民とは

　岡部（2002）は，近代日本の移民活動を概観するにあたり，敗戦前までに「渡航者10万人」以上の地域であった6地域（ハワイ・アメリカ・ブラジル・朝鮮・台湾・満州）を主な移民先としており，南洋群島への移民は簡単に言及するにとどめている．しかし南洋群島には，岡部自身が示す統計によっても（岡部，2002：16），1941年時点で約9万人が在住しており，実数として無視できない地域である．また，外務省の在留邦人人口統計（1907-1935）を分析した橋谷（1985）は，実数による地域別人口推移（図4-1）のほか，第一次世界大戦が終結した1918年を100とした，指数による地域別人口推移を検討しており，そこで急激な伸びを見せた南洋群島・中南米・満州を「政策的移民型」とした（図4-2，図4-3参照）．

　以上のように，実数・指数の両面において，南洋移民は近代日本の移民活動において一定の存在感を持つ．なにより委任統治領南洋群島の統治方針として，南洋庁が現地住民を「啓発」するために日本人移民の導入を進めた経緯から（今泉，1992），南洋移民は政策的な移民であったといえよう．このように本章

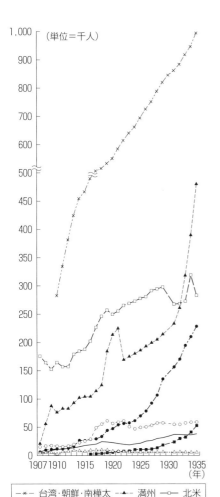

図4-1　海外在留邦人地域別人口の推移
出所：「海外在留本邦人職業別人口調査一件」（外務省
　　　外交史料館所蔵）；台湾総督府『台湾総督府統
　　　計書』各年版　台北；朝鮮総督府『朝鮮総督府
　　　統計年報』各年版　京城；樺太庁『樺太庁統計
　　　書』各年版　豊原より作成．
　　　橋谷弘（1985）より引用．

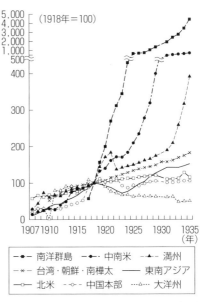

図4-2　海外在留邦人地域別人口の推移
　　　（指数）
出所：図4-1と同じ．

図4-3　海外在留邦人人口の類型別指数
出所：図4-1と同じ．

では，移民送出にあたり，行政が積極的に関与したケースを政策的移民とし，なかでも渡航費の負担など資金面での政府の関与が強い移民を国策移民とする．

　なお，木村（2018）は，勢力圏への国策的農業移民は，台湾，朝鮮，樺太，関東州でも実施されており，政府が土地を提供し，旅費を補助し税金を一定期間免除する政策はあったが，現地農民との競合により必ずしも成功したとはいえない，と指摘している．[4] 一方，南洋群島への移民は，当初より現地住民を労働力として除外していたために競合はなく，移民の急激な増加につながっている．この点においても，南洋移民はそれ以前の勢力圏への移民政策とは連続性がありながらも，分けて考える必要がある．

　以上により，本章では，1921年から敗戦までの1945年の政策的移民について検討対象とする．なお，紙幅の都合上，それぞれの移民の歴史的経緯や政策の詳細な検討と比較は別稿に譲ることとし，本章では移民モデルの比較を目的としているため，南洋移民，ブラジル移民，満州移民については主要な先行研究に依拠し，概略を示すのみに止める．

第2節　政策的移民モデルの比較
——南洋移民・ブラジル移民・満州移民

1　南洋移民（1921-1944）

⑴　移民政策の目的と経緯

　第一次世界大戦が始まった1914年10月，日本海軍はドイツ領南洋群島を占領し，軍政を敷いた．1919年5月，この地は国際連盟の委任統治領として日本が事実上領有することとなり，1922年に南洋庁が設立され，以後国際連盟脱退後も1944年まで30年間統治を続けた．これが日本帝国の委任統治領南洋群島である．この「南洋群島」とは，現在の地名でいえば，グアムを除く赤道以北のマリアナ諸島，カロリン諸島，マーシャル諸島にあたる地域を指す．

　南洋群島での移民導入は，海軍統治期より始まっていた．南洋群島の財源確保および開拓のための基幹産業として製糖業が導入されており，製糖業への日本人移民の招致はその労働力としてだけでなく，経済的南方進出の拠点とするための「日本人勢力の扶植」という目的があった（今泉，2002）．

　1922年からの委任統治期においても，南洋庁はその方針を踏襲しており，国際連盟に対しても，日本人労働力の大量投入は，南洋群島の急速な発展，現地

住民への間接的な福祉向上を理由に，移民導入の正当性を主張した（今泉,1994）．このため，1921年，戦後恐慌などで成果が上がらなかった製糖会社2社を整理・継承する形で，国策会社である東洋拓殖(株)の出資により，南洋興発(株)が設立されると，南洋庁はこれに製糖業を独占させ，保護を与えたのである．

　南洋興発(株)社長の松江春次（1899-1954）は，大日本製糖を経て台湾の斗六製糖，新高製糖の重役を歴任した製糖業の専門家である．また彼は独自の南進論を持つ人物であり，過剰人口対策として，日本人を南洋群島や東南アジアへ入植させ，南洋群島を東南アジアへの進出の「ステッピング・ストーン」とすべきと考えていた（今泉, 1992）．そこで，現地住民は労働力として除外し，①「ソテツ地獄」に苦しむ人口過剰の地で，②「早くから海外思想が発達」していてすでにサイパンに進出実績があり，③甘蔗栽培に慣れているという3つの理由から，移民募集地として沖縄を選び，渡航費や入植後1カ月間の生活費，耕作資金の貸与など諸資金を融通して導入を図った．1927年のサイパン島における沖縄県出身労働者のストライキ以降は，東北地方にも募集を求めたが，1929年の統計では雇用者全体の約8割が沖縄出身者を占めるなど，沖縄県出身者が大きな存在感を持ったことが，南洋移民の特徴である．南洋群島全体では，1943年には現地住民が5万2197人に対して日本人（台湾人，朝鮮人を含む）が9万6670人であり（今泉, 1992），日本人人口が現地住民の2倍近くになっていることも，他の政策移民との大きな違いといえる[5]．

(2)　移民モデル──農業移民

　南洋移民は，南洋興発(株)と契約した移民と，それ以外の自由渡航の移民に分けられるが，政策としての移民モデルは契約移民から考察すべきだろう．南洋庁や南洋興発(株)の「純農者」募集条件は，夫婦での移住であった．つまり，南洋移民の移民モデルは，夫婦の農業労働者であったといえる．

　南洋興発(株)の場合，製糖にたずさわる農業労働者には，「作業夫」「小作人」「準小作人」などの種類がある．松江（1932：202）によれば，「小作人」は夫婦の他に働き手一人という1戸三人の労働力をもつことを原則としており，不足分は夫婦が日雇い労働者を雇用することになっていた．このように，女性は「妻」，あるいは三人目の労働力という形の移民をモデルとしていた．

　実際には，第1回の「純労働移民」はほとんど青年男子であった（松江,

1932：83）ことから考えると，飯高（1999）が述べるように，初めは単身で渡航する男性が多かったが，産業が軌道に乗り，移住者自身もある程度生活に見通しが立つと，妻や子どもを呼び寄せるパターンであったと考えられる．自由渡航までを含めて女性の渡航を考察すると，今泉（1999）は，世界恐慌後の不況もあり，妻の呼び寄せや，写真結婚によって女性の渡航が増えたと指摘しており，そのほか，教員・医療関係者などの特殊技能を持つ女性は単身渡航して，のち現地で結婚するケースもあった[6]．

2　ブラジル移民（国策移民期；1925-1935）

(1)　移民政策の目的と経緯

　ブラジルへの日本人移民は，1908年皇国移民会社により送られた799人の笠戸丸移民に始まる．それまで主要な送出先だった北米では，日本人排斥の動きが表面化して外交問題に発展したため，1908年に日米紳士協定が締結されてアメリカへの渡航が厳しく制限された．このため新たな移民送出先として，日本政府は，労働力不足に悩んでいたブラジルのサンパウロ州への，コーヒー農園の契約労働者として移民の送出を許可したのである．日本側では日露戦争後の不況，サンパウロ州側ではコーヒー価格の上昇に伴う農園の労働力不足という両者の需要によって，ブラジル移民が始まった．したがってサンパウロ州側も，日本人移民に対して補助金を交付しており，その際，12歳以上の働き手が三人以上いる家族移民であることが条件とされた．また条件を満たせない場合は，親類を家族員とする構成家族で移住する場合もあった．この条件が，ブラジルに日本人移民が定着する要因の1つとなった（三田，2018）．

　初期は上記のようにコーヒー農園の契約労働者が中心だが，次第に複数の移民会社が参入し，移民会社が入手した土地へ自営農をめざして入植する移民が主流となった．このため，1917年には，各種移民会社を整理するために，南洋移民と同様に東洋拓殖(株)の出資により，海外興業株式会社（以下海外興業(株)）が設立され，ブラジル移民業務を独占的に扱うことになった．また，1921年に内務省に社会局が設置され，政府として移民の保護・奨励，補助金支給が開始されると，海外興業(株)にも「移植民宣伝施設」の助成として補助金が交付された．さらに1923年に発生した関東大震災の罹災者対策としても移民奨励が行われるようになったが（黒瀬，2003）．1924年5月にアメリカで新移民法が成立し，日本人のアメリカへの移民が不可能になると，これが決定打とな

り，日本政府はブラジル移民の国策化へと舵を切った（岡部，2002）．

　政府は，1924年 4 月清浦奎吾内閣の諮問会議「帝国経済会議」を開催し，「移植民ノ保護奨励ノ方策如何」を審議して，ブラジルを主要な移住先と定めること，海外興業(株)を通じて移植民奨励諸制度を実施すること，移住希望者の渡航費用を今後政府が一部補助することを決定した（黒瀬，2003）．1925年からは，移民に対する渡航費の全額補助と，移民会社の取扱手数料も日本政府が負担することとなり（鈴木，1992），ブラジル移民が正式に国策移民へ転換した．また，1927年に海外移住組合法が制定され，海外移住組合連合会が東京に設立された．これにより府県ごとに設立された移住組合を通じて，ブラジル移民の宣伝・奨励と補助が実施されることになった．さらに政府は，1929年，ブラジルに現地邦人ブラジル拓殖組合（ブラ拓）を設立させ，自作農定着促進のために土地の獲得にも着手した．このように，政府による渡航費等の負担，そして現地での土地取得の二本立てで，国策移民としてブラジル移民が進められたのである．同年の1929年には，外務省通商局と内務省社会局が担当していた移民事務の一元化を図るために，新たな省庁として拓務省が設置され，政府としての体制が整えられた（岡部，2002）．

　以後，1934年にブラジル政府が「外国人移民二分制限法」によって門戸を狭めるまでが，実質的なブラジルへの国策移民の期間といえ，その間に10万人を越える日本人がブラジルへ渡航した（鈴木，1992）．

(2)　移民モデル──農業移民

　ブラジルの外国移民は，自営開拓移民と農園の契約労働移民の 2 つの形態に分けることができる．日本人移民の場合も，上記の形態による農業移民であった．その移民モデルは，海外興業(株)発行の『移民案内』に掲載された渡航者資格によれば，「現在農業に従事する三人以上の家族（夫婦を中心として他に一二歳以上一人）」と農民家族を対象としており，単身者や都市下層民を排除していた（黒瀬，2003：210）．これは前述の，初期のサンパウロ州側との条件を踏襲するもので，基本は南洋移民と同様に，夫婦＋ 1 名以上の労働者（子，または親類）が単位であったことが分かる．つまり女性は，農民家族における妻として，あるいは＋ 1 名の農業労働者としての移民が想定されていた．その後，現地で成人した男性移民たちの結婚相手として，「写真結婚」によって多くの女性が渡航し[7]，移住した．

　日本人移民はブラジル国籍を取得せず，結婚相手も日本人を選び，生まれた
子どもにも日本国籍を取得させていた（遠藤，2016：41）．こうした状況は，
1930年代以降のブラジルにおける国民国家政策において，ブラジル社会に統合
しない外国移民として非難の対象となり，前述の移民規制へとつながったのだ
った（三田，2018）．

　南洋移民とブラジル移民は，いずれも東洋拓殖（株）の出資で移民会社が設立
されており，その移民モデルにも共通性がみられる．また両者とも，現地住民
との通婚よりも日本人同士の結婚が中心であったことは，ここで確認しておき
たい．

3　満州移民（1932-1945）

(1)　移民政策の目的と経緯

　1931年9月，関東軍によって満州事変が起こされ，1932年に傀儡国家の「満
州国」が成立すると，その治安対策として，関東軍と拓務省による農業移民の
送出計画が始まった．これにより1932年より1936年まで，在郷軍人を中心とす
る試験移民が実施されたことが，満州移民の始まりである．

　これが本格化するのは，1936年の二・二六事件により満州移民に消極的であ
った高橋是清蔵相が殺害され，発言力を強めた軍部の意向により，後継の広田
弘毅内閣が満州移民政策を七大国策の1つとして掲げたことによる．これによ
り関東軍と拓務省は，20カ年で100万戸500万人送出という大規模な計画を打ち
出す．この数字は，農業移民1戸あたりの家族数を五人と計算し，20年後の
1956年に推定される「満州国」全人口の5000万人のうち，1割を日本人が占め
ることで，「満州国」における日本民族の指導的立場を確保することをもくろ
んだものだった．

　前述の通り，国策としてのブラジル移民は1935年には衰退したため，次の移
民先として「満州国」への期待が高まっていた．実際，ブラジル拓殖の理事が
関東軍移民部長に就任するなど，国策としての連動性があった（岡部，2002）．

　この満州移民の目的は，日本人人口の増加による「満州国」の治安維持と対
ソ防備，さらに昭和恐慌で疲弊した農村経済更生政策を結びつけたものだった
（岡部，2002；岡部，2008）．このため，各町村を母体とする集団開拓団（分村移民）
と，郡単位の開拓団（分郷移民）が進められ，「満州国」側の満州拓殖公社が用
意した土地へ入植する方法をとった．入植地は満州中部・北部，抗日勢力の優

勢な地域やソ満国境地帯が中心であり，その多くは中国人から強制収用した既
耕地であるため，「開拓」とは呼べないものだった．

　こうして1937年に本格的な送出が始まったが，同年に日中戦争が勃発すると，
国内の軍需産業への労働力や兵力の需要が高まり，農村の過剰人口が解消され
て成人移民の送出が困難になった．すると今度は，数え年16-19歳の未成年男
子を募集して国内で 2 カ月，現地で 3 年間の訓練を施し，終了後は移民団に移
行するという青年移民制度が作られた．これが「満蒙青少年開拓義勇軍」と呼
ばれる制度で，「満州国」側では侵略的・軍事的ニュアンスを和らげるために
「満州開拓青年義勇隊」と呼ばれた．1937年に先遣隊として300人が募集された
のがはじまりで，1938年より本格的募集が開始された（白取，2008）．募集機関
は道府県で，募集には満州移住協会（拓務省外郭団体）や大日本連合青年団の系
統団体が協力したが，学校教員による勧誘が大きな役割を果たした．国内訓練
は，拓務省の負担で茨城県内原にある日本国民高等学校の隣地に建てられた．
このいわゆる「内原訓練所」は，満州移住協会が運営し，所長には，日本国民
高等学校校長で，満州移民のイデオローグであった加藤完治が就任した．募集
は府県別割当をもとに行われたが，やはり次第に困難となっていった．

　一方「満州国」の側では，1939年12月「満洲開拓政策基本要綱」が制定され，
移民政策は「東亜新秩序建設のための道義的新大陸政策の拠点を培養確立する
こと」が目的とされた．そこでは日本人開拓民が農村社会の「中核」となり，
朝鮮人移住者や中国人との調和をはかる指導的地位につくことが求められた．
これにより移民は「開拓農民」，移民団は「開拓団」が正式名称となった．

　前述の通り，彼らの入植地は中国人農民の既耕地を強引に収奪したものであ
り，「開拓」ではない．したがって地域の中国人の反感を呼び，さらに家族労
働力が足りない場合に中国人や朝鮮人農民に小作させる形が一般化しており，
民族的な利害矛盾を呼んだ．つまりは明確な侵略であり，このため反満抗日軍
の攻撃目標となりやすかったことが，満州移民の特徴ということができる．

　敗戦直前の日本人農業移民人口は，成人移民16万7091人，青少年移民 5 万
8494人，合計22万5585人とされている（岡部，2008）．

(2)　移民モデル──農業移民

　満州移民は，試験移民期の治安目的による武装移民においても，37年以降の
農村経済更生政策としての自作農創設目的の移民送出においても，その移民モ

デルは農業移民であった．小川（2008）によれば，女性移民政策は，試験移民期における抗日軍との交戦や風土病で疲弊した武装移民の現地定着の「道具」として，1933年より「花嫁」招致として始まっている．1936年に出された100万戸500万人送出計画は，「大和民族」の人口増加が目的である以上，配偶者としての女性なしでは成立しない．また「満蒙開拓青少年義勇軍」制度が開始されると，女性たちはその配偶者として，あるいは母親代わりとしても求められた．拓務省は「開拓民配偶者養成」として1938年より女子拓殖講習会を「大陸の花嫁講習会」という名称で全国で開催した．また同年より本格化した分村移民・分郷移民という制度も，その利点として配偶者を母村から呼べば結婚がしやすいことが挙げられていた．つまりは，何よりも「満州国」への定着と「大和民族」の増加のため，最終的には家族単位で入植することが求められたのだった．

　このように，満州移民政策は，日本の移民政策で初めての女性移民政策を打ち出したものだった．1939年1月には拓務・文部・農林の3つの省により「花嫁100万人送出計画」が打ち出され，さらに同年12月の「満洲開拓政策基本要綱」（前述）では，開拓民配偶者養成施設の整備や女子指導者の養成訓練施設を設ける政策が示された．具体的には道府県に女子訓練所を新設・拡充して女子指導者の養成が求められ，1940年9月，長野県に「桔梗ヶ原女子拓務訓練所」が発足した．開所式には内原訓練所所長の加藤完治も出席し，「内原訓練所と表裏一体」となるよう演説をしている．また現地にも，食糧増産と結婚の機会を増やす目的で「開拓女塾」や「女子義勇軍訓練所」が作られ，「花嫁」候補者の旅費は日本政府が，現地の6カ月間の費用は「満州国」が負担した．

　この政策の最終形は，1942年3月「満州開拓女子拓殖事業対策要綱」（以下「女子要綱」）と女子指導者のための手引書「女子拓殖指導者提要」である．この時期には，関東軍が南方戦線へ移動しソ満国境警備の主力が義勇軍になったため，その配偶者の調達がより切実さを増し，女教師や団体の指導者たちが候補者を説得してまわる事態となっていた．相庭（1996）によれば，「女子提要」では5つの具体的施策が示されたが，とくに注目されるのは女子拓殖訓練の修了者を自動的に会員とし，「満州建設勤労奉仕隊」や「開拓女塾」に送り込む「配偶者のプール」として，「東亜女子建設同志会」が結成されたことである．また小川（2008）は，「女子拓殖指導者提要」において，「民族資源確保」のための移民の定着や「民族資源の量的確保」が唱えられ，「大和民族の純血」が

説かれていた点に着目する．政府は現地住民との通婚を許さず，満州移民は「純血」を守るための民族政策となっており，女性にその役割が託されたのであった．

　こうして大量に送出された女性たちは，敗戦時には関東軍が「開拓団」の保護を放棄したため，老人や子どもとともに逃避行を余儀なくされ，「中国残留婦人」「中国残留孤児」問題が生まれたことは周知の通りである．

第 3 節　南方国策移民
——戦時南方移民政策の特殊性と連続性

1　南方移民政策

⑴　政策立案の契機

　政府が南進政策を正式に国策としたのは，1936 年 8 月広田弘毅内閣で出された「国策の基準」によってである．そこで示されたのは，「外南洋方面ニ対シ我民族的経済的発展ヲ策シ努メテ他国ニ対スル刺激ヲ避ケツツ漸進的和平的手段ニヨリ我勢力ノ進出ヲ計」ることであった（外務省編，1955：344）．波多野澄雄（1990）によれば，この方針は海軍内にあった「対南洋方策研究委員会」の調査研究で重視された 2 つの観点が反映されていた．1 つめは，「外南洋」＝東南アジア，とくに資源の豊富なオランダ領東インドに進出するにあたり，南洋興発(株)や拓務省の「内面的支援」を通じて経済進出や移植民を図ること，2 つめは，東南アジア進出の中継基地として，南洋群島と台湾を活用することである．欧米の植民地である東南アジアに対しては，できる限りの国際的摩擦を避ける進出が必要だった．[8]

　拓務省は，かねてより南進政策に関心を高めていた．というのも，監督下にあった台湾総督府が，1935 年に「領台」40 周年記念として「南進の拠点・台湾」のスローガンを喧伝し，1936 年 11 月に「半官半民」の国策会社である台湾拓殖株式会社を設立させていたからである．しかし，ブラジル移民が不可能となり，満州移民政策へ注力していた拓務省が，南方移民政策に具体的に着手したきっかけは，1937 年 7 月に勃発した日中戦争であった．1938 年 3 月より，外務省が主催した月 1 回の会合「南方問題研究会」において，拓務省は，外務省・陸軍・海軍とともに合同で南方問題の調査研究を開始した．外務省は，以前より外務省内で検討中であった「日満支南洋経済ブロック」構想を，戦争勃[9]

発により現実的なものとして認識するようになり，この会合を開催し検討することとしたのであった（安達，2002）．この合同研究会において，南方移民政策が立案されたものと考えられる．この会合の史料は現在見つかっていないため，帝国議会の拓務省関係議事録および拓務省外郭団体の刊行物から，南方移民政策の概要をまとめる．

(2)　政策の経緯と目的

第74帝国議会（1938.12-1939.3）において，八田嘉明拓務大臣は，南洋，とくにオランダ領東インドへの経済政策や移民政策についての方針を追及され，移民については第1に満州，第2に南洋方面（ここでは東南アジアの意），南米方面に注力すると回答した．また，南洋については国際関係の許す限り移民を継続するが，移民の数は期待できないため，企業による進出が望ましく，企業への資金助成等について考慮すると回答している[10]．つまり，海軍が示した方針にしたがい，欧米の植民地である東南アジアに対しては，国際的摩擦を避けるために少数の移民を送ること，また企業を中心とすることが示された．

第75帝国議会（1939.12-1940.3.26）でも，小磯国昭拓務大臣が南進策についての所見を問われて，ほぼ同様の答弁を行ったが[11]，第76帝国議会（1940.12.26-1941.3.26）では，ついに予算がついた．1941年度予算のうち「南方進出人物の養成補助に要する経費」を計上し，秋田清拓務大臣は「是は南方開拓に活躍すべき優秀なる人物を養成する機関を設置し，訓練せしむるに要する経費の補助と，沖縄県移民訓練施設補助」と説明した[12]．その人材訓練のプランについて拓務次官の北島謙次郎は，移民を兵隊に喩えて，「兵卒に当たる移民」「下士官級にあたる移民」「将校に相当する移民」と3つのタイプの移民が必要であるとし，将校に該当するような，移民のなかでも指導的な人物の養成を目指すとした[13]．

移民をなぜ教育する必要があるのか．拓務省外郭団体の日本拓殖協会幹部や，拓務省拓南局長，南洋興発(株)幹部や拓殖大学教授などを集めた「拓殖教育の緊急性を語る」[14]という座談会では，次のように語られている．「外南洋」では，ゴム農園などには低廉な賃金で現地住民を雇用することができるため，労働者として日本人が参入する余地はない．したがって日本人は労働者の監督者，あるいは会社の社員として農場を管理する人材として必要であるため，教育が必要だと説かれた（大久保，2002）．この「将校」に該当する指導的人物の養成の

ための機関が「拓南塾」であり，「下士官級」にあたるのが，立案時点では「沖縄県立拓南訓練所」で，「満州の開拓士訓練機関たる内原に相当する」（日本拓殖協会，1942：49-59）ものであった．沖縄県は前述の南洋移民だけでなく，フィリピンを中心として東南アジア方面に多数の移民を送り出した実績がある地域であるため（日本拓殖協会，1942：57），沖縄県に国庫補助を出す形で，県営で訓練機関を運営させる方針であった．のちにこの「下士官級」については，民間団体が設立した沼津の「拓南青年訓練所」を拓務省が吸収し，1942年9月に再スタートさせた「拓南錬成所」が担うこととなる．

　このように拓務省による南方移民政策は，東南アジアという欧米植民地における経済進出の方策として計画され，企業進出のための人材養成として始まった．立案時点で拓務省が意図した南方移民政策を見るために，帝国議会の答弁による拓南塾の経営方針に着目してみよう．拓南局長の森部隆は，1）拓務省外郭団体の日本拓殖協会に経営を委託し，2）中学校・商業学校・農業学校などの卒業者または第4学年修了程度の者を2カ年訓練すること，3）一定期間南方現地で訓練すること，4）訓練方針は，南方方面に発展する中堅指導者の養成であるとした．心身ともに健全で，「日本精神」を体得し「八紘一宇」の理想を実現する気魄と情熱をもつだけでなく，南方各地で多数の「土人」あるいはその他の東亜諸民族そのほかの外国人と向き合って，協調親善する一方で確固たる日本の建国以来の精神を発揮しえるように訓練したい，と説明した[15]．訓練科目は，精神訓練のほか，南方法制，南方事情，マレー語，広東語，安南語，タイ語があげられ，当時「外南洋」と呼ばれた東南アジア方面に幅広く派遣する人材を育成しようとしていたことが分かる．また卒業後には，南方の日系企業への就職が約束されていた．

　以上のように，南方移民政策は，送出先の東南アジア各地の言語や現地事情に明るく，現地住民と協調しつつも「日本精神を発揮」，つまり「国益」のために闘える指導的な青年を養成して日系企業へ派遣するという，それまでの移民政策とは大きく異なるものだった．訓練機関の予算も国庫負担で行われており，ブラジル移民，満州移民につづく国策的の移民といえ，この観点から筆者は「南方国策移民」と名づけている．その目的を整理するならば，①現地事情に通じる人材を養成し，南方の日系企業へ派遣するという実利的目的と，②欧米列強の植民地である南方の地で，「大東亜共栄圏」のイデオロギーを体現し「模範民族」として現地の民族に対する「指導者」を養成して，政府の唱える

イデオロギーを裏打ちするという思想的な目的があったといえる．その特徴は人材養成にあり，卒業後は日系企業へ就職させ，少数ずつ各地へ派遣することであった．そのための人材訓練機関は，拓務省管轄では，中等学校卒業程度を対象とした「拓南塾」のほか，農学校卒業程度の「拓南錬成所」があり[16]，また拓務省の経費補助により沖縄県立拓南訓練所が設置された[17]．このように移民を2つの階層に分けて訓練する点も南方移民政策の特徴であるが，本章では訓練機関として拓南塾をとりあげ，その活動の概略をのべる．

2 拓南塾 (1941.2-1945.8)[18]

拓南塾は1941年2月に設立された．顧問には元拓務大臣の永田秀次郎，陸軍大将小磯国昭，海軍大将小林躋造が就任し，塾長には海軍中将の宍戸好信，塾監に陸軍大佐の宮崎富雄が務めるなど，陸海軍と拓務省という布陣であった．小磯は陸軍のなかでも特に南方に強い関心を持つ軍人で，拓務大臣時代（1939.4-8）に強硬な南進政策として国策会社の設立を立案したこともある（大久保，2005）．また小林は台湾総督時代（1936.9-1940.11）には「南進化・工業化・皇民化」のスローガンのもと台湾を南進基地化した．このような経歴を持つ陸海軍人が拓南塾の顧問をつとめることは，陸海軍が一体となって南進政策を進める段階に来ていたことを示すと同時に，拓南塾への期待の大きさが伺える．

第1回募集要項（拓南塾史刊行委員会編，1978）によれば，設立趣旨は「大東亜ノ共栄圏ヲ確立シ進テ世界新秩序ノ建設ニ寄与スル」使命のために，「八紘一宇ノ大理想顕現ニ邁進スヘキ有為ノ人材ヲ得ル」ための，「南方拓殖人材養成ノ機関」とある．「移民」ではなく「南方拓殖人材」という呼称が使われているが，帝国議会では，満州移民と南方移民を「国家的に動いていく人びと」として「拓士」「開拓士」と呼び，それまでの移民と区別して捉えていることから（大久保，2005），このような呼称が使用されたと考えられる．

その目的は，オランダ領東インド，フランス領インドシナやタイなど，第二次世界大戦下で不安定になっている「外南洋」へ「進出」する中堅人物の養成であり，塾修了後は「南方ニ於ケル各種事業」に就職することが決まっていた．

入塾資格は，中等学校や商業学校，農業学校卒業および第4学年修了見込みの男子で，授業料などの諸経費は官費，全寮制で募集人員は100名，訓練期間は2年で，そのうち3カ月の南洋現地訓練を含む予定であった．授業料免除や

全寮制，就職の斡旋といった条件の良さは，当時の南方雄飛熱と結びついて多くの応募者を引き寄せ，第1回選抜試験では定員100名に対して1972名の応募があった．約20倍の難関を突破した最初の塾生は，小平村青年学校内の仮塾舎に入舎し，5月5日に開塾式が行われた．式には，秋田清拓務大臣のほか，外務省，陸軍省，海軍省それぞれの大臣代理が出席しており，朝日新聞など各種メディアも大々的に取り上げた．

　開塾式では宍戸塾長より5つの綱領が示されたが，なかでも重要なのは「南方を墳墓の地として覚悟せよ」「日本人として完成し内外人の模範たれ」という2つである．つまり彼ら「拓士」は帰国を前提とされておらず，政府側からみた場合の「植民」であったこと，そして欧米の植民地において現地の民族にも在留邦人に対しても模範となるべき人材となることが求められたことが分かる．

　訓練の特徴は，学科に植民政策や南方経済地理など南方事情に関する科目が多く，外国語科目はマレー語だったことである．これらの講師は，太平洋協会や東亜経済調査局などのシンクタンクから招聘され，マレー語は東京外国語学校から教員が招聘されるなど，当時としては一流の講師陣が担当した．

　しかしながら，同年12月のアジア・太平洋戦争開戦，そして日本軍の南方占領によって塾生ら「南方拓殖人材」の派遣が急務となり，2年の予定だった訓練期間は短縮され，約1年後の1942年7月30日に1期生は繰り上げ修了となり，ほぼ全員が南方関係企業（大日本紡績，三菱商事など）の社員として各社数名ずつ就職し，派遣されていった．

　開戦により，ますます即戦力が必要となる情勢のなか，企画院は人材訓練の整備計画をたて，1942年11月の大東亜省設立（拓務省廃止）を機に，在職中の官吏や民間会社の幹部，大学卒業者を含めて教育を行う「興南錬成院」が設立され，拓南塾は第3部に編入された．1年後には，中国方面の人材養成機関（興亜院興亜錬成所）と合わせて「大東亜錬成院」が設立され，拓南塾もそのまま移管された．このように情勢変化に応じて組織変遷があるなか，拓南塾の教育は充実していくものの，訓練期間は1年に短縮され，2期生200名のうち約半数は企業へ就職したが半数は陸海軍軍属となり，3期生179名は徴兵年齢引き下げのため大半が特別甲種幹部候補生として予備士官学校へ入校，企業へ就職したのは43名であった．4期生，5期生は南方へ派遣できていない．入塾した塾生は1期生から5期生まで合計815名で，実際に南方日系企業へ就職したのは

200名あまりというのが，「南方国策移民」の実相であった．

　派遣先での拓南塾生のその活動については，フィリピンへ派遣されたある1期生については分析したが（大久保，2005），卒業生の回想録を見る限りでは派遣地によって大きく異なる．「大東亜共栄圏」の「模範民族」として行動をなし得たのか，現地住民や在留邦人との摩擦など，詳しい分析が必要である．

3　移民モデル──企業社員

(1)　南方移民モデルの特殊性

　以上のように，南方移民政策の移民モデルは企業社員であり，近代日本の移民政策において特殊なモデルであった．南方移民は満州移民と同じように，国家的な目的で移住する「開拓士」として認識されていたが，立案当時は欧米列強国の植民地であったため，国際的摩擦を避けるために少数とすること，現地での労働需要は南方企業における現地労働者管理であることから，語学を含めた本格的訓練が求められた点が満州移民とは異なる．

　南方移民は18歳前後の単身男子のみを対象としているが，「大陸の花嫁」に類するような彼らの将来的な配偶者についての政策があったかどうかについては，さらなる史料発掘が必要である．とくに拓南塾においては，帰国を前提としない「植民」であり，政策立案当初にはナチス・ドイツの「第五列」，つまり事前に侵入し，母国の軍隊が侵略した際に軍に協力して占領を手伝う民間人スパイとする構想もあったという（三國，1998）[19]．このことから推測すれば，満州移民の場合と同様，他民族との通婚よりも「大和民族」の配偶者を持つことが推奨されていたと考えられる．

(2)　配偶者問題と「大東亜共栄圏」の人口問題

　当時，「大東亜共栄圏」における民族問題は，厚生省人口問題研究所と文部省民族研究所が研究を担っていた．文部省民族研究所所員の小山栄三は『南方建設と民族人口政策』（大日本出版株式会社，1944）において，「東亜共栄圏内に於ける内地人口の配分に関して」16の条件を挙げている．そのなかで関連する部分を4つ挙げると，「移植民に対し，指導民族としての自負心，資源開発利用法，原住民との接触態度等に関し予め訓練すること」「配偶者を可及的に伴うこと」「絶えず新たなる生産年齢層の男女を植民地に送出すること」「雑婚及び混血児の発生を極力防止すること」とある．また，坪内（1992）は，満州事変

や日中戦争の勃発を契機にして，人口問題の性質が「過剰人口」対策から，海外への膨張を前提とした「民族増強」政策へと変質したと指摘した．その上で，『人口問題と南進論』（野間，1944）などを発表していた東京帝国大学農学部助教授の野間海造を中心とする農業的南進論を紹介し，そこでも日本民族の純血性の保持が主張されていたと指摘している．

　周知のように政府は，1941年1月「人口政策確立要綱」を閣議決定し，今後10年間に婚姻年齢を3年早め一夫婦の出生数を平均5児にすることを目標としていた．この「産めよ殖やせよ」の政策を背景に，小山の「南方建設」や野間の農業植民論が論じられていた点から考察すれば，南方移民の配偶者問題は，「大東亜共栄圏」の人口問題および民族問題として，言わば「南方の花嫁」などのなんらかの政策が検討されていたのではないか．高澤（1992）は，厚生省人口問題研究所の前身は，移民政策が国策化する契機となった内務省社会局の「人口問題研究会」であり，常務理事には海外興業(株)社長の井上雅二が加わっていたことを指摘している．「人口過剰」問題への対処として始まった移民政策だが，人口問題認識の変容により，民族問題と移民配偶者問題が議論された可能性は高い．

おわりに

　以上のように，本章では移民政策をジェンダーの観点から整理するため，その移民モデル，配偶者問題に焦点を当てて比較してきた．1921年から45年までの時期は，「過剰人口対策」や失業対策としての移民政策と，日中戦争以降の「民族増強」としての移民政策の2つに分けられる．

　過剰人口対策としての移民は，南洋移民とブラジル移民であり，その移民モデルはともに家族労働力を単位とする農業移民であった．南洋群島の場合は，日本の委任統治領であるため，基幹産業である製糖業を支える労働力として，統治のための「日本人の扶植」の意味合いがあった．ブラジルの場合は，受け入れ側の要望もあり，コーヒー農園を中心とする産業発展のため，大量の農業移民を家族単位で受け入れた．

　満州移民の場合もまた，家族労働力を単位とする農業移民がモデルであった．しかし対ソ防備・治安対策・農村経済更生政策，つまり政治的軍事的目的があるため，現地への定着と「民族増強」を目指しており，配偶者対策として女性

移民政策が初めて行われたのが特徴的である．日中戦争により過剰人口対策の側面がなくなると，「満州国」および「大東亜共栄圏」の民族政策として，満蒙青少年開拓義勇軍の配偶者としての「大陸の花嫁」を送り込む民族増強策へと変化した．

　これに対し，戦時南方移民＝南方国策移民の移民モデルは，企業社員であった．日中戦争打開のための南方資源の獲得が叫ばれるなか，そこが欧米の植民地であるために国際的刺激を避けながら経済的進出を行う必要があり，単身男子を南方事情に通じる即戦力として養成し，少数ずつ企業へと送出する政策であった．そこには，南洋庁の基幹産業への労働力として農業移民を大量に必要とした委任統治領南洋群島とも，受入れ国からの要望とマッチして農業移民が大量に入植可能だった独立国ブラジルとも，日本帝国の傀儡国家であり，対ソ防備・治安維持・農村救済対策で大量の農業移民を必要とした「満州国」とも異なる事情があった．

　南方国策移民の場合，拓南塾開塾から1年も経たずにアジア・太平洋戦争が始まったために，政策の性質が変わるとともに，実際に企業社員として送出できた数も予定通りとはいかなかった．このため，帰国を前提としない単身男子として「植民」される予定であった彼らの配偶者対策があったのか，現段階では不明である．しかしながら，当時の人口政策および民族政策の観点から考察すれば，現地住民との通婚ではなく「純血」が求められたと考えられ，配偶者問題は検討されていた可能性が高い．南方国策移民について，「大東亜共栄圏」における民族配置の観点から，配偶者問題を検討することが今後の課題である．

　また南方国策移民で示された企業社員モデルは，戦後日本の東南アジア再進出との連続性を示唆しており，その検討も課題としたい．

注
1）　たとえば日本移民学会編（2018）を参照．
2）　日本移民学会編（2018）においても，南洋群島への移民はコラムで取り扱われるのみである．
3）　社会政策としての移民政策およびその「包摂と排除」の論理については，遠藤（2016）を参照．
4）　木村健二（1994）「日露戦後海外農業移民の歴史的位置」，我孫子麟編著『日本地主制と近代村落』（創風社）を参照．
5）　南洋群島の現地社会（チャモロおよびカロリニアン）への日本人移民の影響につい

ては，飯高（1999）を参照．

6）　南洋移民の女性の歴史については，近年は沖縄県の自治体史で聞き取り調査を中心
として研究が進んでいる．たとえば『金武町史』（金武町史編さん委員会編，1996）な
ど．

7）　ブラジル移民女性のライフストーリーについては，日下野良武監修（2007）『女たち
のブラジル移住史』（毎日新聞社），サンパウロ新聞編集局編（2009）『100年──ブラ
ジルへ渡った100人の女性の物語』（サンパウロ新聞社）などを参照．

8）　第一次世界大戦後に南洋群島が日本帝国の委任統治領になって以降，南洋群島を
「内南洋」，それ以外の南洋，つまり東南アジアを「外南洋」という地理区分が行われ，
広くこの呼称が使われていた．

9）　拓務大臣は，1929年の設立当初，朝鮮総督府・台湾総督府・関東庁・樺太庁・南洋
庁に関する事務を「統理」し，南満州鉄道株式会社および東洋拓殖株式会社の業務を
監督し，のちに設立された台湾拓殖株式会社，南洋拓殖株式会社を監督する権限を有
していた．しかしそもそも「統理」とは指揮監督の権限はなく，実質的に監督下に置
いたのは樺太庁と南洋庁，特殊会社の台湾拓殖(株)，南洋拓殖(株)であった．百瀬孝
（1990）『昭和戦前期の日本──制度と実態──』吉川弘文館，401頁参照．

10）　「蘭印方面の発展対策」『第74帝国議会拓務議事詳録』中央情報社，1939年，545頁．
発言は「予算委員会第一分科会」1939年2月7日．

11）　「南進策に対する所見を問う」『第75帝国議会拓務議事詳録』中央情報社，1940年6
月，60-61頁．

12）　「拓務所管一般会計及特別会計予算案提出理由説明」『第76帝国議会拓務議事詳録』
中央情報社，1941年，419-412頁．

13）　「移植民問題と人口政策」同上『第76帝国議会拓務議事詳録』429-430頁．なお拓務
次官の北島謙次郎は，1936年9月〜1940年10月まで南洋庁長官を務めた．

14）　日本拓殖協会（1942：49-59）．なおこの座談会の出席者は以下の通り．日本拓殖協
会3名，南洋興発(株)常務取締役の色部米作，拓殖大学教授の宇治武夫，南洋拓殖常
務理事の島田昌勢，台湾拓殖常務理事の高山三平，東京農大農場長の三浦肆久樓，拓
務省拓南局長の森部隆．「拓殖教育」がテーマのため，「半官半民」の三社（南興，南
拓，台拓）だけでなく，拓殖大学や東京農大から座談会メンバーに招聘されているこ
とが興味深い．

15）　「拓南塾の経営方針に就いて」前掲『第76帝国議会拓夢議事録抄録』571頁．

16）　拓南錬成所については，大久保由理（2002）を参照．前身の拓南青年訓練所を運営
した民間団体「拓南協会」には，陸軍で南進政策に関心の高かった小磯国昭陸軍大将
や南洋興発(株)社長松江春次が関与していた．「内原訓練所」の南方版として設立され，
南洋群島での現地訓練を予定していたが開戦により不可となり，卒業生は南洋興発
(株)などの企業へ就職した．松江春次の南進論が，拓南青年訓練所によって一部実現
していたことになる．こうした前身の機関と，アジア・太平洋戦争開戦後に組織編成
された拓南錬成所は性格が異なるため，他の政策移民との比較を含めた詳細な検討は

　　　別稿に譲る.

17)　　沖縄県立拓南訓練所については別稿に譲るが，まずは小林茂子（2010）『「国民国家」
　　　日本と移民の軌跡：沖縄・フィリピン移民教育史』（学文社）を参照のこと.

18)　　拓南塾については，大久保由理（2005）を参照.

19)　　矢野（1975：154）は，小磯国昭「蘭印対策要綱」から，小磯が在留邦人を「第5部
　　　隊」として編成して日本の南進に役立たせる考えを持っていたと指摘する．拓南塾の
　　　顧問であった小磯が，拓南塾にその考えを託したかどうかについては史料的検証が必
　　　要であるが，何らかの関連があると考えてよいだろう.

参考文献

相庭和彦ほか編（1996）『満洲「大陸の花嫁」はどうつくられたか：戦時期教育史の空白
　　　にせまる』明石書店.

安達宏昭（2002）『戦前期日本と東南アジア』吉川弘文館.

飯高伸伍（1999）「日本統治下マリアナ諸島における製糖業の展開―南洋興発株式会社の
　　　沖縄県人労働移民の導入と現地社会の変容」『史学』（三田史学会）69(1)，107-140.

今泉裕美子（1992）「南洋興発（株）の沖縄県人政策に関する覚書：導入初期の方針を中心
　　　として」『沖縄文化研究』(19)，131-177.

―――（1999）「『南洋群島』をめぐる人々10　南洋に渡った女性たち①」『月刊東京』
　　　東京自治問題研究所，(189)，20-21.

―――（1994）「国際連盟での審査にみる南洋群島現地住民政策」『歴史学研究』歴史学
　　　研究会，(665)，26-40，80.

―――（2002）「日本統治下ミクロネシアへの移民研究――近年の研究動向から」『史料
　　　編集室紀要』沖縄県教育委員会，(27)，1-22.

遠藤十亜希（2016）『南米「棄民」政策の実像』岩波書店.

大久保由理（2002）「戦時期『南方国策移民』訓練機関の実態――拓南錬成所を中心とし
　　　て」『日本植民地研究』アテネ社，(14)，1-20.

―――（2005）「『移民』から『拓士』へ――拓務省の南方移民政策」『年報　日本現代
　　　史』現代史料出版，(10)，85-121.

岡部牧夫（2002）『海を渡った日本人』山川出版社.

―――（2008）「農業移民」植民地文化学会・中国東北淪陥14年史総編室　共編『「満洲
　　　国」とは何だったのか：日中共同研究』小学館.

小川津根子（2008）「農業移民」植民地文化学会・中国東北淪陥14年史総編室　共編『「満
　　　洲国」とは何だったのか：日中共同研究』小学館.

外務省編（1955）『日本外交年表並主要文書』下巻，原書房.

木村健二（2018）「近代日本の移出民」日本移民学会編『日本人と海外移住――移民の歴
　　　史・現状・展望』明石書店.

黒瀬郁二（2003）『東洋拓殖会社：日本帝国主義とアジア太平洋』日本経済評論社.

白取道博（2008）『満蒙開拓青少年義勇軍史研究』北海道大学出版会.

鈴木譲二（1992）『日本人出稼ぎ移民』平凡社.

高澤淳夫（1992）「戦時下日本における人口問題研究会と人口問題研究所」戦時下日本社
　　会研究会『戦時下の日本：昭和前期の歴史社会学』行路社.

拓南塾史刊行委員会（1978）『拓南塾史：拓南塾大東亜錬成院の記録』政教新社.

坪内良博（1992）「人口問題と南進論」戦時下日本社会研究会『戦時下の日本：昭和前期
　　の歴史社会学』行路社.

日本移民学会編（2018）『日本人と海外移住——移民の歴史・現状・展望』明石書店.

日本拓殖協会（1941）「拓殖教育の緊急性を語る」『海を越えて』2 月号，日本拓殖協会.

野間海造（1944）『人口問題と南進論』慶応書房.

橋谷弘（1985）「戦前期東南アジア在留邦人人口の動向——他地域との比較」『アジア経
　　済』アジア経済研究所，26(3)，7-12.

波多野澄雄（1990）「日本海軍と南進政策の展開」杉山伸也／イアン・ブラウン編『戦間
　　期東南アジアの経済摩擦』同文館.

松江春次（1932）『南洋開拓拾年誌』南洋興発株式会社.

三國隆三（1998）『ある塾教育：大東亜戦争の平和部隊』展望社.

三田千代子（2018）「ブラジルの移民政策と日本人移民」日本移民学会編『日本人と海外
　　移住——移民の歴史・現状・展望』明石書店.

矢野暢（1975）『「南進」の系譜』中央公論社［中公新書］.

（大久保由理）

第5章　戦時期の女性労務動員が
　　現代日本に残したもの
——「生理休暇」に焦点を当てて

第1節　日本の労働基準法には「生理休暇」が定められている

　労働基準法は，1947年に定められた労働者の保護のための法律である．本書を手に取ってくださった皆様に質問であるが，その労働基準法第68条に「生理日の就業が著しく困難な女性に対する措置」が定められていることをご存じであろうか．その内容は「使用者は，生理日の就業が著しく困難な女性が休暇を請求したときは，その者を生理日に就業させてはならない」というものであり，この条文は通称「生理休暇」と呼ばれている．

　女性労働者が生涯にわたって働き続けるために，ライフステージに応じて休暇制度やさまざまな措置を適切に利用することは不可欠である．そのため女性労働者が利用する休暇制度や措置についての研究が進められ，それらを利用しやすくする政策がとられ，労務管理に反映されることは女性活躍にとって重要な取り組みである．しかし，女性労働者の生物学的性差に関する保護である，いわゆる「母性保護」と男女平等との兼ね合いについては，1980年代の男女雇用機会均等法の制定の際には熱い議論が重ねられたものの，その後，女性労働研究のトピックとしては下火になっている．

　現在の日本では「性」について論ずるとき，その「性」がセックスであるのかジェンダーであるのをか明確にする姿勢が未だ根付いていない．セックスとは生物学的性差を指し，一方でジェンダーとは社会的・文化的な性差・性別を意味する言葉である．このセックスとジェンダーを明確にする視点を，女性労働者の利用する制度を議論する際に取り入れると，産前産後休暇や生理休暇は，女性の生物学的性差の保護のために規定されている制度だといえる一方で，育児休業は「子育ては女性が担うべきである」というジェンダーによって従来は女性労働者のみが利用すべきものであると仕向けられてきた制度であると言えるだろう．このように整理すれば，育児はジェンダー・フリーに担うべき事柄

であると理解され始めた今日，育児休業が男性労働者も利用しやすいように整備されていくことが求められているという状況は容易に理解することができる．しかし，「育メン」のように，育児を行う父親である男性労働者を鼓舞する言葉が生まれ，育児に関する制度が盛んに議論されているのに対して，女性の生物学的性差に基づく休暇や措置，とくに生理休暇が注目を集めることは稀である[1]．産前産後休暇は育児休業とセットにされて議論されることはあっても，生理休暇が人びとの関心を集めることは極めて稀である．

　近年になり，ようやく日本でも性の多様性を尊重する動きがみられるようになってきた．しかしながら，パートナーをもつという選択とともに，もたないという選択も尊重されるべきであること，また，さまざまな要因による「産まない」，「産めない」女性の身体の健康も尊重されるべきことについての議論は，スタートラインに立ったばかりといったところである．すべての女性労働者のリプロダクティブ・ヘルス／ライツに関する議論は始まったばかりなのである[2]．

　「生理」の医学的な名称は月経であるが，月経による就業困難を訴える女性は日本人女性の約3割にも上ると言われている（武谷，2001：506）．それにもかかわらず，月経と労働との関係性を含めた，女性労働者の健康管理に関する議論が深まらないということは，女性労働研究が未だ女性労働者の現実に迫りきれていないことと同じだと言っても過言ではないだろう．そこで本章では，現代の女性労働者の健康管理に関しての議論を進めるための一試論として，日本の労働基準法に「生理休暇」が定められた，その制定過程について分析したい．

　生理休暇の制定過程に関する研究の先駆は，女子労働問題研究会／共同研究（1962）である．とくに，1925年に創立された日本労働組合評議会（評議会）に着目し，分散している組合戦線の統一のための積極的な運動として「産前産後各八週間，月経時三日の休養と手当支給」を要求したことを明らかにした（女子労働問題研究会／共同研究，1962：1-35）．さらに，上記の女子労働問題研究会の一員であった桜井（1987）は，生理休暇が制定された要因を，女性労働者の要求によるものから戦後の労働環境によるものに至る4点に要約している（桜井，1987：83-86）．次いで，大羽（1988）は男女雇用機会均等法前史として生理休暇運動を取り上げた（大羽，1988：93-116）．浅倉（1991）は，男女雇用平等法研究の重要な課題として生理休暇規定の再検討を行うべく，生理休暇の制定について論じている（浅倉，1991：313-343）．また，田口（2003）は「明治以降の月経の病理化言説や大正期以降の『母性保護』をめぐる言説などを中心に」生理休暇

要求の歴史をたどった（田口，2003：12-13）．さらに，Nakayama（2007）では，生理休暇を制定させた要因を女性労働者，労働科学の研究者，国家の構造から論じた（Nakayama, 2007：ⅲ）．生理休暇制定の歴史の中でも，とくに占領期の労働基準法制定過程に焦点を当てた豊田（2007）は，占領下日本における「女性解放」政策の歴史的な再評価を試みることを目的として，「保護と平等」の視点から生理休暇を検討した（豊田，2007：4）．

　以上のように，生理休暇制定に関する研究が重ねられてきた．しかし，労働基準法の制定される直前の時期である，戦時期とのつながりについては，触れられることはあっても，その当時の研究や活動した人物についての考察が深まることはなかった[3]．そこで本章では，生理休暇制定直前の時期である戦時期に盛んに行われた研究や，戦時期に活動した人物が，生理休暇制定にいかに関わり，何を主張したのかについて考察しよう．とくに，本章で注目するのは，労働科学研究所と赤松常子である．

　堀川（2019b）は，戦時期には，それまで稼得労働を行っていなかった女性たちを労務動員するために，政府が主導し，さまざまな方策が講じられたことを明らかにした．その１つが「戦時女子労務管理研究」であり，女性を労働させることについてのノウハウの蓄積されていなかった軍需工場での女性労働者の労務管理についての研究が行われた[4]．その担い手の１つが労働科学研究所であり，当該研究所は戦後の労働基準法制定にも関わった．

　また，占領期の労働基準法制定のため組織された諮問機関に，厚生省労務法制審議委員会小委員会がある．この委員会の唯一の女性の構成員であった赤松常子は，戦時期には産業報国会の指導者として女性の労務動員に関わった人物である[5]．

　先行研究で明らかにされてきたように，生理休暇は，敗戦までの女性労働に関わる労働運動の成果だけではなく，敗戦直後のさまざまな要因が絡み合って制定された．本章では，その中でも，労働基準法制定の直前の時期である戦時期の女性労務動員に関わる出来事や人物が，生理休暇制定にあたりいかに関わり何を主張したかについて考察したい．第２節では，「戦時女子労務管理研究」では月経についていかなる考察が行われていたかについて考察する．さらに，第３節では赤松常子が戦時期にはいかなる主張を行い，どのような敗戦を迎えたのかについて論じる．そのうえで，第４節では，労働基準法制定の中でも生理休暇の議論がいかに進められたかを整理し，赤松常子がいかなる主張を行っ

ていたか分析を行いたい.

第 2 節　戦時下の女性労働者の月経への配慮

　1937年の日中戦争の開始は戦時経済への移行の契機となった. 女性を男性熟練工に代わる労働者として育成することが考えられ, さらに, 戦争の長期化によって女子挺身隊が採用された. 稼得の必要性から働く女性たちは既に労働現場に出尽くしていたことから, 政府はそれまで労働を行っていなかった女性たちを新たな労働力にしようとした. 女子挺身隊は, そのような女性の中でも, とくに未婚女性を労務動員するためにとられた政策であった（堀川, 2019b：41-45).

　ただし, これらの編成には未婚女性の父母の反対が強く, 運用は難しいものであった. そこで政府が女子挺身隊の導入にあたって重要としたのは, 娘を挺身隊に出さねばならない家族の不安を払拭することであった. 繊維産業には女性労働者の労務管理についての蓄積があったものの, 重工業にはノウハウの蓄積がなかった. そのため重工業での労務管理研究を早急に進める必要が生じ, さまざまな担い手によって「戦時女子労務管理研究」が盛んに行われるようになった. 戦時期に至る前から女性労働研究を行っていた労働科学研究所もその一翼を担う団体となったのである（堀川, 2019b：45-47).[6]

　この「戦時女子労務管理研究」の中でも労働科学研究所の古沢嘉夫による『婦人労務者保護』では月経に関して, 詳細な分析がなされている. たとえば, 古沢は「月経が直接に性器の健康をあらはすのみでなく婦人の全身の健康を反映するものであるから, 勤労婦人の健康管理にあたつて, もつと注意されなければならない」と指摘した（古沢, 1943：64). 月経時の苦痛に関しては,「程度は個人によつて非常な相違がある」,「一般的には, 60％は苦痛として意に介しない程度であり, 40％が明らかに苦痛として訴える」とし,「このうち 2 ％が（全体の）高度の苦痛を訴へ, 休業或は就寝を必要とする」と述べている（古沢, 1943：68-69).

　全国の工場法施行関係機関や工場, 会社等の労務担当者を集めて, 各地で開催された講習会の資料として書かれた「女子勤労管理講習会資料」の中にも, 『婦人労務者保護』の引用と考えられる部分があり, 古沢の研究内容は, 戦時期に日本全国の女性労働者の労働する工場や会社の労務管理の担当者に知られ

図5-1　古沢嘉夫
出所：古沢嘉夫 (1955)『女性診療室』鱒書房.

ることとなったと考えられる[7]. 古沢は, 女子の健康状態の特性に関して「男子に劣つてゐると云ふのではない」としたうえで,「婦人の集団的画一的健康管理には限界があることを, 科学的に承認しなければならない」とし,「個人化された健康管理」を加味しなければならないとした（古沢, 1943：57-59).

　女性労働者の身体に多様性があることをふまえた健康管理を唱える記述であり, 現代から見ても「先進的」に感じられはしないだろうか. もちろん,「戦時女子労務管理研究」は, そもそもは戦争遂行のために行われた研究であることには注意しなければならない. ただし, 戦時期という労使の対抗関係が否定された時期にありながら, 古沢の研究には, 女性労働者の保護の視点が貫かれていた（堀川, 2019b：64-65).

第3節　生理休暇制定前夜
——赤松常子はいかに敗戦を迎えたか

　赤松常子は日本労働総同盟の第2次分裂後に, 総同盟婦人部の再建活動に取り組んだ[8]. 女性労働者の組織化に向けて活発な活動を開始した運動家であり, 女性労働者たちからの信頼も厚かったと考えられる[9].

　戦時期になると, 労働組合は全て消滅させられ, 労使関係当事者の団体は全て産業報国会に統合された. 赤松は, 1928年に工場監督官補として登用された最初の女性である谷野せつらとともに, その全国統括指導組織である大日本産業報国会の中央本部厚生局生活指導部に参加した. 彼女たちは, 女性労働者の「技術教育, 職業教育指導」の重要さを説き, 女性の労働の価値が低く留め置かれ, 賃金が低く抑えられていたことを批判した（堀川, 2019b：103-105, 109-110). しかしながら, 産業報国会に対して求められた活動は, もっぱら未婚女性の「生活指導」をすることであった. それは, それまで稼得労働を行っていなかった未婚女性の母親が, 家の外で労働をすることになる娘に将来妻や母となるために身に着けるべき躾や生活の仕方が身に着かない可能性があることを不安に思っていたためである. 赤松たちが念頭に置いていたのは, 生計のために稼得労働をしなければならない女性労働者たちのための政策であった[10]. よっ

て，産業報国会に対して求められた活動と赤松
たちの主張には齟齬があったのである．そこで，
赤松は，今度は妊娠，出産，育児期にありなが
らも，稼得労働をしなければならない女性労働
者の労働環境の改善を主張していった（堀川，
2019b：110-111，113-115）．

　しかしながら，赤松のこれらの主張は，産業
報国会での活動にはほとんど反映されることは
なかった．ただし，彼女が大日本産業報国会中
央本部厚生局生活指導部として，戦時期におい

図 5-2　赤松常子
出所：赤松常子編集委員会（1977：58）．

ても女性労務動員の最前線に立ち続けたことは，
その後，占領期の労働基準法の制定に影響を及ぼすことになった．第 4 節では
敗戦後の日本で，労働基準法制定の議論が進められるにあたり，赤松がいかな
る主張を行っていったかについてみていこう．

第 4 節　生理休暇制定の議論はどのように進められたか

　第 2 節に見たように戦時期には，女性を労務動員するにあたり，女性労働に
関する研究が蓄積された．それに加えて，赤松のように戦時期に女性労務動員
に深く関わった指導者が敗戦直後から運動を再開させることとなる．本節では
労働基準法制定のために残された資料をまとめた渡辺編（1996），渡辺編（1998）
を主として，生理休暇の制定過程の議論をたどっていこう．

　戦後，厚生省内に設けられた労務法制審議委員会は，1946 年 7 月 22 日から 12
月 24 日まで続いた「労働保護に関する法律案（仮称）」の諮問機関であった．労
務法制審議委員会は 7 月 22 日に第一回総会を行い，法案起草に専門にあたる小
委員会を設けることに決し，労使および中立の委員各 4 名を選出した．委員会
の構成は，途中人数の変動はあるものの「学識経験者」9 名，「事業主側」8
名，「労働者ないし政党側」7 名，「政党側」5 名の委員とされた．これに，関
係の「官庁側」として厚生省の幹部のほか内閣調査官，内務省，司法省，法制
局，運輸省，逓信院，大蔵省，石炭庁の局長，部長クラスが加わった．赤松常
子はこの労働者側委員の構成員に「日本労働総同盟婦人部長」として選出され
た．委員長には末弘厳太郎博士が選任された（渡辺編，1996：39，61）．

　労働保護課は1946年3月に厚生省労政局勤労課が改められた課であり，上記の労務法制審議会小委員会に至るまで，「労働保護法作成要領」に始まり，「労働保護法草案」の「第一次案」から「第五次案」までを作成，検討している（渡辺編，1996：72-73）．労働保護課は労働科学研究所所長の暉峻義等を招き，女性労働に関する専門的知識に基づく規制についての助言を得た（豊田，2007：90）．

　第一次小委員会は労働保護課から提出された「労働条件基準法（労働保護法）草案（第五次案）」をたたき台に会合を行って「第六次案」を作成した．その名称は「労働基準法草案」となって，8月7日の労務法制審議委員会第二回総会にて「第六次案」を原案として世に問うことになった（渡辺編，1996：39，40）．この「第六次案」には第六四条に「生理休暇」として「使用者は生理に有害な作業に従事する女子が生理休暇を求めたときはその者を就業させてはならない

　前項の作業の範囲は命令を以て定める」とあった（渡辺編，1996：287〔資料8〕労働基準法草案（昭和21年8月6日）（第六次案））．

　そもそも「労働保護法草案」の「第一次案」には生理休暇は規定されていないが，「欄外注記」として「事業主ハ女子ノ健康保持ノ為命令ヲ以テ定ムル作業ニ従事スル者ニ対シ毎月三日ノ生理休暇ヲ与フベシ」と追記されている（渡辺編，1996：183〔資料2〕労働保護法草案（昭和21年4月12日）（第一次案））．その後，労働保護課内会議における議論の結果，「第二次案」に加えられたものが法律上最初の生理休暇規定である（豊田，2007：90-91）．

　この「第二次案」に生理休暇が盛り込まれた要因を，豊田（2007）は「赤松常子から訴えられた谷野の影響であろう」としている（豊田，2007：91）．桜井（1987）は，生理休暇が制定された4つの要因のうち1つに，生理休暇については占領軍からの勧告は一切なかったが，占領軍へのはたらきかけによって占領軍の暗黙の了解があったことを指摘している．桜井は，労働基準法の作成にかかわった労働保護課，労務法制審議委員会にかかわった人物たちがGHQに対して説明や陳情を行って，GHQの了解を得たことを記しており，「赤松常子は，労働組合の婦人とともに司令部に陳情と説明にまわった」と指摘している（桜井，1987：83-86）．

　さらに，西（1985）は谷野せつにインタビューを行っており，生理休暇について「生理休暇を主張なさったのは，谷野さんだということになっているのですが」とたずねた．すると，谷野は当時のことを振り返り，「私より赤松先生

（赤松常子元参議院議員）が主張なさった」、「先生は，私のところへどんどんおいでになるじゃありませんか．労働者をお連れになって」と話した．谷野は「私はそれほどなくてはならないと考えたわけではなかったけれど，戦前，労研の先生がずいぶん調査なさって，女性が生理の時，若干，困難を感じながら働いているので，保護をすべきだとおっしゃってますよね」と続け，「やはり，婦人労働者の苦痛が和らぐという点から法律ができるのなら，こんないいことはない」と思って，一生懸命にそれをパスさせるための資料を提供したのだと述べている（西，1985：141-142）．

　しかし，労働保護課課長であり草案の案文を作成した寺本廣作は「そんなきたないものまで書くのですかネ」と容易には採用しなかった（松本，1981：238）．しかし，谷野が提供した諸情報，たとえば特定の作業に従事している女性労働者の生理現象の変調を工場監督官が指摘していたことや，月経時の女性労働者に関する研究の多くが何らかの措置の必要を唱えていることなどによって，寺本も納得していき，「ようやく重い腰を上げて」草案の一条に生理休暇を加えた（豊田，2007：92；松本，1981：239）．

　しかし「第三次案」まで起草された後，GHQ/SCAP と初めて接触した寺本は，生理休暇について頭を悩ませたことを告白している（豊田，2007：94；渡辺編，1998：19）．寺本は先進国の立法にこのような規定がないことや，女工たちは生理休暇よりも清潔な綿やガーゼなどの衛生用品を入手することに関心があること，すべての業務が月経に有害か否かには医師の意見も分かれており女工たちの一部も生理休暇に反対していることなどを挙げた（渡辺編，1998：19）．

　このような経緯を経て作成された「第五次案」をたたき台に第一次小委員会は会合を行って「第六次案」を作成した．8 月26日に「第六次案」が新聞発表され，その後 9 月 5 日から14日までの間に計 9 回公聴会が行われたのである（渡辺編，1996：43）．14日の午前には「婦人問題研究家」として，市川房枝，羽仁説子，吉岡弥生，渡辺多恵子，奥むめお，大町米子，河崎なつ，神近市子の八人が出席しており，午後には紡績，交通，電話，デパートなど幅広い分野で働く女性労働者16名が出席している（豊田，2007：104）．

　労働保護課に勤めていた松本岩吉によれば，公聴会では「吉岡弥生女史が医師としての立場から『生理休暇で休まなければならないような状態は病気だ．それは全体の 5 ％しかいない．他の95％はなんでもないんだ．こんな規定を作るなら，朝から晩まではいずり回っている家庭の主婦や農家の婦人はどうして

くれる』と猛烈な反対論をぶたれた」(松本, 1981：240). 公聴会の記録は松本が自筆で取ったものが残されているだけであるが (豊田, 2007：106), その時の様子は松本が残した公聴会のメモからもうかがい知れる. 9月14日に開かれた「第九日公聴会 (十四日, 婦人運動家)」のメモ (渡辺編, 1998：591〔資料35〕公聴会第9日 (メモ)) に以下のようなものがある.

　　吉岡　　電車, 汽車に女は好まない──やめさせたらどうか.
　　　　　　生理休暇は困る, つけ上る. 障害がある者は病人だ, 選手は困る,
　　　　　　普段の病人は特別だ. ──殊に事務系統

　この時のことは赤松常子顕彰会 (1966) でも記されており,「生理休暇について, 経営者はもちろん反対した. が, 委員の中の婦人の医学博士が反対したのには, 常子も少なからず驚いた」とある (赤松常子顕彰会, 1966：64). そこでは「赤松さん, 農村の婦人は田植えの時に, きょうは生理ですからといって休むわけにはいきませんよ. それとくらべたら工場の労働はやさしい. 休む必要はありません」と言われたということである. そこで赤松は,「それは先生のおっしゃるとおりですが, 農村の忙しい時期は田植えとか穫り入れ時とかきまっておりますし, 工場で時間にしばられている人よりは, 融通がききます. 工場と農村では労働の質が違います」と反論した (赤松常子顕彰会, 1966：64-66). またメモによれば, 吉岡はそもそも電車や汽車の車掌には女性は向かず, それ自体を「やめさせたらどうか」と発言している (渡辺編, 1998：591〔資料35〕公聴会第9日 (メモ)).

　その後, 第二次小委員会にて「第七次案覚書」,「第七次案」,「第七次修正案」を審議し「第八次案」を成立させることとなるが, その際の赤松の発言を確認できるメモが残っている. 松本の残した「松本事務官ノート」の労務法制審議会「小委員会第五日」(11月16日) のメモによれば, 以下のとおりである (渡辺編, 1996：43；渡辺編, 1998：98, 602-604〔資料39〕労務法制審議会小委員会 (松本事務官ノート後半)).

　　六四条　GHQ　格別の援助はできない
　　　　　　赤松──アメリカと女性の適性配置事情が異ふ〔る〕. 職種などは
　　　　　　　　　協約で定めればよい
　　　　　　交通産業, 不妊の原因, 軽労働, 重労働の差をもつと科学的

　　末弘，桂―存続すべきだ．
　　存続

　このメモからは，赤松がアメリカと比較して女性労働者の「適性配置」事情が異なることを主張しており，その点で生理休暇が必要だと訴えていることが推測できる．また生理休暇が必要な職種は労働協約で定めるという方針が窺える発言があったと思われる．また，生理休暇が必要とされる産業として「交通産業」を指摘しており，女性労働者の「不妊の原因」に対する「軽労働，重労働」の差を「科学的」に明らかにすることを求めているようである．

　本章第 2 節で扱った古沢の『婦人労務者保護』でも，月経の正順度について「紡績女工よりもエレベーターガール，バス車掌と正順性が低下してゐる」として指摘されている（古沢，1943：66）．谷野も，「昔の労働組合はバスの車掌さんとか，交通労働者が多かった．バスの車掌さんは停留所にお手洗いがなかったり，大変困っていたのよ．かなり重労働で，長時間走らなくてはならなかった．生理なんかの時，苦労があって，そのうえ，あの戦争中は，脱脂綿を使っていたけど，配給がなかったでしょ」と証言している．谷野は，赤松が当時総同盟にいたため，「みんな困りながら働いていて，その苦情を赤松先生のところへもって行った」と述べている（西，1985：141-142）．

　ところが，「第七次案覚書」（10月30日以前）では生理休暇である「第六十四条」は「削除」となっている（渡辺編，1996：319〔資料10〕第七次案覚書（昭和21年10月30日以前））．しかし，続く「第七次案」（10月30日）では「<u>使用者は生理に有害な作業に</u>【日の就業が著しく困難な女子又は健康に有害な作業に】従事する女子が生理休暇を求めたときはその者を就業させてはならない　前項の作業の範囲は命令で定める」という条文について，この資料集の編者による注によれば，本文全体を一旦削除した後，「欄外注記の『削』の文字をまた抹消し『復活』」となったようである（渡辺編，1996：337〔資料11〕労働基準法草案（昭和21年10月30日）（第七次案））．また「第七次案修正案」（11月 5 日以前）でも「使用者は生理日の就業が著しく困難な女子又は<u>健康</u>【生理】に有害な作業に従事する女子が生理休暇を求めたときはその者を就業させてはならない　前項の作業の範囲は命令で定める」という条文について，編者によれば，「本文全体を一旦抹消した後，欄外に『イキ』と注記」と指摘されている（渡辺編，1996：359〔資料12〕労働基準法草案（昭和21年11月 5 日以前）（第七次案修正案））．

　土田（1998）による解説によれば，「第七次案，第七次修正案ともに，本条全体をいったん削除した上，復活しており，『第八次案』に引き継がれている．第五小委員会で『GHQ　格別の援助はできない』との記載の後，末弘と桂（公益）が『存続すべきだ』と述べ，『存続』と記録されており（資料39［604頁］），存続論と削除論との議論の応酬があったことを窺わせる」と指摘されている（土田，1998：107）．

　この生理休暇の削除と復活の攻防について，豊田（2007）は公聴会での女性労働者の訴えにより「生理日の就業が著しく困難な女子」が追加され，生理休暇を請求できる女性労働者の範囲が拡大されたことを指摘した．さらにこの「第七次案」での「生理休暇」の条文の削除・復活の流れについても「女性労働者自身の訴えが，反対論の存在にもかかわらず生理休暇が存続した一因になったと言えよう」と指摘する（豊田，2007：108-109）．しかし，その時間軸上の前後関係を検討すると，公聴会が開かれたのは 9 月 5 日から14日の間であり，削除と復活の攻防はその後の出来事である．とくに，10月31日以降11月 5 日以前に作成された「第七次案修正案」が一旦削除され，復活している．そこから推測すると，一旦削除された生理休暇を復活させた要因の中でも，前述した11月16日「小委員会第五日」の赤松の主張の影響はかなり大きかったのではないだろうか．

　おそらくこの当時のことと思われる松本の証言として，「労務法制審議会小委員会においては，平素あまり発言のない赤松常子女史が，熱心に主張を繰りかえされたこともあって原案が通過した」（松本，1981：240）という言及がある．赤松が生理休暇制定を強く主張したのは，彼女が大日本産業報国会の中央本部の指導者として，敗戦に至るまでの女性労働者の労働環境をよく観察してきた経験によるところが大きいだろう．さらに1946年 8 月 1 日に赤松が婦人部長を担っていた総同盟がその結成大会で当面の闘争目標を決定しており，その中で「生理休暇及び産前産後休養制の確立」をとりあげている（女子労働問題研究会／共同研究，1962：6）．赤松は，労務法制審議委員会小委員会の労働者側委員の構成員に「日本労働総同盟婦人部長」として選出されていたのであり，この総同盟の闘争目標も赤松の強い主張に関係していたと思われる．

　引き継がれた「第八次案」では「使用者は『生理日の就業が著しく困難な女子』又は生理に有害な作業に従事する女子が生理休暇を求めたときはその者を就業させてはならない　前項の作業の範囲は命令で定める」となっており，

「欄外注記『病気』」となっている（渡辺編, 1996：380〔資料13〕労働基準法草案（昭和21年11月20日）（第八次案）[11]）．このことについて豊田（2007）は，GHQ の部局の１つである ESS 労働課賃金労働条件係に新たに着任したスタンダー（Golda Stander）の存在を指摘している．「第七次案」で生理休暇を請求できる範囲を拡大するという変更は GHQ/SCAP には伝えられておらず，「削除される予定」とされて，生理休暇に関する日米間のやり取りはこの時点では行われていない．スタンダーは，生理休暇は「不要でばかげたもの」だと考えており，谷野に対しても「過保護」だと「冷たく」している（豊田, 2007：111-112；西, 1985：141-142）．しかし，松本によれば「赤松さんは，司令部方面にも，労働組合と一緒になって陳情説明に回られたということをあとで聞いた」ということである（松本, 1981：240）．赤松の小委員会での発言と直接の陳情，そして労働課課長コーエン（Theodore Cohen）がスタンダーに「放っておくように」と指示したことなどが相まって，スタンダーも生理休暇の条項の復活を認めざるを得なかったのだろうと豊田は指摘する（豊田, 2007：111）．

　この後，「第八次案修正案」では条文が「第六四条」から「第六六条」へと修正され，「第九次案」，「第十次案」では修正はなく，「使用者は生理日の就業が著しく困難な女子又は生理に有害な作業に従事する女子が生理休暇を求めたときはその者を就業させてはならない．前項の作業の範囲は命令で定める．」という内容で最終答申である「労務法制審議委員会答申」に辿りつく（渡辺編, 1996：405〔資料14〕労働基準法草案（昭和21年12月13日）（第八次案修正案）；同, 430〔資料15〕労働基準法草案（昭和21年12月20日）（第九次案）；同, 455〔資料16〕労働基準法草案（昭和21年12月20日）（第十次案）；同, 480〔資料17〕労働基準法草案（労務法制審議委員会答申）（昭和21年12月24日））．その上で，労働基準法は再び厚生省労働保護課内部において詰めの作業が行われ，1947年２月22日に閣議決定され，26日に「新聞発表」，27日に「連合軍最高司令部法案正式承認」と記録されている．その後３月４日に労働基準法案は第92帝国議会に提出され，３月18日衆議院で可決，27日に貴族院で可決され，４月７日に法律第47号として公布，同年中に施行されるに至った（渡辺編, 1996：64-66）．

　この労働基準法が閣議決定される前の段階で，「職業婦人のために」という座談会の記事が発表されている（『婦人文庫』第２巻第２号，1947年２月１日：26-36）．その中で「生理休暇は果たして必要か」という議題がある．

　座談会では参加者から，婦人労働者の弱さを露呈することになって損である

から生理休暇の要求は出すべきではなく，求めるべきは「労働条件を含めて全体の待遇改善」だという意見があった．そこで赤松は，アメリカの場合は「女子の適性適職が確立」されていると主張した．「電車やバスの車掌さんには女は使つてゐない．母性を傷けるやうな職業には一切使つてゐない」と述べ，また「職場の環境が非常に科学的に，冬は暖く夏は冷房という風に完備してゐますから，その必要がない」といい，「日本はまださうぢやない」と述べた．赤松は「労働条件の非常に悪いところで女が使はれてゐる，その条件がまづ整備されなければいけない」と，労働条件の改善が第一であることを主張した．そして「アメリカではとくに生理休暇といふ問題を取あげなくとも頭が痛いとか腹が痛いとか，さういふ健康を害してゐるときには休んでいいといふ休養権が確立」していることを挙げて，休養の権利の差についても指摘している（『婦人文庫』第 2 巻第 2 号，1947年 2 月 1 日：30-31）．「松本事務官ノート」のメモにも「アメリカと女性の適性配置事情が異ふ〔る〕」とあったように赤松には「適性適職」の考え方があり「女の特質を発揮し得るやうな職場に，女が配置されるやうな，さういふ条件も大いに要求しなければならない」としている（『婦人文庫』第 2 巻第 2 号，1947年 2 月 1 日：31）．

　そこで参加者が生理休暇を画一的に要求するのは考え物だというと，赤松は「この問題で男女同一労働に対する同一賃金の要求は成立しないといふやうな議論が出さうですが」と自身の解釈を行っている．赤松は「賃銀統計といふものは生活権といふものが基礎にならなければならな」く，「その労働者の次の労働へのエネルギーを再生産するだけの栄養，休養を取り得る賃銀といふものが賃銀統計の基礎になる」というのがこれからの方向だと説明した．労働者の生活を基礎にするという建前に立てば「女子の場合とくにかういふ民族的に重要な使命をもつてゐる母体の保護について資本家といふものがそれだけの考慮，保護，負担といふものをとつていつてもいいのぢやないか」と話している（『婦人文庫』第 2 巻第 2 号，1947年 2 月 1 日：31）．男性との「同一労働に対する同一賃金」に真正面から答えたものではないが，労働力の再生産の観点から，「母体の保護」が考慮されるべきであると指摘している．しかし，現実には「資本主義の経済機構のなかにおいては利潤といふものをまづ第一に考へてゐる，その機構のなかでとくにさういふ女子の生理のために資本家の負担といふものが多くなるといふことは許されない」と言われるのだと加えた（『婦人文庫』第 2 巻第 2 号，1947年 2 月 1 日：31）．

　赤松はその後，「生理休暇の問題」という記事で「婦人に関しての諸改悪の中で，一番話題にのぼったのは，生理休暇の問題であった」と生理休暇について言及している（赤松常子編集委員会，1977：65）[12]．

　赤松の主張は2点で，まずは労働環境についてである．外国では「実質的に，婦人労働者のいる職場には，静養室があり，便所はもとより男女別になっているし，衛生用具が便所の入口の，清潔な箱に備えてあって，心暖かい施設がしてある」と述べ，日本と外国の労働環境の差について指摘している（赤松常子編集委員会，1977：65）．もう1つの主張は休暇制度についてであり，「労働協約で，働く男女一般に平等な，有給の健康休暇制が定められていて，一年の中二週間か，二十日位休めるようになっている」と紹介し，「これを，生理日に苦痛を感じる人は使っているようだから，実際は，働く婦人の母性が充分に護られている訳で，とくに法律でとりあげる必要がない段階にたどりついているのである」と述べている（赤松常子編集委員会，1977：65）．これらの主張は，先述した労務法制審議会小委員会での赤松の主張を説明するものであろう．

　赤松は，「生理休暇廃止反対を叫ぶだけでなく，日常の問題として，一寸体を休めうる明るい休養室を作ることや，簡単に休暇を取りうるように手続きをやさしくすることや，母性を傷つける乱暴な働かけせ〔ママ〕の改善や，手近に解決すべきことがまだまだ放り出されているのではないだろうか」と結んでいる（赤松常子編集委員会，1977：65）．

　赤松の生理休暇要求の根幹は，労働環境，そして休暇・休養一般の制度の不備であったのではないかと考える．労働運動家として戦前から多くの女性労働者とともに闘い，また戦時期にも女性労務動員に関わってきた赤松にとって，とくに敗戦直後には，女性労働者の労働環境の改善や，健康を害した時の休養・休暇は必須のものだという認識があったと考えられる．ただし，日本の全女性労働者の労働環境をすぐに改善し，休養や休暇を取る制度を行き渡らせることはその当時容易なことではなかったであろう．そのような状況下で，労働組合の要求として一般的になっていた生理休暇を，婦人労働者の労働生活の改善のための足掛かりとしてとらえていたのではないだろうか．

　赤松は，生理休暇についてはその後も国会にて言及している．女子刑務所職員の待遇問題に関する審議中には，女子刑務所の女性職員の定員が不十分であるため休日が取れないという投書があったことから，「生理休暇の問題もございますけれども，それは取れてあると帳面ではなっているようでございますけ

れども，これにもその点は触れてあって，全然そういう点が考えられていない」と述べた（第27回国会参議院法務委員会会議録第5号（1957年11月12日）：10）．また，郵便局の女性従業員の健康管理の問題について議論した際には，「生理休暇の問題はほとんどとられていない．小さいところでは，ほとんどとられていない．それは自分が休めば業務がはたに過重されるという気がねもあろうと思いますけれども，こういう労働基準法できめられた当然の自分の権利は，できるだけこれがたやすくとられるように御指導，御補導を願いたい」と主張した．さらに，要望として「非常にそういう場合，つらい，悲しいという声をよく聞く次第でございます．つまり，私，一般的に女子の健康管理，母性をこめての女子の健康管理をもっともっと分散して行なっていただきたい．大局中心でなく，そういうところまで目をこまかく配っていただきたいと思っておるわけでございます」と発言している（第43回国会参議院予算委員会第三分科会会議録第1号（1963年3月25日）：14）．

　上述のように，戦前に労働科学研究所を中心に蓄積された研究は，「労働保護法草案」の案文を作成した寺本廣作に，生理休暇を草案に入れさせることの説得材料となった．そして，赤松や谷野の行動が生理休暇の制定を後押しした．戦時期における労働科学研究所の「戦時女子労務管理研究」，また赤松や谷野らの産業報国会での活動は，戦後になって，生理休暇という形で実を結ぶこととなったのである．そして赤松は，単に生理休暇を制定すれば問題が解決する，という姿勢はとらず，生理休暇制定の後も女性労働者の労働環境の改善に対して主張を続けたのであった．

第5節　生理休暇は現代日本の労働環境の改善に一石を投じるか

　本章は，現代の女性労働者の健康管理に関して議論を進めるための一試論として，生理休暇の制定過程について考察を行った．赤松が生理休暇制定にあたり重要視していたのは，女性労働者の労働環境の改善や，健康を害した時の休養・休暇の取得など労務管理の改善であった．生理休暇はあくまで足掛かりであって，それは労働環境が改善されれば必要なくなるはずの休暇であったと考えられる．その観点からみると，「妊活」や更年期障害などの生涯を通じた健康に関する課題の存在する現代社会で生理休暇が未だに存在することは，女性労働者のリプロダクティブ・ヘルス／ライツに関する議論を速やかに，本格的

に取り組む必要性を訴えているようである.

　現代の労働者がジェンダー・フリーに「働きがいのある人間らしい仕事」で
あるディーセント・ワークを実現するために，労働者の健康こそジェンダー・
フリーに議論されるべきである. その足掛かりとして，生理休暇に関する再検
討を契機とした女性労働者の健康管理に関する議論の深化が求められる.

　注
1 ）　ただし，「生理」については，近年企業の取り組みや，漫画の映画化が注目されてい
　　　る. たとえば，生理・生理用品について気兼ねなく話せる世の中の実現を願う，ソフ
　　　ィの『#NoBagForMe』プロジェクト〈http://www.unicharm.co.jp/company/news/2019/
　　　1211463_13296.html〉（2019年 9 月 6 日閲覧）や，2019年11月に公開された映画『生理
　　　ちゃん』などが挙げられる〈https://seirichan.official-movie.com/〉（2019年11月10日閲
　　　覧）.
2 ）　日本では「性と生殖に関する健康と権利」と訳される. この用語は1990年に世界保
　　　健機関（WHO）で提唱された「健康」の定義が注目されたのが発端であり，その後，
　　　1994年の第 3 回国際人口開発会議（カイロ会議）の行動計画で正式に取り上げられて
　　　以来広まった（鈴木，2014：9）.『女性労働研究』51号では「働く女性とリプロダクテ
　　　ィブ・ヘルス／ライツ」として特集が組まれており，中でも杉浦浩美は「女性が妊娠
　　　期に経験する葛藤や困難を浮上させ，それを社会的な問題として訴えるための装置」
　　　として「マタニティ・ハラスメント」という概念を打ち出した（杉浦，2007：69）.
3 ）　戦前の時期区分の画期は研究によって異なっているが，本章において戦時期とは
　　　1937年の日中戦争開始から第二次世界大戦の敗戦の1945年までを指すこととする.
4 ）　戦時期の女子労務管理研究については，堀川（2017），堀川（2018b）を参照された
　　　い.
5 ）　赤松常子の産業報国会での活動については，堀川（2018c）を参照されたい.
6 ）　労働科学研究所は1921年に倉敷労働科学研究所として設立された. 1941年に大日本
　　　産業報国会に統合されるも，1945年の大日本産業報国会解散に伴い労研も解散し，財
　　　団法人労働科学研究所として再建される（公益財団法人大原記念労働科学研究所ホー
　　　ムページ・沿革「研究所創立から東京移転まで（1919（大正 8 ）年～1936（昭和11）
　　　年）」2019年 9 月 8 日閲覧.〈https://www.isl.or.jp/about/history/history1.html〉「東
　　　京移転から戦中・戦後にかけて（1937（昭和12）年～1952（昭和27）年）」〈https://www.
　　　isl.or.jp/about/history/history2.html〉2019年 9 月 8 日閲覧）. 詳しくは堀川（2019b：
　　　34-38）を参照されたい.
7 ）　詳しくは，堀川（2019b：53）を参照されたい.
8 ）　日本の労働組合運動の歴史については法政大学大原社会問題研究所（1999）に詳し
　　　い.

9) 赤松の労働運動については堀川（2018c：46-50），堀川（2019b：31-34）を参照されたい.

10) 戦時期における女性労働者の稼得労働の必要性による階層格差についての分析は堀川（2018a），堀川（2019a）を参照されたい.

11) 豊田は「第八次案」の段階になって「病気」という注記がみられることから，これは公聴会での「病気休暇について検討せよ」の意見に基づいたものとしては時期として遅すぎ，審議記録にも「病気」について議論した様子は残っていないことから，考えられるのは GHQ/SCAP による示唆であるとしている（豊田，2007：110-112）.

12) この記事の出所は「昭和24年 家庭新聞『一人一題』」とあるが，一次資料は現在のところ確認できていない.

参考文献

Nakayama, Izumi（2007）Periodic Struggles: Menstruation Leave in Modern Japan. Cambridge, Massachusetts, Harvard University, Ph. D. thesis.

赤松常子顕彰会（1966）『道絶えず 赤松常子，その人とあしあと』.

赤松常子編集委員会（1977）『雑草のようにたくましく——赤松常子の足あと』大門出版.

浅倉むつ子（1991）『男女雇用平等法論——イギリスと日本』ドメス出版.

大羽綾子（1988）『男女雇用機会均等法前史——戦後婦人労働史ノート』未來社.

桜井絹江（1987）『母性保護運動史』ドメス出版.

女子労働問題研究会／共同研究（嶋津千利世・川口和子・桜井絹江・隅内徳子・橋本宏子・本多信子・松尾多賀）（1962）「合理化と母性保護運動」『労働運動史研究』（29）.

杉浦浩美（2007）「『働く妊婦』をめぐる問題——マタニティ・ハラスメントという観点」女性労働問題研究会『女性労働研究51号 格差拡大に挑む』青木書店.

鈴木幸子（2014）「リプロダクティブ・ヘルス／ライツ」吉沢豊予子・鈴木幸子編著『女性看護学』メヂカルフレンド社.

田口亜紗（2003）『生理休暇の誕生』青弓社.

武谷雄二ほか（2001）「リプロダクティブ・ヘルス（性と生殖に関する健康）から見た子宮内膜症等の予防，診断，治療に関する研究」『厚生科学研究（子ども家庭総合研究事業）平成12年度研究報告書』.

土田道夫（1998）「第二章 労務法制審議会の審議」渡辺章編『労働基準法〔昭和22年〕（2）日本立法資料全集52』信山社出版.

豊田真穂（2007）『占領下の女性労働改革——保護と平等をめぐって』勁草書房.

西清子（1985）『占領下の日本婦人政策——その歴史と証言』ドメス出版.

古沢嘉夫（1943）『婦人労務者保護』東洋書館.

法政大学大原社会問題研究所（1999）『日本の労働組合100年』旬報社.

堀川祐里（2017）「戦時期の『女子労務管理研究』と女性労働者の健康——労働科学研究所を中心に」『中央大学経済研究所年報』（49）.

――――（2018a）「戦時動員政策と既婚女性労働者——戦時期における女性労働者の階層

性をめぐる一考察」『社会政策』9(3).

─── (2018b)「戦時期における女性労働政策の展開──総動員体制下の健康と賃金に焦点をあてて」法政大学大原社会問題研究所／榎一江編著『戦時期の労働と生活』法政大学出版局.

─── (2018c)「戦時期の女性労働者動員政策と産業報国会──赤松常子の思想に着目して」『大原社会問題研究所雑誌』(715).

─── (2019a)「戦時期における救貧対策としての母子保護法──子どもの育成に対する期待と稼得労働に対する期待の二重性を中心に」『経済学論纂』59(5)・(6).

─── (2019b)「戦時期日本の労務動員における女性労働者の多様性に関する研究──稼得労働と世代の再生産をめぐる政策のもつ期待の二重性に対する研究者と指導者の主張を糸口に」博士論文. 中央大学.

松本岩吉 (1981)『労働基準法が世に出るまで』労務行政研究所.

渡辺章編 (1996)『労働基準法〔昭和22年〕(1)日本立法資料全集51』信山社出版.

─── (1998)『労働基準法〔昭和22年〕(2)日本立法資料全集52』信山社出版.

（堀川祐里）

第6章　アイルランド共和主義と女性

第1節　憲法がもたらした女性のリプロダクティブ・ライツの侵害

　2018年5月26日，アイルランドで憲法修正第8条の撤廃を問う国民投票が行われた．投票率は53.67%，結果は撤廃賛成が66.9%，反対が33.1%で，この結果，同国での人工妊娠中絶が合法化された．さらに，2019年5月には離婚の成立要件である別居期間（先立つ5年の間に最低4年の別居）の短縮の是非を問う国民投票が行われ，50.83%の投票率の下，賛成82.07%，反対17.93%の大差で，離婚要件が緩和されることとなった．2015年の同性婚の合法化の国民投票も含め，アイルランドは憲法上の家族，婚姻，出産に関する規定が帯びていた極めて強いカトリック色をここに至ってようやく払拭した．

　アイルランドが，女性のリプロダクションにおける自由の制限をより強化する法制を敷き始めたのはデヴァレラが率いるフィアナフォイルが政権を握った1932年からのことである．しかし，それより先に，英愛条約批准の結果誕生したアイルランド自由国のコスグレイブ政権下で，女性の基本的権利を制限する動きは始まっていた．1922年に制定されたアイルランド自由国憲法は，21歳以上の全男女に投票権と公職就任権を認めたにも拘わらず，まず1924年に，女性を陪審員名簿から除外する法案が出された．これは，女性達の反対で，女性はリストからの除外を選択できるという付帯条件に変えられ，立法化されたが，1927年に，女性は望んだ場合にのみ名簿に記載されるという条件に変えられた．同時に女性の就業機会を制限する立法化も始まった．1925年には，上級公務員試験への女性の出願を制限する公務員採用制度（修正）法案が提出された．この時，上院にいた無所属のE.コステロとクマンナゲールのJ.ワイズ＝パワーは法案に反対したが，1926年に法制化されている（Clancy, 1990：218f.）[1]．

　1932年，デヴァレラは政権をとってすぐに，国立学校の女性教員に対し結婚退職を義務付ける「結婚退職義務制度（marriage bar）」を導入し，これはその

後，他の分野の女性公務員にも適用されるようになった．1935年には，産業通商大臣に特定の産業での女性非雇用者の数と，女性を雇用できる産業部門を制限できる権限を与える雇用条件法案が提出され，これも翌年法制化された．

　以上のような司法や雇用の場への女性の参入の制限に加えて，リプロダクションというプライベートな場にさまざまな制約を課す法が制定された．その主たるものは，人工妊娠中絶と避妊の禁止，そして離婚の禁止である．

　人工妊娠中絶は，連合王国時代，「1861年人に対する犯罪法」の第58条（堕胎を招くための薬物の投与や器具の使用の禁止）と第59条（堕胎を引き起こす薬物等の提供または周旋の禁止）によって禁止されていた．その後，英国では1929年の「幼児生命（保護）法」と1939年の「ボーン事件判決」を通して，妊婦の生命保護のための人工妊娠中絶が認められ，1967年には「人工妊娠中絶法」が制定され，社会的・経済的理由による人工妊娠中絶が合法化された（斎藤, 1984：77）．これに対して1922年に成立したアイルランド自由国では，「1861年人に対する犯罪法」が改正されることなく効力を持ち続けた．

　そして，これに上乗せするように，デヴァレラ政権は1935年に刑法を改正し，第17条で避妊具とピルの輸入や販売，販売のための保持，宣伝を禁止した．この結果，国外に出なければ避妊手段の合法的入手も人工妊娠中絶も不可能な国家体制が作られたのである．結婚後の女性の経済的自立を阻害することは，自ずと夫への従属を意味する．この状況で避妊も人工妊娠中絶も選択できない女性がどんな経験をせざるをえなくなるか．この体制がアイルランドの女性をどのように身体的に，そして時には精神的に蝕むものになったかを，M. ソロモンズの医学生時代の回想が伝えている．「あるイングランド人の大学院生が，患者には早急に避妊が必要だと知って，イングランドからコンドームをもって帰ってきました．彼は分娩後の女性患者達にそれをあげようと考えたのです．でも，最初の「顧客」が「先生どうもありがとう．でもそれは持ち帰ってください．私の旦那はそれを火にくべるだけでしょうから」と断ったので，彼はそうするのを思いとどまったのです」（Solomons, 1992：6）．「私がロタンダ病院の病院実習生だった1943年の半年間で，学生達は785件の自宅分娩に立ち会いました．93件が少なくとも10回以上妊娠した女性への立ち合いでした．その中の25件が10回目の妊娠，23件が11回目，17件が13回目，14件が14回目の出産でした．ある女性は21回目の妊娠で流産しかかって病院に収容されました」（Solomons, 1992：5）．また，この年に自宅分娩での危険性が見込まれ同病院内で分娩

した23％の女性はすでに9回妊娠していた．「人びとは低い収入，貧しい食事，衛生状態を良くし感染を防ぐ設備がほとんどない状態で，家に子どもが溢れる状態を辛抱し続けたのです．……多くの女性は休むことなく閉経するか死ぬまでほぼ毎年妊娠していたのです」（Solomons, 1992：11）．ここでの「死ぬまで」という言葉は老いて死ぬというより，むしろ妊娠中や分娩中に死亡することを意味している．度重なる妊娠は母体を蝕み，貧血や妊娠中毒症を引き起こし，死を含めた分娩時の危険性を大いに高めた．しかし，このような状況を顧みることなく，1946年，国民議会は出版検閲法の第7節で「受胎の自然ではない防止を唱道する著作物」の発行をすべて禁止したのである．

　また，女性は自らの身体を保護する権利を奪われただけでなく，家庭が彼女にとって望ましいものでなくなった場合，そこから脱出する権利も奪われた．1937年に制定された憲法第41条第3項第2号で，「婚姻の解消を認める旨を規定するいかなる法律も制定してはならない」と規定されたからである．

　このような体制は1970年代以降，アイルランドがECそしてEUのメンバーとなり，汎ヨーロッパ的人権基準とのすり合わせが行われる中で，次第に緩和された[2]．しかし，1974年に最高裁が，憲法における夫婦のプライバシーの保障を根拠に，避妊具やピルの販売・宣伝を禁止した刑法第17条が違憲であると判断したことは，人工妊娠中絶禁止の維持を望む陣営に大きな将来の懸念を引き起こした．「人に対する犯罪法」第58条と第59条も憲法のプライバシーの権利の保障を根拠に違憲とされる恐れがあったからである．これを防ぐために中絶禁止維持派は，憲法そのものに胎児が生命をもち権利を有する一人格である旨を書き込もうとし，プロライフ運動が展開された．この結果，ラディカル・フェミニズムが世界に伝播した遥か後にも拘わらず，1983年，憲法修正第8条として，第40条3項第3号に「国は胎児の生命に関する権利を認め，母親の生命に関する同等の権利を尊重しつつ，胎児の権利を法律において尊重し法律によって可能な限り保護し擁護することを保障する」という条文が加えられた[3]．この過程をスキャネルは「立法府の愚者は天使も足を踏み入れるのを恐れる所へ急いだ」（愚か者は賢者が二の足を踏むことに飛びつく，という諺のもじり）（Scannell, 1988：134）と痛烈な皮肉を込めて描写しているが，これはまったくその通りであって，斎藤（1984：83-89）が明らかにしているように，この憲法修正は相次ぐ政権交代と連立政権維持のための党利党略が合い絡まって現実化されたものだった．ただ，ここで問われなければならないのは，改正案は議会通過後に国

民投票に付され，投票率53.67％，賛成66.45％，反対32.87％で可決された，という事実である．総有権者から見れば35.79％の改正支持だったとはいえ，女性も多くが支持したのである．これはなぜなのか．

　これと同様な問いが，デヴァレラが1935年に起草し，1937年に議会と国民投票で賛成多数（56％）を得て施行されたアイルランド共和国憲法についても生じてくる．この憲法は，その序文と第41条「家族」において特定の社会規範や倫理規範を順守すべきものとして掲げている．序文では，「全ての権威の根源であり我々の究極の目標として人びとと諸国家の全ての行動が準拠しなければならない最も聖なる三位一体の名において」「神聖なる主イエス・キリストに謹んで感謝しつつ」憲法が宣言される．そして，憲法第41条第1項(1)は，「家族を，自然で第一次的な，かつ基本的な社会の単位団体」であり「1つの道徳的な制度」であると謳い，続く第2項で「とくに，国家は，女性がその家庭内の生活により国家を支え，その支えなしには共通善の達成が不可能であることを認める」と述べ，「国家は，したがって，母親が経済上の必要から，家庭における義務を怠って労働に従事するのを強いられないことを保障するよう努めなくてはならない」と規定している⁴⁾．上述した女性の平等や自由の権利を侵害する法体制形成の締め括りに，上位規定であるこのような憲法が制定されたのである．

　一方，近年のジェンダー視点からの歴史研究の結果，1916年のイースター蜂起には多くの女性が参加していたことが明らかにされてきた．とくに，アイルランドの自由を前進させ，アイルランド義勇軍の後方支援のために1914年に結成されたクマンナバン（Cumann na mBan "女性評議会" の意）は，イースター蜂起のみならず，その後の1918年の選挙でのシンフェインの地滑り的勝利から国民議会結成まで，女性議員となったそのメンバーが大きな政治的影響を与えた組織だった⁵⁾．しかし，「デヴァレラの政治的運勢が上昇するにつれ，クマンナバンは舞台から次第に消えていった．……1936年の雇用条件法は，直接に働く女性の権利を攻撃した．アイルランド女性労働者組合は反対キャンペーンを開始したが，クマンナバンはこの闘争に関与し損なった．彼女たちは1937年憲法に反対して集結することもできなかった」（Ward, 1980：107）．

　1916年蜂起と英愛条約締結までの女性の政治参加が歴史的に掘り起こされるほど，ではなぜデヴァレラ政権で女性抑圧的な1937年憲法体制が生じたのか，その女性達は何をしていたのか，という疑問が提出されてきた．ベレスフォー

ド゠エリス（Berresford Ellis, 2006）は「1916年の女性達に対するデヴァレラの裏切り」があったと見做している．また，マシューズ（Matthews, 2012：11f.）は，デヴァレラが新規に結成した「フィアナフォイルに有名な共和主義女性が入党し，一般女性の多くもそれに倣って参加したが，全アイルランド女性を代表していると主張する彼女達の集団としての意見は新しい政策によってもはや救済できないほど分裂した．デヴァレラの新政策に反対した共和主義女性は，急速に主流のアイルランド政治の傍らに追いやられた．……1937年までに女性の集団としての意見は消えてなくなった」と概観している．

　この物言う女性集団の消滅の原因を，クマンナバンの先駆的研究者であるウォード（Ward, 1980：97）は，クマンナバンは英愛条約批准に断固反対した際には「闘争的」であったが，設立当初からアイルランド義勇軍を補助するという二次的な位置にある「傍流の」組織だったゆえと分析している．これに対して，マッカーシー（McCarthy, 2014：8）は，「この組織は急速な政治的社会的転換を推し進めたフェミニズムとアイルランド・ナショナリズムという2つの強力な力にその起源をもっている」と捉えている．彼女がここでいう「フェミニズム」とは女性参政権運動のことである．だが，もしクマンナバンにフェミニズム的起源があるのであれば，なぜそのメンバーは1937年憲法に「闘争的」に反対しなかったのか．それはどのようなフェミニズムだったのだろうか．これを明らかにするのが本章の課題である．以降の節では，1920年代のデヴァレラと女性国会議員の関係を軸に，この問題を分析する．

第2節　1922年の英愛条約批准ディベートにおける女性議員

　英国国制がアイルランドに移植されて以降孕んできた第一の問題点は，英国のような「議会主権」が成立しないことであった．英国のように王権が議会の一エステートとして内部にあり，議会の意思形成の一因として機能するのではなく，議会の外からアイルランド総督を通じて指揮監督する形で存在するからである．第二に執政機構である．国王と英国政府首相の意思を反映した総督が執政権を握り，ダブリン政府の主要な行政官僚を指名することによって執政組織が形成されるので，議会の信任に基づいて内閣が成立する議院内閣制ではなく，国王に対してのみ責任を負う超然内閣制に類似したものにならざるをえない．この結果，2，3名の主要行政官が執政組織を牛耳る寡頭制化が生じた．

また，枢密院は，英国では行政機構の中での重要性が名誉革命後極めて低下したにもかかわらず，アイルランドでは立法プロセスの最初と最後に大きな権限を握る組織として存在した．つまりアイルランドでは総督と枢密院が，国王の統治権の具現だったのである．

　1801年の合邦を経験したアイルランドは，19世紀後半に再び自治（home rule）を目指した．第一次，第二次のアイルランド自治法案は，アイルランド議会を復活させ，国王代理としてアイルランド総督を再び行政権のトップに立たせ，枢密院を置き，アイルランドの内政を担当させるものであった．これは，英国議会にも一定の議席を持つ点以外は，ほぼ上述のような18世紀後半の寡頭制化と同様の危険性を孕んだ体制の再来だった．この自治法路線に対して，A. グリフィスは，自治法では認められていない関税自主権をアイルランドがもち，英国と同君連合で結ばれている二重帝国形成を唱道した．一方デヴァレラは英国王権からの完全分離をアイルランド独立に絶対不可欠の要素と見做した．このような見解の違いを含んだまま大同団結に近い形で1916年の蜂起後にデヴァレラはグリフィスのシンフェインに合流した．この結果，「自治領アイルランド自由国」（元首は英国国王，領土は南部の26州，関税自主権はアイルランドにある）としてのアイルランド独立を内容とする英愛条約を批准するか否かが問われた時に，シンフェイン党は二分した．

　条約批准をめぐって激論が戦わされた1922年1月の第二国民議会下院には，6名の女性議員（全員シンフェインでうち5名がクマンナバンのメンバー）がいたが，2名を除いて，1916年蜂起や内戦時に夫や息子や兄弟を失った遺族だった．つまり「弔い合戦」での出馬である．6名全員が条約批准に反対したが，その半数は死者の代理として意見を表明し，弔鐘を打ち鳴らした．その代表的な発言がマーガレット・ピアースのものである．彼女は，まず大統領デヴァレラの批准反対の動議を支持することを表明し，反対理由として，亡きパトリック・ピアースが自治法成立に満足していなかったことを彼の思い出とともに説明した．「パトリック・ピアースはこの条約を承認しただろうという発言がいくつかの場面でありましたが，私はそれを否定します．……私はパトリック達が支持したものを守りたい．誰が何と言おうと，私やここにいる他の人びとには彼らの死に代わって語る権利があると思います」（Houses of the Oireachtas, 1922）．

　メアリ・マックスウィニーはこの時2時間40分に及ぶ最も長い批准反対の演説をし，デヴァレラとともに反条約派の先頭に立った．彼女は女性参政権運動

から政治運動を始め，1911年にマンスター女性参政権同盟の設立メンバーの一人となった．1914年にその弟テレンス・マックスウィニーが地元コークでアイルランド義勇軍を組織した関係で，メアリは参政権同盟から脱退し，クマンナバンのコーク支部を組織した．1918年の選挙でテレンスはコークでシンフェインの議席を獲得し，続いてコーク市長にも選出されたが，1920年独立戦争時に扇動罪で逮捕され，軍法裁判にかけられた．テレンスはこれを不正として，収監されたロンドンの刑務所でハンガー・ストライキで抵抗した．73日間のハンガー・ストライキと彼の死は，全世界に報道され，外交上でも連合王国政府は批判の的になった．彼の死は，イースター蜂起後の銃殺刑に続く新たな殉教劇となった．メアリはストライキ中から他の家族と交替でテレンスに付き添い，ロンドンからコークまで続いた彼の葬列に付き添った（Fallon, 1986：53）．こうして一大スペクタクルの中でメアリはその名にふさわしく「ピエタ」を再現したのである．その後，1921年の選挙でメアリはテレンスの後を継ぎコークでシンフェインから出馬し議席を獲得した．

　とはいえ，他の女性遺族議員とは違って，批准反対演説でメアリは真っ向からグリフィスの二重帝国論を英国国制論に則って批判し，分離独立の絶対的必要性を説いた．彼女が弟テレンスに言及したのはただ一度，交渉プロセスの一局面での選択を批判的に評価した際だけである．ところが，条約賛成派のマッケイブ議員が「私はテレンス・マクスウィニーを個人的にもよく知っていました．彼は思慮分別のある共和主義者でした．もし，条約を批准するかどうか選択することになったとしても，彼は批准反対のために死にはしないと思いますし，自分の原則のためにアイルランドの全住民を犠牲にすることもないでしょう．……個人的敵対感情を超えて，自分自身を亡くなった愛国者の姉妹，妻，兄弟ではなく，一国の運命を握っている人民の代表者であると考えるよう訴えます」（Houses of the Oireachtas, 1922）と発言したことによって，メアリは単なる遺族女性の弔い合戦の一員とされてしまった．しかし，デヴァレラは，メアリがたんなる遺族女性ではなく，分離独立の必要性を理解し，自身と目標を共にするナショナリストであると評価し，英愛条約発効後，彼は彼女を後述する「存在し続ける第二国民議会」の「非常事態政府」内「国家評議会」メンバーに指名した．こうして，メアリはデヴァレラがシンフェインを離党するまで共同歩調を取り続けたのである．

第3節　デヴァレラのフィアナフォイル結党と女性の動員

　1922年6月の内戦勃発後，デヴァレラ率いる条約不支持派シンフェインは自由国成立を認めず，1922年6月の総選挙の結果自由国の第三国民議会が発足しているにも拘わらず10月に第二国民議会を開催し，デヴァレラを首班とする非常事態政府を組織した．翌年5月の内戦終結後，自由国政権を担っていた条約支持派は政党クマンナゲールを結成し，他方，デヴァレラのシンフェインは英愛条約で規定された英国国王とアイルランド国民議会への忠誠の宣誓義務拒否を理由に議会登院拒否という「棄権主義（abstentionism）」に訴えた．

　しかし，この戦術が功を奏せずむしろ無力化を招いていると悟ったデヴァレラは，1926年，議会参加路線に戦術を転じた．しかし，シンフェイン党大会はこの路線変更を承認しなかったので彼は離党し，新党フィアナフォイル（Fianna Fáil）を結成した．デヴァレラにとって，これはかつて自ら主張した「第二国民議会の存続」論を翻し，自由国とその議会の存在を認めることを意味した．これはフィアナフォイルに集まった条約反対派にしても同じであった．そこで起点を1916年にするという独立闘争史の修正が諮られたのである．

　1916年の宣言には次のような一節がある．「すべての成年男女の投票によって選ばれ，アイルランドの全人民を代表する恒久的な国民政府（a permanent National Government）を樹立する適切な時が，我々の力（arms）によってもたらされるまで，ここに設立された臨時政府が人民に委託されて共和国の行政と軍事を管理するだろう」．この中の「すべての成年男女の投票によって選ばれ」たという選挙の条件，そして「恒久的な国民政府」という政府の性格の条件からすれば，1918年の総選挙後の第一アイルランド国民議会，そして1921年の総選挙後の第二アイルランド国民議会は，要件を満たしていないことになる．この2つの選挙は，1918年に成立した人民代表法に従って，21歳以上の全男性と一定の財産要件を満たした30歳以上の女性に投票権が拡大されて実施された．しかし，「すべての成年男女」による投票ではない．そして，この二度の議会は，連合王国議会への登院を拒否したシンフェインの議員だけによって構成されたもので，他の党派のアイルランド選出議員は含まれていない．また，自由国成立後の議会が選出し承認した政府が真に「国民政府」に値するかどうかは，連合王国政府との関係が残存する以上，当然疑問の余地が生じる．したがって，

1916年の宣言で謳われた共和国理念を擁護するということは，1918年以降に存在した国民議会と政府を未だ真のアイルランド人の共和国に満たない途上のものと見做すことになる．

　これはデヴァレラにとっては，極めて都合の良い歴史解釈である．なぜなら，第二回国民議会と自由国を真の共和国建設に向かう歴史的闘争の一プロセスと見なし，1916年の宣言で謳われた国家は未だ建国されておらず，依然臨時政府が暫定統治をしている状態なのだという解釈することで，目標達成を未来に先送りし，新規の憲法制定による真の共和国建国と国民政府樹立への余地を切り開くからである．マックスウィニーの伝記の著者であるファロン（Fallon 1986：104）はこの点を次のように鋭く指摘している．「彼は共和主義者をもっぱら善意から行動した1916年の生存者として描くことを望んだ」．

　1916年蜂起の関係者や遺族のフィアナフォイルへの参加は，デヴァレラにとって自らが1916年蜂起の正統な継承者であることを象徴する重要な要素であった．また，条約に反対した女性議員にとっても，フィアナフォイルへの参加は，振り上げた拳をどう下ろすべきか迷っていた先の救いであった．このような動きを決定づけたのは，まずはアイルランド市民軍の中尉，副司令官として蜂起で戦ったコンスタンツ・マルキエビッチの参加である．

　1926年にマルキエビッチはフィアナフォイル創立メンバーとなって，クマンナバンの会長を辞任した．マルキエビッチは翌年の選挙で議席を獲得したが，その5週間後に病死したので，マルキエビッチの伝記や研究でも，彼女がこの時期デヴァレラと路線を共にした背景が，共和主義路線の変容の観点からの重要性にもかかわらず，十分に説明されてこなかった．

　マルキエビッチは，すでに1923年の段階で，妹宛に，内戦収拾策とその後の闘争方針をめぐるシンフェイン内での分裂に対する心痛を書き送っている．「私にとって，キリストの生涯の悲劇は，苦痛に喘ぐ最後の過酷な数時間の悲劇よりも，現在のそれのほうがはるかに酷いものです．というのは，思慮がないが善意の人びとからなる一組織のほかは，すべての教会と党派が，キリストが最も嫌っただろうすべてのことを過去に行ってきた司祭や聖職者の暫定政府によって思想を教え込まれコントロールされているからです．とはいえ，私にはどのようにしたらこれを避けられるのかがわかりません．なぜなら，組織がなければ，キリストはまったく忘れ去られていたでしょうし，すべての組織は結局同じ道を歩むことになるように思われるからです．もし，組織が不正利得

や権力を求める道に進まないとすれば，その組織はただ消えてなくなります．これがすべての公共団体や政府が孕む問題なのです．そして，世界が案出したのは，権力が均等に世のすべての人びとに分配され，愚か者や教育のない者が数人のやり手や利己主義者や詐欺師に依存する無思慮な大群として寄せ集められ収奪されることがもはやないような仕組みです．自由を愛する者はすべてこのような仕組みを求めているのだと思います」(Markievicz, 1934：303f.)．

　おそらく自らが属する反条約派シンフェインのメンバーを指していると思われる「思慮がないが善意」という言葉は，彼女の行き場のなさを表現している．そして，この思慮のなさは，1926年に彼女がシンフェインを見捨てる結果を招くことになった．

　1926年3月にシンフェイン党大会でデヴァレラが自由国議会に出席することを提案した時に，真っ向から反対して，従来通りの棄権主義を貫くことを提案したのがメアリ・マックスウィニーだった．党大会後に，マルキエビッチは，「政治の世界に踏み入ると人びとはかなり正気を失うのだ，と思うことがしばしばあります」，「先日の党大会はその開始から笑止千万でした」，なぜなら，デヴァレラが，忠誠の宣誓義務を廃止すべく運動する好機が訪れた，もしこの宣誓が廃止されるのであれば，自分は自由国議会に出席する，と発言した途端に「とんでもない叱責の騒ぎ」が起こったからです，と述べている．さらに，彼女は，デヴァレラの提案に反対した人びとへの失望と立腹を次のように記している．「一部の非合理的な人びとはわめき散らしています．彼らは原則と共和国の名誉に敬意を表し，ただ『共和国は生きている！』と叫び続けることだけを選好しているのです．独善的な馬鹿者達が自分達自身の立場を原則と名誉の擁護だと褒めたたえ，デヴァレラに向かって『花を投げ』ようとしているのを見聞するのは芝居を見るのと同程度の良さでした」．こうして彼女はシンフェインを見限った．彼女は，デヴァレラを「賢い人間のようだ」と評価し，宣誓廃止の実現は極めて困難だと思われるにせよ，可能性に賭ける価値はあると判断した．忠誠の宣誓を行うことは「高潔な共和主義者には絶対できない」が，それが廃止されてしまえば，自由国議会に出席するか否かは「原理原則とは関係なく単純にポリシーの問題になるだろう」と彼女は展望したのである（Markievicz, 1934：307）．1916年蜂起の戦闘参加者であるマルキエビッチのフィアナフォイルへの参加は，1916年の共和主義理念の正当な継承を象徴する意味で，デヴァレラの共和主義完成計画にとって決定打とでもいうべきものであった．

　マルキエビッチは上述のように結党後まもなく死去してしまうが，彼女の獄中からの手紙は1934年にデヴァレラの序文を付して出版された．この序文でデヴァレラは，「公人の立場にある女性は二倍の厳しい批判を受けるもので，マルキエビッチもその例外ではなかった」が，この書簡集の出版がマルキエビッチの政治信条に反対している人びとの彼女に対する誤解を解くことになるだろうと述べている．さらに彼女の党派的位置を以下のように説明している．「労働者の戦闘的擁護者ジェイムズ・コノリーが彼女のヒーローだった．彼の陣営で仕えることを選択した．他国の人びととの利益のために利用されているアイルランドでは期待するのを諦めてきたフェアプレーを自由なるアイルランドでは労働者と貧民が獲得するだろうというコノリーの信念を共有して，彼女はともに1916年蜂起に加わった．彼の死後，常にコノリーの原則に忠実であり，彼の仕事を継続しようとした．彼女はシンフェイン運動の中でそれらの原則の主張者だった．この民主主義的プログラムと結びついていたゆえに，1919年1月の国民議会による独立宣言を彼女は誇った．そのプログラムはその後もずっと彼女の社会的福音であり続けた」(Markievicz, 1934：vii)．「彼女のヒーロー」「彼の陣営で仕える（serve）」という言葉には，マルキエビッチを准主体とみなす彼の認識が現れていると同時に，1916年蜂起の首謀者の一人コノリーとマルキエビッチを結びつけることで，デヴァレラは自らの正統性をも暗示している．

　当時のデヴァレラの手元にはもう二枚の強力なカードがあった．マーガレット・ピアースとジェイムズ・コノリーの娘ノーラ・コノリー・オブライエンである．ピアースは1922年の選挙で議席を失い，以降，国民議会からは退いたものの，1924年5月に自らが経営するセント・エンダズ・スクールの運営資金を集めるためにアメリカ合衆国に渡って募金活動を行った．ニューヨークのアイルランド共和国承認推進協会の会合では，亡き二人の息子に言及しつつ，「私はアイルランドの中で最も子ども自慢の母親です」，「アイルランド自由国の元首班だったマイケル・コリンズは，学校への助成金支給を申し出たのですが，もし私が彼からの贈賄を受け入れていたなら，ここで基金協力を訴える必要などなかったでしょう」と語っている (The *New York Times*, 1924：4)．この言葉は当時の彼女の存在の意味を象徴している．誇り高い共和主義者の母であること，そして，条約賛成派マイケル・コリンズもアプローチをかけたという事実が伝えるように，この母の存在は条約賛成派と反対派双方が必要とした正統性という錦の御旗だったということである．だが，ピアースはデヴァレラを信奉

し，シンフェインでもその後のフィアナフォイル結党でも行動を共にした．パトリック・ピアースが生きていたら彼もフィアナフォイルに参加したでしょう，と公衆に語るマーガレットの存在は，デヴァレラにとって，1916年の正統な継承者であることを証してくれる最高の助力者だった．

　デヴァレラの伝記の著者クーガン（Coogan, 1993：491）は，1916年蜂起の遺族女性に対するデヴァレラの崇敬と彼の理念的女性像との重なりを指摘している．「デヴァレラの女性観は，革命に影響された特定の女性達に対する彼の見方と強く影響し合っていた．1916年の英雄の母であるマローン夫人宛の彼の獄中からの手紙が示すように，これらの人びとを彼は，〈悲しみの母〉と〈聖なる炎の守護者〉の間の政治的領域のどこかに登場するものとして，特別な崇敬をもって見ていた．彼がマーガレット・ピアースを〔フィアナフォイルの機関紙〕アイリッシュ・プレス新聞の発刊開始〔のセレモニー〕に選んだのは偶然ではない」（〔　〕内は引用者）．クーガンは，1916年蜂起の首謀者トム・クラークの未亡人キャスリーンを「最も神聖な共和主義の炎の守護者の一人」だったとしているが，デヴァレラにとっては崇敬，もしくは政治的重要性の度合いが異なるように思われる．キャスリーンもデヴァレラと行動を共にした一人だが，デヴァレラは1925年の上院選挙の際に，自ら出馬を望んでいたキャスリーンを差し置いて，シンフェインの候補者の中で女性をマーガレット・ピアース1名に絞ったからである（Clarke, 1991：212）[7]．

　ヴァリウリスは，デヴァレラのピアース像の中に「アイルランド版リパブリカン・マザー」があると分析している．1932年にピアースは亡くなったが，その追悼頌徳演説で，デヴァレラはこう語った．彼女は「個人的な友人の狭い輪の外のことなど聞かされておらず，慎み深さゆえに公的視線の外に身を置くようにしていました．しかし，その彼女から，息子達はアイルランドへの熱情的な愛とゲールの文化と伝統を学び，これらは彼らの生きる情熱となりました．……彼女は勇敢に息子達の死の悲しみに耐えました．彼女はかつて語りました．息子達は正義を行ったが，自分も彼らを祖国に与えることで正義を行ったと確信していると」（Valiulis, 1995：117）．家庭の中に居つつも，子どもの中に国家を担うに足る公共の徳を涵養する点では他国のリパブリカン・マザーと共通するが，ヴァリウリスはアイルランド版の特徴は，殉教した息子を抱いて嘆き悲しむ高貴な母，つまり聖母マリアのピエタの要素が入り込んでいる点であると指摘する．

　デヴァレラは，マーガレット・ピアースの死亡後もピアース家との親密な関係を保ち続け，娘のマーガレット・メアリ・ピアースは1933年に下院で議席を獲得した後，デヴァレラの推薦で1938年から1968年まで上院議員となった[8]．1937年の新憲法採択時に下院に在籍していた女性の一人がこのマーガレット・メアリである．彼女は何も発言することなく憲法案に賛成した．

　コノリーに関しては，アイルランドにおけるコノリー賞賛の形成過程を分析した A. モーガンが，デヴァレラとコノリーの遺児ロディーとノーラ・コノリー・オブライエンとの繋がりに言及している．アイルランド共産党に参加していたロディーはコミンテルンの見解を伝えるために内戦中にデヴァレラと会談し，1923年選挙では強くデヴァレラを支持した．しかし，自由国が成立しクマンナゲールが政権を取ると，「社会主義は右翼のクマンナゲールにとってはアナテマであった」ので，コノリーの思想が言及される余地はほとんどなくなった．しかし，このような状況によって逆にデヴァレラはコノリーを敬愛するようになった．1926年のフィアナフォイルの結党集会でデヴァレラは「コノリーを国民的資本主義発達（national capitalist development）の預言者であると認定した」（Morgan, 1998：48）．さらにフィアナフォイルが政権をとった1932年の選挙の後に，デヴァレラは「自分は『ジェイムズ・コノリーと共にある』」と語った．しかし，デヴァレラのコノリー礼賛にも拘わらず，フィアナフォイル設立の時には，ノーラは弟と共にアイルランド労働党を結成したので，前者に参加することはなかった．

　ノーラはクマンナバンにも所属し，1932年に結婚退職義務制度を政府が導入した時に，両性の平等を掲げて批判した．彼女は，1916年に宣言された共和国の原則は，両性の機会と権利の平等を宣言しており，両性の区別と一方の他方への従属は他国の習慣によって押し付けられたものである，と述べ，父ジェイムズを女性の権利と平等の唱道者であったと讃えた（Ward, 1995：155, *An Phoblacht,* 25 June 1932）．そこで彼女は，父の言葉を引きながら，アイルランド女性は何世紀もの間，権利を譲渡するよう訓練され，その結果，外からの攻撃と内からの勇気喪失に耐える重要な能力を失ってしまい，この結果，奴隷的心性が生み出されているのだと指摘し，これとブレホン法が支配していた時のアイルランドという想定された生粋状態を対比させる．古代のアイルランドでは土地などは男子の家族員の間でのみ分割されていたが，ブレホンの妻は「女性は氏族の男子と等しく自由であり，彼らのように氏族の軍で武器を持つ責任があ

る」と主張し，行動を通してこの風習を変更し，土地のみならず一般的平等も
獲得した．彼女は，父もこれに倣い，男女の別なくアイルランド市民軍に迎え
たのだ，と結んでいる．そして，性的区別なく平等に危険を分担し権利を獲得
するという原則を，平時の賃労働という危険の分担にも敷衍する．「アイル
ランド女性は日常の務めに戻る能力を持つべきだとか，戦時の危険を分担し合う
権利を勝ち取った彼女達に，平時の危険を分担し合う権利を放棄すべきだ，と
いうのは，遺憾なことだ」(Ward, 1995 : 156)．以上から，ノーラの中で，祖国
防衛の公務を等しく担うという共和主義的徳，殉教者の聖化，そして生粋のア
イルランドというナショナリズム的仮想の三要素が絡み合っているのがわかる．

　1935年にノーラは『叛徒の父の肖像』を出版し，1940年に労働党を離党した．
彼女は，イングランドの支配を根絶する闘争を通じて労働者の共和国を目指す
という綱領を支持したが，それが否決され，「資本主義を根絶する闘争」へと
変更されたからである．1954年に，デヴァレラはノーラを上院議員に指名推薦
した．彼女はフィアナフォイルには入党せず無所属のまま1969年まで上院議員
を務めたが，実質的にはフィアナフォイルの一議員として行動した．彼女は当
初，社会主義運動に軸足を変えたので，すぐにフィアナフォイルに向かうこと
はなかった．ところが，彼女がナショナリズムを重視したことで結局社会主義
運動から弾き出され，最後にはデヴァレラに与したのである．これによってデ
ヴァレラは，信奉するジェイムズ・コノリーの正統な継承者である証を得た．

　以上のような1916年蜂起の女性継承者のフィアナフォイル参加の結果，1933
年 6 月の大会で，クマンナバンは規約を変更した．「クマンナバンはアイルラ
ンド女性の自主組織であり，1919年 1 月21日に設立されたアイルランドの共和
国を擁護することを誓う」という部分の一部を「1916年のイースター週に宣言
されたアイルランドの共和国」に変えたのである．クマンナバンの規約変更提
案は 7 名の反対を除いて承認された．これは，イースター蜂起が共和国の起源
としてその女性関係者達によって認められたことを意味し，1937年憲法におけ
るリパブリカン・マザー称揚への大きな布石であった．しかし，すべてがこの
流れに賛同したわけではない．大会での 7 名の反対者の中にメアリ・マクスウ
ィニーがいた．彼女だけは馴致された聖母にはならなかったのである．デヴァ
レラのフィアナフォイル結成は，彼女の目には，英愛条約賛成派に続く容赦し
がたい妥協と裏切りと映ったようで，以後二度とデヴァレラと共同することは
なかった．彼女は大会直後 6 月 6 日に手紙で，「第二国民議会が切り捨てられ

たのは，クマンナバンがフィアナフォイルにもっと近づくことができるように
するため」であり，「大部分の新支部は『熱狂的なデヴァレラ主義者で構成され
て』」いると，指摘している（Fallon, 1986：164）．

第4節　そこにフェミニズムはあったのか

　以上から，デヴァレラが1916年蜂起の正統な継承という外観で自己の一貫性
を繕うために，1920年代後半から女性関係者を自らの陣営に取り込み，この結
果，クマンナバンは実質的解体を余儀なくされたことがわかる．では，それ以
前にクマンナバンの中にフェミニズムと言いうるものがあったのだろうか．

　マッカーシーがフェミニズム的な要素として挙げているクマンナバンの女性
参政権は，上述のコノリーの平等観に見られるように特殊な論理を帯びている．
つまり，女性も男性と同様，国防の公務を担うゆえに男性と同じ政治参加の権
利が生じる，という論理である．男女の別なくという意味で，スパルタ的共和
主義の平等観として特徴づけてもよいほどだ．これは，1937年憲法草案に対す
るクマンナバンの引退メンバー達のコメントにも明らかである．彼女達は，デ
ヴァレラ宛の手紙で，「独立戦争と内戦の時に共和国軍に求められて，敵に発
見され捕らえられるリスクと骨の折れる肉体的労役を伴う任務を請け負い」，
「機関銃や重い爆薬やライフル銃を無事に運んだ」と述べて，第41条第2項を
削除するよう求めた（"Brigid O'Mullane to Eamon de Valera, 18 May 1937", No. 189:
NAI, DT S9880 in Hogan, 2012：561；Luddy, 2005：190）．このスパルタ的共和主義
の平等論理の下では，男性と同じ働きをするか，男性の代弁をするか，このい
ずれかの形でしか政治に参入できない．政治の場に生物学的女性はいたが，そ
れは女性としてジェンダー化されて存在してはいなかったのである．他方，女
性としてジェンダー化される場合，それはもっぱらアイルランド版リパブリカ
ン・マザー，すなわち殉教者を抱えるピエタの聖母としてのジェンダー化であ
った．とはいえ，これも一皮むけば「ポリスの善のために自己を捧げる覚悟を
もった息子を育てるスパルタの母」である（Kerber, 1976：188）．結局，そこに
「女性」はいなかったのだ．

　　注
　1）　ワイズ゠パワーは，クマンナバンの初代会長であった．1918年選挙ではシンフェイ

ンから出馬したマルキエビッチを支援し，自らはシンフェインの内務を担当した．し
かし，パーネルの自治法路線とグリフィスの二重帝国形成論に従って運動してきた彼
女の思想的立場から，1921年の英愛条約批准では条約賛成派となり，クマンナバンを
脱退した．1922年から執政評議会統領コスグレイブの推薦で上院議員となったが，次
第に条約賛成派が設立した政権政党クマンナゲールの方針に異議をもつようになり，
1926年からは無所属となった．暫くは無所属のままフィアナフォイル陣営に同調して
いたが，1934年からはフィアナフォイルから出馬し，上院の議席を獲得した．だが，
フィアナフォイルもまた1935年に女性の就労機会を制限する雇用条件法案を提出し，
彼女を失望させた．1935年11月の上院での討論で彼女は「この政府が先の政府の例に
倣って，産業で働く女性に制限を課すことになってしまうのは遺憾なことです」と発
言している（DEBATE: SEANAD ÉIREANN, Conditions of Employment Bill, 1935
─ Second Stage. https://www.oireachtas.ie/en/debates/debate/seanad/1935-11-27/
9/）．1936年の任期終了で彼女は上院議員を辞めたので，国民議会での憲法論議には参
加することはなかった．下院は1921年から1926年まで 1 名を除いて女性議員はすべて
条約反対派シンフェインで登院拒否戦術をとったため，実際の立法過程には参加して
いなかった．その間，女性の権利を擁護して発言したのは，ワイズ＝パワー含め上院
の無所属の女性議員 4 名中の 2 名だけだった．
2 ）　EC 加盟が女性労働関連の法政策に及ぼした影響については増田（1996：32-34）を
　　参照．避妊具やピルの販売・宣伝の禁止に関しては，1972年の違憲判決を受けて，
　　1979年に保健（家族計画）法が制定され，薬局での処方箋の提示という条件で販売が
　　許可された．以降，段階的に規制が緩和され，現在では処方箋提示なしで17歳以上に
　　販売可能となっている．
　　　　人工妊娠中絶については，レイプで妊娠した少女が中絶手術のために出国するのを
　　国が差し止める是非が争われた1992年の X 訴訟の結果，憲法の第13，14次修正が行わ
　　れ，他国への旅行と他国で合法的に利用可能なサービスの情報を得る自由が第40条第
　　3 項第 3 号の後段に明記された．その後，2010年欧州人権裁判所が出した違憲判断，
　　2012年の流産の危機にあった女性が中絶手術を断られ敗血症で死亡した事件などを機
　　に，母体の生命を救うための医療行為の結果生じる中絶を認める妊娠期生命保護法が
　　2013年に制定され，人に対する犯罪法58条と第59条は廃止された．その間，1992年と
　　2002年に人工妊娠中絶の合法化の是非を問う国民投票が 2 度行われたが，否決された．
　　憲法修正第 8 条の撤廃を受け，2018年に人工妊娠中絶の合法的規制を定めた保健（妊
　　娠中絶規則）法が制定された．また憲法第41条第 3 項第 2 号の婚姻解消の禁止の規定
　　は，1995年に， 2 度目の国民投票で変更され，一定の条件（ 5 年間で 4 年の別居など）
　　を満たす場合に限り，法が指定した法廷で婚姻の解消が認められるという旨の内容に
　　変更された．また，憲法第41条第 3 項第 3 号は「外国の民法の下で婚姻を解消したが
　　本憲法によって設立された政府と議会の法域内で当面施行中の法の下では有効に婚姻
　　が存続している者は，婚姻を解消した相手方の存命中は当該の法域内で有効な婚姻を
　　結ぶことはできない」と規定しているが，今まで修正されたことはなかった．だが，

2019年の国民投票の結果，一定期間の別居の要件を定めた項目(i)が削除され，また外国民法の下で認められた離婚のアイルランド法での承認については新たな規定が立法化されることになった．

3）　条文の邦訳は斎藤（1984：91）に依拠した．

4）　増田（1996：30）は憲法解釈上でのこの規定は「社会保障法の一根拠となるにすぎないもの」であり，「既婚女性が労働市場に参入することを規制するための立法の根拠たり得るものではない」と指摘している．

5）　結成時の声明は Ward（1995：38-41）．

6）　1921年選挙でこの六人全員がシンフェインから出馬した．Constance Markievicz, Ada English 以外，Kathleen Clarke は夫，Margaret Pearse は息子二人を1916年蜂起で，Kathleen O'Callaghan は夫，Mary MacSwiney は弟を内戦中に亡くしている．

7）　シンフェインは候補者を立てはしたが，この時のシンフェインは棄権主義をまだ継続中であり，下院議員は投票を棄権し，デヴァレラはこの上院選挙自体への棄権を呼び掛けたので，結局シンフェインの議席は獲得できなかった．

8）　マシューズ（Matthews, 2012：256）もこの推薦はフィアナフォイルと1916年との関係を維持するための都合上のものにすぎない，と指摘している．

9）　この平等の論理は，連合王国内で19世紀に培われた女性参政権の論理とは大幅に異なる．例えば J. S. ミルは，男性家長の利益に包含されえない女性独自の利益（独自の快といってもよい）が存在するのであり，したがってそれは男性家長によって代弁されえないゆえに，女性が自らの利益を主張するためには女性に参政権が認められなければならない，という論理を案出した．

参考文献

Berresford Ellis, Peter（2006）"De Valera's betrayal of the women of 1916", The *Irish Democrat*, 5th July（https://archive.irishdemocrat.co.uk/features/de-valeras-betrayal/）.

Clancy, Mary（1990）"Aspects of women's contribution to the Oireachtas debate in the Irish Free State, 1922-1937, in Maria Luddy & Cliona Murphy（eds.）*Women Surviving: studies in Irish women's history in the 19th and 20th centuries*, Littlehampton Book Services.

Clarke, Kathleen（1991）*Kathleen Clarke: Revolutionary Woman*, O'Brien Press.

Coogan, Tim Pat（1993）*De Valera: Long Fellow, Long Shadow*, Hutchinson.

Fallon, Charlotte H.（1986）*Soul of Fire, A Biography of Mary MacSwiney*, The Mercier Press.

Hogan, Gerard（2012）*The Origins of the Irish Constitution 1928-1941*, Royal Irish Academy.

Houses of the Oireachtas（1922）"Anti Treaty Debate"（https://www.oireachtas.ie/en/debates/debate/dail/1922-01-04）.

Kerber, Linda K. (1976) "Republican Mother: Women and the Enlightenment-An American Perspective", *American Quarterly,* 28(2), 187-205.

Luddy, Maria (2005) "A 'Sinister and Retrogressive' Proposal: Irish Women's Opposition to the 1937 Draft Constitution", *Transactions of the Royal Historical Society,* (15), 175-195.

Markievicz, Constance (1934) *Prison Letters of Countess Markievicz,* Longmans Green and co..

McCarthy, Cal (2014) *Cumann na mBan and the Irish Revolution,* 2nd ed., The Collins Press.

Matthews, Ann (2012) *Dissidents: Irish Republican Women 1922-1941,* Mercier Press.

Morgan, Austen (1988) "Connolly and Connollyism: The Making of a Myth", *The Irish Review,* (5), 45-55.

Scannell, Yvonne (1988) "The Constitution and the Role of Women" in Brian Farrell (ed.) *De Valera's Constitution and ours,* Gill & MacMillan.

Solomons, Michael (1992) *Prolife? The Irish Question,* Lilliput Press.

The *New York Times* (1924) May 19th.

Valiulis, Maryann Gialanella (2011) "The Politics of Gender in the Irish Free State, 1922-1937", *Women's History Review,* 20(4), 569-578.

Valiulis, Maryann Gialanella (1995) "Power, Gender, and Identity in the Irish Free State", *Journal of Women's History,* 6(4)/7(1), 117-136.

Ward, Margaret (1995) *In Their Own Voice: Woman and Irish nationalism,* Attic Press.

Ward, Margaret (1980) "Marginality and Militancy: Cumann na mBan, 1914-1936", in Austen Morgan & Bob Purdie (eds.), *Ireland: Divided Nation Divided Class,* Ink Links.

斎藤憲司 (1984)「アイルランドの憲法と宗教(下)―― 1983年の第八次憲法改正による「胎児の権利」条項の新設をめぐって――」『レファレンス』(国立国会図書館調査立法考査局) (404), 68-91.

増田幸弘 (1996)「アイルランドにおける女性労働と家族の在り方をめぐる法政策の展開」『海外社会保障情報』(社会保障研究所) (117), 28-39.

（後 藤 浩 子）

第Ⅲ部
世代関係・自己所有・「食」の問題

第7章　権力関係の起源としての世代

はじめに

　どんな過程を経て,「権力関係の起源としての世代」という仮説に辿りついたのか？ フランスについて長く研究生活を続けていると, いくつかの道標的な対立項があったことに気づく. たとえば, Ⅰ. フェミニズム vs. 母子関係, Ⅱ. ジェンダー vs. 性社会関係, Ⅲ. 西欧の普遍性 vs. 日本の特殊性である. これらの対立項で立ち止まったせいで, 日仏比較を試みるようになり, 結局は「世代社会関係」なる語に行き着いた.

　「世代」の語は, 1990年代までフランスでは学術用語ではなかった. 少子化問題は100年以上続いていたが, 高齢化は1990年代から社会問題になろうとしていた. そこで,「世代」の語の登場となるのだが, この語の使い方には1つのパターンがあった. その例が分厚い共著『世代間連帯, 老い, 家族, 国家』である (Attias-Donfut, 1995).「世代」は, 社会科学分野では, おもに「年齢層」の意味で使用される. 若年層や高齢層が失業に見舞われる社会差別を解消するために,「世代間連帯」の語がキーワードになった. 現在でも,「世代」は, ほとんどの場合,「連帯」の語とともに思考される. 人文科学分野では, 哲学者フランソワーズ・コランが, 世代研究について,「これまであまりにも消極的なものが多すぎた」と指摘している (コラン, 2007：13).

　では, なぜフランスで「世代」が長いあいだ問題にならず, ようやく問題になると「連帯」の語を伴って考察され, 世代間の権力の可能性を不問にするのか. そもそも, なぜフェミニズムは, 男女間の権力を問題にし, 世代間には興味を示さないのか. こうした疑問は対立項に出会うたびに湧き上がった. となれば, それらを時系列的に辿ることは, 私の研究生活の現在位置を確認する作業にもなる.

第1節　フェミニズム vs. 母子関係

1　フランスの女性解放運動 MLF

　女性解放運動（MLF）のフランスにおける数年間の資料集めは，現在に続く私の研究生活と家族生活の出発点になった．この運動は，日本ではウーマンリブと呼ばれており，日仏ともに妊娠中絶の自由化を求める実践行動などが目立った．しかし，フランスでは1970年誕生のときから，理論闘争の芽を宿していて，そのせいで1979年に二大分裂してしまう（Association, 1981：棚沢, 1998：261-266）．これは，普遍主義者と差異主義者の対立だが，突き詰めれば，フェミニズム vs. ノン・フェミニズムの探求のちがいとも言えた．

2　フェミニズムとノン・フェミの対立

　フェミニズム側は，男女の差異を認めず，男女不平等を追及する．その代表格にはクリスティーヌ・デルフィがいる．これに対して，MLF内の「プシケポ」と称するグループは，フェミニズムを敵視し，男女平等を目的とする流れとは一線を画す．彼女たちにとって，ボーヴォワールの『第二の性』は，「世紀のアホなたわ言」でしかない[1]．このグループの近くにいたリュス・イリガライは西欧の母娘関係を暴き，同じくジュリア・クリステヴァは母息子関係を分析した．というように，ノン・フェミ側は母子関係の理論化をめざした．この理論化の試みは，フランスの社会科学分野では多くなかった．

3　母子関係を見る位置

　私は日本の要請に応じてイリガライやクリステヴァを翻訳した．ところが，翻訳のあいだに気づいたことがある．たしかに母子関係の探求はフランスでは斬新な主題だが，母を「どこから見て」分析しているかとなると，母自身の位置からではない．イリガライは，後期の著書（Irigaray, 1992：45-54＝1993）を除いて，「娘から見た」母との関係探究であり，クリステヴァは「息子から見た」母との関係探究でしかない．

　フェミニズム側では「母であること」は問題にされない．ましてや，母自身の位置から「母であること」を考える分析などない．1980-90年代当時は「なにを言うのか」でなく「どこから言うのか」という立場性が，強調され始める

ときだった（コラン，2007：7）．日本でもやがて「視点」の語より「視座」の語が多用され始める．それなのに，なぜ母の主体的な位置から見ることができないのだろう．

4　日本では？

　現在の日本にいると，母子関係理論の試みがフェミニズムの影響を受けたフランスの社会科学分野であまり検討されなかったとは，信じられない気がする[2]．日本ではフランスの女性解放運動（MLF）やフェミニズムはあまり知られてなく，展開のしかたもちがったからである．

(1)　日本のウーマンリブの闘士はフェミニストではなかった

　日本でもウーマンリブ運動は1970年前後に開始された．その担い手たちは，新宿リブセンターを創設して実践行動に力を注ぐ．それから8，9年経って，アメリカ経由でフェミニズムが輸入された．現代フランスのフェミニズムが運動と同時に始まって担い手も同じなのに，日本的フェミニズムは，リブとは全く別もので，時期もちがえば担い手もちがった．

　日本のリブもフランスと同じくアメリカから影響され誕生したが，日本の女たちのことばは，西欧にない内容を秘めていて，それが，母の主体的な位置を考えるのに，私に重要な示唆を与えてくれた．これに対し，日本的フェミニズムの方は，西欧理論を輸入し応用するだけで，フランスの資料を読んでいた私には，新鮮さはなかった．

(2)　アメリカ経由で輸入されるフランスのフェミニズム理論

　困ったことに，フランスのフェミニズム理論やクリステヴァ，イリガライまで，次々とアメリカ経由で入ってくる．これらは日本では英語の解説書という二次資料からの理解になる．その理解は，私の知るフランスとは，かなりずれていた．わかりやすい例では，日本のあるフェミニストは，ボーヴォワールの後継者とされたデルフィの主著を英訳で読み，自分のフェミニズム理論の基礎にする．そのあと，ボーヴォワールを「近代主義者」と名指してコケにした．日本では，戦前のように1980-90年代当時も，「近代の超克」ならぬ「近代の終焉」の語が流行していて，「近代主義者」と名指せば，時代遅れと断罪できた．

⑶　日本に合わせたフェミニズム

　さらに，このフェミニストは，フェミニズムを日本に応用するにあたり日本の風土に合わせて，「母性を問わないフェミニズムはない」と宣言したりする（棚沢，1998：288，294）[3]．フランスの事情に疎ければ，なぜフランスのフェミニズムが母性を問わないのかの疑問さえ必要ないだろう．ちなみに，歴史家ミッシェル・ペローが，「フェミニズムで母性は問えますか？」の私の質問に，考えたうえで「問えないでしょうね」と答えたことを思い出す．

5　フェミニズムで母性は問えない

　では，なぜフランスのフェミニズム理論は母性を問えないのか．これには，理論創造の手続き，歴史的な思想枠組み，フランス的な限界など，見定めることが多くある．ちなみに，フランスでは他国から影響を受けてもそのまま輸入し応用することはありえない．

⑴　理論創造の手続き

　フランスの理論創造には，キーワードとなるいくつかの概念用語の設定，それらの厳密な定義，全体の枠組み，方法論の選択，論考の「導きの糸」（fil conducteur）などが必要である．フェミニズムを概念用語として設定すると，母性は，その定義，その全体の枠組み，その方法論的選択などから振り落とされていく．フェミニズム理論の主な目的は男女平等であって，母性は男女平等の邪魔になる．フェミニズムでは，母性の語を使用せず，家族内での家事労働の男女平等分担，労働市場での育児休暇の父母平等取得などを権利要求すれば足りるのである．

⑵　歴史的な思想枠組み

　こうしたフェミニズムのあり方は，近代フランス思想の歴史的な枠組みにかかわる．その枠組みとは，17世紀の「人間の自然性」（nature humaine）への信奉，18世紀から始まった「進歩思想」やフランス思想は世界に通用するという「普遍主義 universalisme」への信念，そして人間の自由と平等を謳った1789年の「人間と市民の諸権利宣言」への自負などが，近代フランスの思想的な価値となって，新しい思想を規制するということである．

　ただし，「人間の自然性」は20世紀に入り否定された．人間の自然性と見え

るものは存在しない．すべては「人間の条件 condition humaine」あるいは
「人間をとりまく状況」である，と．しかし，「普遍主義」「人権宣言」はもち
ろん，20世紀後半から少々問い直される「進歩思想」まで，フランスが共和国
である限り，共和国の諸価値として残されていく（*Cahier,* 2007）．

　こうした思想枠組みのなかで，フランス的フェミニズムは機能する．母性と
いう種の維持は反復と停滞を呼びおこし進歩をはばむ（Beauvoir, 1986：35-76＝
2001：42-93）．母性は，また，普遍主義に対立する差異として捉えられ，否定
された「女性の自然性」（nature féminine）の一部に思える（Picq, 1993：262, 358,
234）．「母であること」と「母であることの解釈」とは，区別できない．「母に
なること」は，女性の生きる条件が整備されないかぎり，女性の自由と平等を
阻む「罠」のように見えてしまう．フランス的フェミニズムは，父母差別を追
及しても母子関係の探求はせず，母から見た「母であること」には言及しない．

(3)　フランス的な限界

　フランス的フェミニズムが，日本のように輸入〈即〉応用せず，理論創造の
厳格さを受け継いでいることに，学ぶことは多かった．とはいえ，母子間にも
ありうる権力を不問にするのは，フェミニズムに限らず，自由と平等の人権宣
言を掲げるフランス思想全体の限界かもしれないと私は思った．1980年代の親
子関係の研究は父息子を中心にしていたので，母子を出発点に，母娘，母息子，
父娘，父息子を視野に入れる親子関係理論はできないものかと思うのが，せい
ぜいだった．

　ようするに，世代関係を用語にするとか，ましてや世代〈社会〉関係を概念
化するなど，1980年代には考えつきもしなかったのだ．もちろん，LGBT〈I〉
の語が流布していない時代である．ジェンダーの語さえフランスでは批判され
ていたし，フェミニズムとしては，男女間の差異を否定し平等を追及するので
よかったのだ．

第 2 節　ジェンダー vs. 性社会関係

1　セックスはジェンダーに先行する？

　日本と同じようにフランスでも，ジェンダーの語は英米圏から入ってきた．
しかし，英米圏でのジェンダーの語は，フランスの各研究分野で定着したとは

言い難い．フランス語のジェンダーは，つづり字が英語と少々ちがい，genre
と書く．新造語ではなく，いくつかの分野ですでに使用されていて，全体とし
て意味の厳密さが欠けていた．

　1970年代初期に英語圏でジェンダーの語を使用し，セックスの語と対比させ
る「セックス‐ジェンダー」理論が始まった．すなわち，生物的な性別はセッ
クスで表し，文化的な性別はジェンダーで表す．この二分法は，「セックスが
ジェンダーに先行する」という仮説が前提になっている．

　1980年代に入って，フランスでは，この「セックス‐ジェンダー」理論に対
し，フェミニストのデルフィがかみついた．「ジェンダーに対するセックスの
先行」という「検討されない前提」を撃つ彼女の論考は，まず先行という前提
の批判，次に二分法そのものの批判，最後にジェンダー消滅への展望と，進ん
でいく（デルフィ，1998a：37-63）．

　彼女によれば，「セックス‐ジェンダー」理論には，「セックスが変わらない
容器」で「ジェンダーが変わっていく内容」であるかのような，理論的に根拠
がない前提がある．逆にして，ジェンダーはセックスに先行すると考えたらい
い．なぜなら，セックスは，正確に言えば，自然でも生物的でもないからだ．
セックスを自然の性別とするのは，そのように解釈され表象されるからであっ
て，その意味で，セックスもまた社会文化的な性別である，と．

　そう考えれば，セックス‐ジェンダーの二分法そのものが無意味になる．セ
ックスを前提にしたジェンダーなる用語に反対するほかのフランスのフェミニ
ストたち——ギヨマン，マティュー，ウィティグ…——も，この二分法が一度
は否定された人間の自然性を基礎にして，それを強化すると考えている．

　デルフィは，二分法そのものが差異ひいては序列を生み出すと述べる．むし
ろ，序列が二分法や差異を生み出すと考えたらどうか．彼女は「ジェンダーが
ないと想像できるその日から，ジェンダーを本当に考えられるのではないか」
と結論づけた（デルフィ，1998a：37-36）．

2　ジェンダーに代わる性社会関係

　こうしたジェンダー批判を受け継いで，フランスで新しい社会学が立ち上げ
られた．「性社会関係」（rapports sociaux de sexe）社会学である．総勢9名によ
るこの社会学の構築は1980年代に始まった．概念用語としてはまずセックスの
語を使用し，それに「社会」の語を付加することより，ジェンダーの使用を無

化する．そのうえで，すべては社会における「関係」だとする．ジェンダーの語は「性社会関係」に置き換えられた（コンブ，D.／ドゥヴルー，A=M.，1998：66-116）．

　この社会学は，1970年代まで残存していた「女性の自然性」を前提にしない．すべては社会関係だとするが，その関係は，家庭，労働市場，公的な場，女性がほぼ排除された軍隊など，社会の全領域に，横断的に存在する．性の関係は，とかく愛とか補完性の名で隠蔽されるが，対立関係だと考えるべきである，と．

　ジェンダー社会学という名称に代わり，フランス全土に広まった性社会関係社会学の独自性は，どこにあるのか．3点にまとめてみる（棚沢，1998：292-293）．

1．性社会関係という概念により，ほかの階級関係，人種化関係などと，関[5]連づけて比較できる．「社会的なもの」（le social）は，性社会関係も含め複数の関係から生まれる．これらの関係はつねに対立共存している．

2．性社会関係社会学は，関係の変化に注目するから，社会構造の流動性が考察できる．たしかに，社会関係は，ブルディユの言うように，再生産される．しかし，その再生産のあり方は微妙に変化する．

3．社会関係の語は，単数形，複数形，定冠詞，不定冠詞で，使い分けできる．個々の関係を具体的に考察するときは，不定冠詞つき複数形を使用する．これにより，「社会的なものの個人化」の個々の微妙なちがいが，表現できる．

　2013年出版の『ジェンダーと性社会関係』は，フランスにおける2つの用語の使い方を比較した小著だが，結論では，「性」（sexe），「階級」（classe），「人種化」（racisation）という社会関係を関連づける必要性に言及している（Pfeffer-korn, 2013：20）．

3　ジェンダー用語のその後

⑴　ジェンダーの語使用の是非

　フランスで，ジェンダーの語を使用する是非は，公的レベルでも審議された．「用語・新造語の全体委員会」（Commission générale de terminologie et de néologie）が，メディアや行政資料で普及してきたジェンダーの語の使用を総括し，2005年に公的見解を発表した．

　その概略：最近，国際レベルでジェンダーの語が多用されている．ところで，フランス語の sexe の意味は英語に比べて幅広く，社会・文化・経済・政治の分野で使用できる．たとえば，ジェンダー平等という代わりに，男女平等あるいは「性平等」（égalité entre les sexes）で表現できる．委員会は，明晰さと正確さを優先させ，1 つの表現だけでなく，場合に応じて，フランス語にすでにある複数の表現の使用を推奨する（*Journal officiel*, 169, 22 juillet 2005；Pfefferkorn, 2013：51）．

　とはいえ，フランスでも，国際機関とくに EU から影響を受けて，ジェンダーの語が一般的に普及し始めている．ジェンダーは，「性社会関係」に比べて，1 つの単語だから，フランス人にとっても使いやすい．

⑵　ジェンダーの意味の広がり

　1990年代に入り，おもにアメリカから始まって，ジェンダーの語の含意が変わってきた．セックス‐ジェンダーの二分法や男女の二分法を超えて，ジェンダーの意味の「連続的な変化」（gamme）が問題になり始めた．ひとは女性とか男性とかに明確なかたちで決定できない．LGBT〈I〉を視野に入れたジェンダー理論である．21世紀になると，〈I〉が意味する「決定できない性」（sexe indéterminé ou intersexe）を法的に承認する国々が，オーストラリア，ニュージーランド，インド，ネパール，カナダ，ドイツなど，増加してきた．

　フランスでは，2017年破棄院で，「決定できない性」の承認を求める訴えに対して，判決が下った．「フランス法は身分証書に男女以外の性の記載を認めない」という不承認の判決である．理由は，第三の性が法的に承認されると，男女の性別のもとに制定されたフランス法全体に深い波紋を広げ，その整合性に多くの法的変更を迫られるからだという．それでも，フランスで「決定できない性」について審議だけは始まったのだ[6]（Houbre, 2019）．

　ちなみに，同性婚を承認する法は，2013年に成立している．正式名称は「すべてのひとのための結婚法」[7]である．この名称からして，フランスがどれほど普遍性にこだわっているかがわかる．フランスの法体系は「すべてのひと」に通用するはずである．同性でカップルを組むひとたちもはれて「すべてのひと」の一部として公認された．

第3節　西欧の普遍性 vs. 日本の特殊性

1　日仏比較に向けて

　母子関係を問えないフェミニズム，世代間の権力の可能性への不問，階級や人種化だけで世代と比較しない性社会関係社会学などを見てきた．これらは近代フランス思想の枠組みのなかに位置する．では，この枠組みの外では，何が考えられてきたのか．たとえば，フランスが自負する普遍性や普遍主義に対し，近代日本はどう対応したのか．現代のように西欧理論輸入〈即〉応用しなかった戦前の日本において，どんな思想があったのか．私は知りたくなった．

2　『国体の本義』読解

　1937年文部省思想局発行の『国体の本義』（棚沢，2007：36-64；棚沢，2017：217-240）は，各官庁や尋常小学校に至るまで全国の各学校に配布された．1890年発布の「教育勅語」は西欧化の波を受けているが，第二次世界大戦に向かう時期の『国体の本義』は，国家が西欧に対抗して日本独自の思想的な精髄を国民に示そうとした公定本である．私には，この書物が，戦争期の例外的な書でなく，明治以来育んできた日本的な近代思想の集大成のように思われた．

　さて，その思想的な精髄とはなにか．それは，日本が，肇国から不変に続く万世一系の一大家族国家だということに尽きる．その内実は，皇祖神アマテラスと天皇が親子であるように，天皇は国民の〈父母〉であり，国民は天皇の〈赤子〉である．西欧の普遍性に対抗した「世界無比」たる日本の特殊性の要にあるものは，〈個人〉では全くない．それは，国家規模に拡大した〈親子〉である．〈親子〉といっても，とくに〈母子〉が強調されている（棚沢，2017：225-227）[8]．

3　『国体の本義』から見たフランスの「人権宣言」

⑴　個人とはだれのことか

　以上の内容は，1789年フランスの「人権宣言」とは，あまりにもちがう．この宣言は，フランス革命以前の身分制に対抗して，〈個人〉の自由と平等の権利を謳歌した宣言だからだ．その〈個人〉とは，「人間」であると同時に，公領域で活躍すべき「市民」である．ちなみに，「人権宣言」は，現行憲法の序

文でも言及され，現在のフランス政治・文化・思想の基本精神とされている.

　では，〈個人〉とはだれのことか. 第1条には「人間は，自由なものとして，権利において平等なものとして，生まれ，生存する」とある（Fauré, 1989；新倉ほか編, 1997：563-565）.〈個人〉は「生まれながらに」自由である. たしかに，「理念」（l'idéal）ではそうかもしれない. だが，「現実」（le réel）には生まれたばかりの乳児さらに幼児は，世話してくれる他者に依存する以外ないし，彼らの自由は大きく阻害されている.

　そもそも，この〈個人〉のなかに女性は含まれない. 現実には，子ども，女性（ひいては世話する母），被植民者，「一定額」（cens）を納税しないひとを排除した成人男性だけが，〈個人〉なのである. 現在は，旧植民地の人びとや無納税者を含めて18歳以上のフランス国籍をもつ男女は，選挙権があるという意味で「市民」である. ただし，司法や公共などの職務を含めて「完全な市民権」をもっているかとなると，さまざまな差別があり，心もとない.

⑵　個人と国家のあいだには何もない？

　「人権宣言」と『国体の本義』のさらなる重要なちがいは，個人と国家との関係にある. 「人権宣言」の個人はそのままで国家に対峙する. 個人と国家のあいだに，団体としての家族も含めた「中間団体」（corps intermédiaires）の存在は想定しない（Rosanvallon, 2002；Chauvière, 2000：161）. 身分制を存続させる家系（familles）は廃止すべきだからである. ところが，『国体の本義』のなかの日本は，世代から世代と受け継がれる〈家族〉国家である. 日本人は個人として存在できないだけでなく，国家という大きな〈家族〉に同化しなければならない.

4　特殊性から複数普遍性へ

　『国体の本義』は，この思想的な精髄を，西欧の普遍性に対抗した日本の特殊性として主張した. 戦前は普遍主義の背景に西欧を頂点とする「一元的進化論」があることに敏感だったから，日本の後進性を指摘されない代わりに，特殊性を主張したのである.

　実は，フランスが誇る普遍性はMLFの影響を受けた女性思想家たちからすでに1990年代に批判されている. たとえば，イリガライは，男女それぞれに別の普遍的な属性があると言って，一元的な普遍性を批判した（棚沢, 2017：88）.

この一元性の指摘はコランにもある．彼女は，西欧の普遍主義が，「一元的普遍主義」（mono-versalisme）だから，「複数普遍主義」（pluri-versalisme）にすべきだと言う（コラン，2007：3-18）.

　コランは多数性には批判的である．多数は一元に還元される危険が大であり，多数のすべてが普遍性の要素をもつとは限らない．複数なら，普遍性に連なることが，より可能になる．ちなみに，彼女は，ハンナ・アレントを受け継いで，複数とは「円卓の周りに十人」（dix autour d'une table）までと述べている（Collin, 1999：98）.

　「人権宣言」以来フランスで私領域に閉じ込められたせいで，個人にも市民にもなれなかった「女子ども」を出発点に，母の主体的な位置から見た母子関係を，複数普遍性に連なる理論へと試みるのは，無駄ではないだろう．『国体の本義』にある母子を換骨奪胎したうえで，世代関係へと広げ，この関係を私領域から引き出すために，世代〈社会〉関係なる語にして概念化を試みれば，なにが見えてくるのだろうか（Bihr et Tanasawa, 2004：37-58；棚沢，2017：155-182）.

第4節　世代社会関係概念の素描

1　女性思想——水平の男女関係＋垂直の世代関係

　私は「女性思想」なる表現を創ってみた．なぜなら，ジェンダー理論では世代関係は扱えないからだ．フェミニズムでも難しい．しかし，男女は，まちがいなく水平の男女関係と垂直の世代関係のなかに位置する．そのなかで，歴史的に女性に割り当てられた母がする労働を考慮したいなら，世代関係研究なしには，女性の全体像は提出できない．女性を出発点にして両関係を視野に入れた思想を考えよう．それらの結び目で主体的に思考する母を素描しよう．

　フランスの性社会関係社会学が，性関係を階級や人種化の関係だけとしか比較しないのは，これら3つの関係がすべて水平だからである．では，フランスにおいて，なにが垂直関係との比較を阻むのか．それは，権力の起源にかかわるのではないだろうか．

2　世代関係の2つの属性——年齢の移行と世話労働

(1)　第一の属性——年齢の移行

　世代関係における個人には年齢の移行があること．子どもは成人になる．ときには介護の必要な高齢者になっていく．「人権宣言」が介護なしの成人だけを個人とするなら，子どもから成人へ，ときには介護つき高齢者への移行という世代関係のこの属性は，見えてこない．

(2)　第二の属性——世話労働が必須条件

　世代関係の成立には「世話労働」が必須条件であること．日仏ともにケアなる語が英語圏から輸入されたが，私は「世話労働」の語を使用したい．なぜなら，子ども，障がい者，高齢者，病人などへ他者がする「育児」「介護」「ケア」「配慮」（soin）をまとめて，他者を世話する〈労働〉として考えたいからだ．

(3)　世話労働の特性

　世話労働は，フェミニズムが分析してきた女性の「家事労働」「（再）生産労働」とは，基本的にちがう．一人で生きられない，あるいは死ねない他者が目の前にいるから，彼らが生きるのを（死ぬのを）手伝うという，他者の生死を預かる労働である．厳密な意味での世話労働は，家事にも生産にも再生産にもかかわらない（棚沢，2017：19-29）．

　とくに日仏などかなりの先進諸国で寿命が延びた現在，個人が精神的にも身体的にも他者に依存しないで〈相互に〉平等でいられる期間は限定的に思える．個人の一生から見れば，世話労働に依存せずに生きられる期間は，決して長くない．いいかえれば，世代間から見た個人は，多くの場合，平等でなく〈非対称〉で，世代間の世話労働は，基本的に〈非相互〉で，即時的に一方通行なのである．

　ボーヴォワールは，平等に向けて，男女間にある非対称性と非相互性の解消を『第二の性』で提案した（Beauvoir, 1986＝2001：Ⅰ，序文）が，その提案は，男女が水平関係にいるだけなら可能だった．しかし，垂直関係の世代における非対称性と非相互性は，解消できない．それは，まるで「宿命論」（Pfefferkorn, 2013：128）のように思えてしまう．

3　世代関係のなかで「個人になること」

これまでのフランス的「個人」は，「自律」（autonomie）した個人である．よって，個人関係は平等で，対称性と相互性があるはずである．では，「他者に依存するひと」，さらには「依存されて世話労働するひと」は，こうした「至高の自律した個人」（individu souverain et autonome）（Ennuyer, 2010：26-28；棚沢，2012：259-277）になれるのか．彼らについて，フランスでは，現在まで，どう語られてきたのか．

⑴　高齢者の発見

フランスで「他者に依存するひと」が，国家レベルの課題になったのは，2000年代に入って「高齢者の発見」があったからである．2003年の猛暑で，政府のエリートたちがバカンスを楽しんでいる最中に，多くの高齢女性が孤独死を遂げた．なかでも「依存老齢者」（vieux dépendants）の存在は，彼らの緊急課題になった．これ以後，政府刊行物を多く出版するドキュマンタシオン・フランセーズは，「老齢と依存」「家族相互援助と世代間連帯」「高齢者の依存：どんな改革か？」などの特集を組んで出版していく[11]．

⑵　依存度から自律度へ

「依存」の語は，すでに1984年に「高齢者担当庁所属専門用語内閣委員会」（Commission ministérielle de terminologie auprès du Secrétaire d'État chargé des personnes âgées）で公用語とされ，1997年には，60歳以上の高齢者に向けた「依存特別手当」[12]（PSD prestation spécifique dépendance）が法制化されていた．ところが，2001年にこの手当の名称が代わり，「自律個別手当」（APA allocation personnalisée d'autonomie）となった（Ennuyer, 2010：27）．この名称変更は，世代関係のなかで「個人になること」を考えるときに，意味深長に思える．

手当の名称変更は2カ所にある．介護の必要な高齢者はもはや「特別」ではないと手当を「すべての」高齢者向けに普遍化した．さらに「依存」の語を「自律」に代えた．すなわち，APA法は「フランスに住むすべての高齢者が，身体的あるいは精神的に自律を喪失したら，APAによって必要に応じた「世話」（prise en charge）を受ける権利がある」とした．それでも，APA法の研究者の一人は批判する．せっかく「依存」という差別語を捨てるなら，「依存」と「自律の喪失」を混同しないでほしい．自律の喪失が，即，「自分の生活形

態を選び決定する権利」の喪失になるとは限らない，と（Ennuyer, 2010 : 27）．

(3)　介護の必要なひとは個人か

　この研究者は，介護の必要な高齢者が「至高の自律した個人」になれなくて
も，「個人」ではある，その「個人」になれる条件は，ぎりぎり「自分の生活
形態を選び決定する権利」の保持だと言いたいのだ．彼は「依存」と「自律の
喪失」の微妙なちがいを指摘して，介護の必要な高齢者もまた「個人」になれ
るとした．フランスの論調は概して依存から自律への方向で書かれている．彼
らへの手当を名称変更し，彼らを「依存度」でなく「自律度」に沿って分類し
ながら，「個人」になれない「依存老齢者」の存在を最小限にとどめようとし
たのだ．

(4)　子どもは「個」に属するか「種」に属するか

　では，「他者に依存する」乳児・幼児については，どんな論調か．ボーヴォ
ワールの時代まで，子どもは「個」（individu）でなく「種」（espèce）に属する
とされた（Beauvoir, 1986）．それ以後，子どもの権利は国際的に議論された．で
は，フランスにおいて，現在，子どもは「個」か「種」か，この区別に何歳以
前‐以後という境界はあるのか．こうした議論は私の知るかぎりない．日本で
はもっとはっきりしない．この問題は私の手に余る．一挙に胎児まで人間だと
した後述の日本のリブ運動家の気持ちを私は理解できるからである．

(5)　他者に依存されるひとは個人か

　世代関係のなかで「個人になること」について，私がとくに検討したいのは，
世話労働が職業として成立する以前から，「他者に依存されて世話労働する」
母である．なぜ母に限るのか．それは現代も人工子宮が一般的に選択できない
時代であり，妊娠状態も含め「他者に依存される」母のことを考えたいからだ．
ただし，誕生後の世話労働と切り離された代理母については，私の手に余る．

(6)　妊娠中の母の問題

　当然のこと，妊娠中の母は，「人権宣言」において検討されていない．そも
そも，フランス語で「人間」（homme）のなかに「女性」（femme）が含まれるか
どうか明確でないし，「個人」（individu）とはこれ以上「分割されない物体」的

な意味をもつ．それなら，1 つの身体のなかに大小 2 つの生命がある状態はどう判断したらいいのか．この生命が「種の生命」か「個の生命」か，考えが分かれるだろうし，生命についてさまざまな見方があるだろう．

　しかし，私から見て，妊娠中の母〈自身〉は，これ以上「分割できない」身体をもつからこそ，100％「至高の自律した個人」である．世話労働する母も依存され身体的・精神的な自由は制限されるが，「至高の自律した個人」である．

　とはいえ，現実に依存されれば，自分が「至高の自律した個人」であることは，自覚しにくい．母は，妊娠した身体のなかに，もう 1 つの生命が育っていることを感じている．その体験は後を引く．とくに，乳児は，誕生のあとも，精神的にも身体的にも，100％近く世話労働するひとに依存する．このせいで，母の意識のなかに，母子の相互依存意識が出現するのは，ありうることだ．

　この相互依存意識を断ち切るのは，「至高の自立した個人」たる母の方からである．子どもが「自立する」（indépendant）のを待つ必要はない．子離れは，正確に見極めて，徐々にしていくのが望ましい．

4　世代関係のなかの権力

　他者の生死を預かる労働に権力が伴うことは，避けられない．とくに，他者が乳児や幼児または自律度の低い障がい者や高齢者の場合，生殺与奪の権力は世話する側にある．

(1)　ウーマンリブの闘士のことば

　日本の歴史においては，口べらしのために子どもを間引く行為は，母に託されてきた．この歴史を踏まえて，ウーマンリブのある運動家は，妊娠中絶自由化を要求するときに，フランス MLF の闘士たちには考えも及ばないような，母の胎児殺しを口にした．自分が中絶を選択するとき，殺人者だと自分自身に意識させ，あえて開き直る方向で中絶を選択したい，と（溝口ほか，1994：61-64；棚沢，2017：171, 179）．西欧のフェミニズムが父母差別を追及したりプロライフ派と闘争しているときに，日本の運動家は，殺人に至る権力が母子関係のなかにあることを凝視したのである[13]．

⑵ 「人権宣言」のない日本では

　たしかに，日本では，「人権宣言」のように，人間が個人になる時期を生まれたときと断定しない．もしかしたら他のアジア諸地域にもない日本の水子信仰の歴史的な存在（棚沢，2017：179；ラフルーア，2006）は，こうした定義のない人間概念の曖昧さによるのだろう．これに対し，「人権宣言」の国フランスには，水子信仰のかけらもない．母の悲しみと罪悪感につけこむ商法もない．フランス的フェミニズムでは，胎児が人間だと思ったりしない．

　しかし，日本のこの歴史があるからこそ，あの運動家は，母の主体的な位置から，母子関係における権力を暴くことができた．これは，「子どもから見た母」の分析をする西欧の女性思想家にはできないことである．西欧における母の権力を，イリガライは「貪り食う母」への子どもの被害妄想だと言い，クリステヴァは子どもが感じる母の「おぞましさ」と呼んだ．彼女たちは，日本の運動家のように，母自身がこの権力を凝視する意義について言及しなかった（棚沢，2017：433-437）[14]．

⑶ 男女と世代の結び目に位置する母──相反する二重の位置

　男女関係と世代関係の結び目に位置する母は，父とちがい，相反する二重の上下関係にいる．水平関係では男中心社会により差別を受け，垂直関係では子どもに権力をふるうことができる．フランスのフェミニストたちが見たくないのは，この「相反する二重の位置」にいて，子どもに対し権力をもちうる母なのである．女性が殺人に至る権力をふるえるなど考えたくない．

　女性全体を概観する女性思想からすれば，女性は，公領域・社会領域では差別を受ける位置にいるが，私領域では権力をふるえる位置にいる．母自身が自分の権力を凝視する意義は，この「相反する二重の位置」にいることへの自覚から始まる．

5　世代関係における権力と暴力の隠蔽

　権力があるところ暴力はある．支配する側が精神的・身体的に暴力をふるうことは繰り返しあるが，支配される側も窮鼠猫をかむ的に突出するときがある．この暴力は極端で激しい．

(1)　フランスの世代間の権力と暴力の隠蔽

　フランスで世代間の権力と暴力を指摘する論考は皆無に近い．そのせいで，世代間とくれば，当然のごとく「連帯」の語が躍る．また，親に権力があるとは言わず，「親の権威」（autorité parentale）が法律用語として使用される．しかし，フランスで子どもへの親の暴力は数知れない．娘に対する父のレイプはとくに多いと聞く．親の児童虐待は，暴力と呼ばず，単に「悪い扱い」（maltraitance）と言う．こうした用語に，親子・世代間の権力の隠蔽が感じられる．親の暴力は，親権の「乱用」（abus）と言うだけである．

(2)　日本によくある世代間の権力と暴力の隠蔽

　日本でも世代間の家庭内暴力は数知れない．子どもが，精神的・身体的に自律を獲得すると，親に暴力をふるうことは多々ある．親を介護する息子の暴力は，ときに殺人にまで及ぶ．親もまた幼い子どもに暴力をふるう．日本の家庭内暴力は祖父母に及ぶこともある．世代間の家庭内権力は，発覚さえしなければ，隠蔽する必要がないほど，不問に付される．

(3)　国家レベルの権力隠蔽

　国家レベルで，私が凄まじいと思うのは，権力隠蔽のために使用された日本の母の表象である．『国体の本義』で，なぜ天皇を〈父母〉とするのか．天皇は，父でありながら，臣民を「赤子として愛しみ」，「愛撫」「愛護」「愛養」なさる．愛は，権力隠蔽のために，極めつきの道具になる．母の愛であれば，臣民が自分の命を〈家族〉国家に捧げる究極の切り札になる．〈父母〉たる天皇の表象は，戦争へと臣民に総動員をかけるのに役に立つ（棚沢，2017：225）[15]．

　臣民が，個人として存在できず，国家に同化すべきとき，母子を相互依存状態だと見なし，その状態を「母の愛」で包容するなら，「君臣は一体」だ，「上下は一如」だと，豪語できる（棚沢，2017：219-220）．

　『国体の本義』の 4 年後に書かれた文部省教学局発行の『臣民の道』では，さらに凄まじい．「大東亜共栄圏」建設のために，「同一血族・同一精神」のもと「包容同化」するという論理で，外来民族までを一大〈家族〉国家たる日本に組み入れようとした（棚沢，2017：229-230）[16]．外来の方々，強制連行されようとも，日本では「君臣は一体」だから，慈愛あふれる天皇のもとで「上下まで一如」なんですよ‼

⑷ 「君臣一体」「上下一如」

支配する側・される側が一体だとは，権力隠蔽の究極の姿ではないか．国民主権でない時代とはいえ，民主主義に代わる「上下一如」が日本の特殊性だと豪語するとは，いくらなんでも冗談の度が過ぎる．しかし，冗談でないことは，第二次世界大戦末期の1944-45年，日本が特攻を敢行したときのスローガンもまた，「軍官民一体」だったことでわかる（内藤，1999：247；棚沢，2017：315）．こうした「上下一如」のかけ声をもって，日本は「一億総特攻化」「一億玉砕」に突き進んだのである．

戦後でも，現代にいたっても「一億総なんとか」「国民一丸となって」の言い回しは数知れない．日本人は「共犯的主体」（棚沢，2007：218-253）[17]にたやすくなれる．フランスの政府要人は，皮肉まじりで日本の「国民団結」（cohésion nationale）をうらやましがる．現代は100歳まで「一億総活躍時代」だそうである！ 年金を引き下げ社会保険料を引き上げても大丈夫そうだ．

⑸ フランスでも？

フランスでも戦中にはこれと類似に見えることが起こった．第二次世界大戦中の親独政権下で，労働・家族・祖国の〈権利〉を1940年公布の憲法法律に明記した（中村，2003：193）．家族だ，祖国だと，「フランス共和国」（République française）の諸価値からほど遠く，どこか『国体の本義』的な感じがする．この政権はフランス人が慕うペタン元帥のイメージまで吹聴した．しかし，彼はフランス人の「父」であって「母」になることはありえなかった．「フランス国」（Etat français）の父ならば，占領したドイツに支配されるとはいえ，正統な権力としてとどまれるかもしれない．隠蔽などしなくていい．

6 世代継承・世代革新

フランスで世代研究が消極的すぎると指摘したフランソワーズ・コランは，自著において，彼女の思う世代間の継承と革新のあり方に言及している（Collin, 1999）[18]．この書は，フランスで十分に紹介されなかったハンナ・アレントについての研究書である．コランがフランス語圏で例外的に世代について語ったのも，アレントの言う「出生」（generatione）から世代への見方を引き出したからである．フランス的な思想枠組みから比較的距離ある位置にいるのは，自分がベルギー人だからだと，彼女は私に語ってくれた．

　さて，世代間の継承と革新のあり方を，コランは novation の語を使って説明した．novation は法律用語の「更改」の意味でしか使用しない．つまり「既存の債権を消滅させ，これに代わる新しい債権を成立させること」だそうだが，彼女は，広義に解釈して「書き換え」の意味にしたのだ．世代間の垂直性は，まさに，継承と革新を同時に成立させるものを秘めている．

　フランス語で世代は génération である．génération の第一義には「生成」「誕生」「創造」がある．日本では世代継承が強調されるが，génération のフランス語の第一義を加味して，世代を再考してみれば，世代には継承のなかに生成する芽があり，その芽はやがて継承を超えて，革新へと導かれていき，さらには発展へ，そして飛躍へといたる可能性がある，と．

おわりに
——権力関係の起源としての世代

　世代関係を概観して，この関係における権力を考察した結果，人間に子ども時代があるという条件そのものに，あらゆる権力（もしかしたら暴力）の起源があるのではないかと私には思えてしまう．これは「宿命」のように見える．

　しかし，私は，この条件を乗り越えるためにこそ，世話労働があると考える．世話労働は，フェミニズムが1970年代から分析してきた「家事労働」とは，労働力の提供方向が真逆である．「家事労働」の分析では，夫という支配する側が，妻という支配される側の労働力を搾取するということだった．そのせいで，あの当時は男性の支配する広義の「家父長制」（patriarcat）の語が流行した．しかし，世話労働は，権力のもつ側が無力に近い側に労働力を提供する．その結果，非対称で非相互の関係が，少しでも平等の方向へと移行するのである．

　世代継承は，世話する側のもつ「労働力・権力」（pouvoir）によって，スムーズにいく．世代革新が，さらに発展へ，さらに飛躍へと移行するなら，それはこの力からの解放を意味し，長期的には平等の方向が開ける．しかし，これは長期的な展望に立ってのことである．

　即時的には，女性は，この労働力提供のせいで，自分時間の多くを吸い取られ，公領域・社会領域で差別を受ける．日本では，女性が男性と同等にキャリアを続けようと思ったら，多くの場合，子どもを諦めざるをえない．フランスのように連帯や「相互」援助などの水平関係の平等用語で，性急に覆いつくす

のは簡単である．世代関係を，その権力も含めて，社会全体のなかに位置づけるために，世代〈社会〉関係概念を，さらに練り上げる必要がある．

　戦前の日本は，母子の相互依存意識を縦横無尽に利用して，「君臣一体」「上下一如」の家族国家であると宣った．『国体の本義』で記述された母子関係を換骨奪胎したいなら，「至高の自律した個人」たる母こそが，「共犯的主体」にならずに，母子関係にある権力を冷徹に凝視すべきである．これこそ，「母であること」を母自身が解釈する意義だと私は思う．言うまでもないことだが，この母は現実の母に限らない．男女間・世代間にいる主体的な母の位置を理解するひとなら，だれでも「母」になれる．

　女性を中心にフランス思想を研究してきて，その思想枠組みが厳然としてあり，枠組みの外で新しい思想を創るのは，フランスで困難であるのがわかってきた．その過程で，日仏比較にたどり着いたものの，日本でもまた，長年培ってきた伝統から簡単に逃れられないこともわかった．私にできることは，双方に欠けた主題と視座の絶えざる転換から出発することだった．

注

1）　『第二の性』やボーヴォワールをバカにすることばは，彼女たちの発行した *Des femmes en mouvement, Des femmes en mouvement-hebdo* などに散見される．

2）　歴史学のフェミニストは，理論的にそれほどうるさくない．Cf. A.-M. ド・ヴィレーヌ／M. ル・コアディク／L. ガヴァリニ編（1995）『フェミニズムから見た母性』中嶋公子ほか訳，勁草書房，ただし原題にはフェミニズムの語はない．

3）　水田宗子ほか（1996）『母と娘のフェミニズム』田畑書店での上野千鶴子の発言（水田，1996：207-208）．ボーヴォワールを近代主義者とする彼女の発言は，当時の対談などにある．

4）　*Cahiers français,* La documentation Française, Janvier-février 2007, no. 336 は「フランス共和国の諸価値」と題する特集である．諸価値には，市民権，民主主義，自由，平等，連帯，友愛，安全保障，普遍主義，世俗性，進歩などが並んでいる．

5）　「人種化」（racisation）は新造語で，人種差別が「人種」（race）を生み出すという含意だという．

6）　Houbre, G, L'intersexualité, entre histoire et modernité（XIXe-XXIe siècle）, 2019 年 3 月 9 日国際女性デー記念シンポジウム「わたしの性を生きる」日仏会館，東京，主催：日仏女性研究学会での発表．破棄院判決は arrêt du 17 mai 2017.

7）　原語は mariage pour tous（la loi no. 2013-404 du 17 mai 2013）．

8）　天皇の臣民を赤子（せきし）と呼ぶのは中国の文献からきたという．14世紀の「太平記」には「赤子の母を慕うがごとく」の表現がある（『広辞苑』参照）．

9）　1791年の「ル・シャプリエ法」（loi Le Chapelier）が中間団体を禁止した．この法は1864年オリヴィエ法と1884年ワルデック－ルソー法の両法をもって失効する．しかし，フランス法思想では基本的に「国家と個人のあいだに」（entre l'Etat et l'individu）家族を想定することは現在までない．

10）　この表現はフランス語にはない．西欧を頂点とした人類の一元的進化は，18世紀からの進歩思想の裏づけがあり，フランスにとってはこの表現を必要としないほど，当たり前だった．

11）　雑誌の特集名：*Problèmes politiques et sociaux,* Vieillesse et dépendance, La documentation Française, n. 903, août 2004; *Problèmes politiques et sociaux,* Entraide familiale et solidarités entre les générations, La documentation Française, nos. 962-963, juillet-aout 2009 など．

12）　現在，高齢者への諸手当支給は60歳以上と65歳以上が入り乱れている．今後，支給年齢を引き上げる可能性がある．

13）　田中美津（文責）のことば，リブ新宿センターのビラ1972年10月．

14）　イリガライとクリステヴァの著作目録が棚沢（2017：433-437）にある．

15）　日本では1938年「国家総動員法」公布．

16）　『臣民の道』読解は棚沢（2017：229-230）．「日満支一体」「包容同化」などと述べたのに，1945年には旧植民地出身者に参政権停止，1947年外国人登録令，1952年朝鮮国籍者，台湾戸籍者は日本国籍喪失，日本国籍の選択も認めないとなる．

17）　「共犯的主体」はボーヴォワールの『第二の性』にある complice から発想して，2000年に造語した．

18）　この本は世代社会関係概念構築のときに，大きな示唆を与えてくれた．コランは私の長年の友人であり「師匠」だった．

参考文献

Association du Mouvement pour les luttes féministes（1981）*Chroniques d'une imposture, Du Mouvement de libération des femmes à une marque commerciale,* Tierce.

Attias-Donfut, C.（sld.）（1995）*Les solidarités entre générations, Vieillesse, Familles, État,* Nathan.

Beauvoir, S. de（1986）*Le deuxième sexe,* I, Gallimard（『第二の性』を原文で読み直す会訳（2001）『決定版　第二の性　I』全3巻，新潮社（新潮文庫）．

Bihr, A. et Tanasawa, N.（2004）*Les rapports intergénérationnels en France et au Japon,* L'Harmattan.

Cahiers français（2007）La documentation Française, Janvier-février, no. 336.

Chauvière, M. et Bussat, V.（2000）*Famille et codification,* la documentation Française.

Collin, F.（1999）*L'homme est-il devenu superflu ? Hannah Arendt,* Odile Jacob.

Ennuyer, B.（2010）La dépendance: de l'incapacité au lien social, *Regards sur l'actualité,* La dépendance des personnes âgées: quelle réforme ?, La documentation

Française, 366, Décembre.

Fauré, C.（1989）*Les déclarations des droits de l'homme de 1789*（Textes réunis et présentés par）, Payot.

Irigaray, L.（1992）*Je, Tu, Nous,* Le livre de Poche（浜名優美訳（1993）『差異の文化のために』法政大学出版局）.

Picq, F.（1993）*Libération des femmes Les années-mouvement,* Seuil.

Pfefferkorn, R.（2013）*Genre et rapports sociaux de sexe,* Méditeur, Mont-Royal.

Rosanvallon, P.（2002）La leçon inaugurale a été prononcée le 28 mars 2002. Cours: Les corps intermédiaires dans la démocratie.

コンブ, D. ／ドゥヴルー, A=M.（1998）「性的社会関係概念」棚沢直子編訳『女たちのフランス思想』勁草書房.

コラン, F.（2007）「対話的な普遍に向けて」棚沢直子ほか編『フランスから見る日本ジェンダー史』新曜社.

棚沢直子編訳（1998）『女たちのフランス思想』勁草書房.

棚沢直子ほか編（2007）『フランスから見る日本ジェンダー史』新曜社.

棚沢直子（2006-2008）「世代社会関係の概念を構築する――母の位置はどこにあるのか」『経済論集』（東洋大学）（2006 ［3月］：181-189；2006 ［12月］：93-101；2008：227-232）.

―――（2012）「世話労働の研究　その2」『経済論集』（東洋大学経済研究会）37(2), 259-277.

―――（2017）『日本とフランスのあいだで――思想の軌跡――』御茶の水書房.

デルフィ, C.（1998a）「ジェンダーについて考える」棚沢直子編訳『女たちのフランス思想』勁草書房.

―――（1998b）「フランス女性解放運動」棚沢直子編訳『女たちのフランス思想』勁草書房.

内藤初穂（1999）『桜花』中央公論新社（中公文庫）.

中村義孝編訳（2003）『フランス憲法史集成』法律文化社.

新倉俊一・朝比奈誼・冨永明夫ほか編（1997）『事典：現代のフランス』大修館書店.

溝口明代ほか編（1994）『資料・日本ウーマン・リブ史Ⅱ　1972-1975年』（全3巻）ウイメンズブックストア松香堂.

ラフルーア, W.-R.（2006）『水子』森下直貴ほか訳, 青木書店.

（棚沢直子）

第8章　フェミニズムと自己所有

はじめに

　自由主義国家の多くが福祉国家施策を切り捨て，市場原理主義と小さな政府の組み合わせという古典的リベラリズムへの回帰の方向に舵を切ってから，すでに40年ほどが経過した．このような現実に勢いを得てか，近年，平等や公正よりも自由と権利に力点をおく個人主義的かつ権利基底的なリベラリズムが発言力を強めている．瞬く間に日本社会に広がった「自己責任」なる言葉や，生活保護受給者をはじめとする弱者叩きの風潮なども，この一端であろう．

　女性運動はこれまでさまざまな前線において，「ジェンダー」など，フェミニズムが提供した新しい概念を用いて，自由主義社会に広く存在する差別や抑圧を告発し，社会に変化をもたらしてきた．しかし残念ながら，私たちが自分の経験や欲求を言葉にするとき，あるいは前述のような権利基底的なリベラリズムの言説に違和を抱くときも，思考や表現の過程で利用できる概念や語彙のほとんどは，依然として，権利や自由，人格，尊厳，自律，自己決定などのリベラリズムの言語に限られている．

　最終的な目標は，私たちの体験や欲求，未来への希望を十全に表現することのできる新しい言葉の創出である．しかし，啓蒙の時代から300年以上の歳月をかけて無数の優秀な思想家たちによって練り上げられ，地球上の数多くの社会の現実に適用され，私たちの思考の深部に浸透しているリベラリズムは，元よりおいそれと乗り越えられる類の思想ではない．予想される困難な道のりにおいて必要な作業の一つは，リベラリズムの中心的な概念を徹底的に解剖しつくすことであり，自然的なもの，価値中立的なものとして提示されている概念や命題の裏に隠れている価値前提を明らかにすることである．それこそがフェミニズムの政治哲学・政治思想研究が果たすべき役割であり，本章は所有権の概念を取り上げて，それを実践する試みである．

第1節　マクファーソン・テーゼ

　所有権が主に経済学や民法学の主題であるとみなされるためか，政治哲学・政治思想としてのリベラリズム研究においては，所有の問題に焦点を当てた研究は少ない．その中で例外的に大きな影響力を持った業績として，C. B. マクファーソンが1960年代に提出した「所有的個人主義 possessive individualism」のテーゼがある．リベラリズムにおける所有権の位置づけを考える手始めとして，このテーゼがどのようなものか，どのように受容されたのかを見ておきたい．

　マクファーソンは，現代の自由民主主義社会が抱える困難の根源を，17～18世紀の政治・社会理論の中に探り，それらの理論がみな共通して，人間の社会が市場としてのみ成立すると考えていたと結論づけた．

> 個人は自由であるかぎりにおいてのみ人間であり，自己自身の所有者であるかぎりにおいてのみ自由であるから，人間社会は独占的な所有者たちのあいだの一連の諸関係，つまり一連の市場関係でのみありうる．
> （Macpherson, 1962：264＝1980：298）

すなわち，人間が自由であるのは，生得の権利として自由を有しているのではなく，所有の結果として自由を獲得するにすぎないというのである．たしかにロックは次のように述べている．

> 自由とは，人が服している法の許す範囲内で，その身体，行為，財産，その全所有権 the whole property を，自らの好むように処理し，整理し，その場合，他の人の恣意に服さず，自発的に自分の意志に従う自由のことである．（Locke, 1689：124＝1997：195）

マクファーソンいわく，ロックにおいて「自由は所有の関数 function」（Macpherson, 1962：3＝1980：13）なのである．

　ここで，「生命・自由・財産」という伝統的な自然権のトリアーデ triad の序列が逆転していることに注目したい．所有権は単なる経済的権利ではなく，所有権こそが自由の源泉であり，所有権こそがリベラリズムの中核にあることになる．さらに，ロックが「生命・自由・財産」の3つを総称して「所有権と

いう一般名辞 the general name property で呼ぶ」（Macpherson, 1962：155＝
1980：242）としていることからするなら，所有権は権利のトリアーデに先行し，
それらを包含する上位概念だと言うことさえできるかもしれない[1].

　マクファーソンのこのテーゼは，1960年代のラディカルな時代の空気の中，
一般に好感を持って，一部には熱狂的に受け入れられた．しかし，主流派の政
治学者たちからは，左派的・マルクス主義的なイデオロギーであるとして総攻
撃を受ける．批判者たちの主な論点は，17世紀のイギリス社会がマクファーソ
ンの言うような全面的な資本主義市場社会ではなかったこと，これらの思想家
たちは少なくとも，意識的に資本主義市場社会を擁護したわけではないこと，
また彼が研究対象にした時代の重要な思潮であるシビック・ヒューマニズムに
関する議論を欠いていることなどに及んだ[2].とりわけ第一の点については，そ
の後，資本主義草創期のイギリス社会に関する実証的な研究が進む中で，マク
ファーソンのテーゼは単純にすぎることが証明されたといえる．

　ところで，マクファーソンに対する批判の中に，17〜18世紀の政治・社会理
論の最重要課題は政治であって経済ではないゆえに，マクファーソンの主張は
間違いだとするものがある．ロック研究者 J. タリーは，マクファーソンの決
定的な誤りは，近代初期ヨーロッパ社会における中心的課題が経済的権力では
なく，政治的権力であったことを見誤った点にあるとする（Tully, 1993：71, 80）.

　啓蒙の理論家の思考の道筋は，タリーによれば，一般的には次のようなもの
である．内戦や宗教戦争，三十年戦争の戦乱に疲れた時代にあって，君主制で
あれ代表制であれ，血を流すことなく安定した政治秩序を築くことを可能にす
る理論的な根拠を提供しなければならない．その一つの方法が，人びとを自己
保存の権利をそなえた諸個人として捉え，一定の条件の下，その権利を委譲す
ることで政府が成立するというふうに概念化することであった．自らの人身と
能力の所有者としての個人という概念が現れたのは，このような何よりも政治
に関わる文脈においてであり，マクファーソンはそれを誤って，所有的市場社
会における経済的な競争の文脈の中に置いてしまったのであると（Tully, 1993：
79-80）.

　この批判自体は妥当なものである．だがもし，所有権という概念自体が，先
述のように「生命・自由・財産」を総称する上位の概念であったとするならば，
マクファーソン・テーゼの限界は認めた上で，所有権理論がリベラリズムの政
治・社会理論において持つ意味を再考する必要が生じる．

第2節　所有権の政治性

　ここで，マクファーソン／タリーの議論から離れて，ヨーロッパにおいて法
的権利としての所有権がどのような形で成立し，変遷してきたのかを，村上淳
一の法制史研究の成果を借りて概観してみよう．

　ブルンナー O. Brunner の研究によれば，中世ヨーロッパにおける所有権
dominium は公法的要素と私法的要素の双方を含む上位概念であった．それは
主に，土地所有が，必要な場合は実力を持って守られるべき権利であるという
前提に由来する．近世に入り実力行使が禁制されると，所有権はその政治的性
格を徐々に薄めていく．しかし，グロティウスは依然として，君主の権力を
「優越所有権 dominium eminens」として基礎づけ，ボダンも君主の権力を
「最高支配権 suprema potestas」という所有権を反映する概念でもって捉えて
いた（村上，1979：80-82）．

　近代的な所有権の概念を確立したとされるロックの場合も，村上によれば，
従来の所有＝支配秩序という定式の流動化を促したとはいえ，所有権を完全に
経済的・私法的な概念として捉えてはいない．なぜなら第一に，所有権を基礎
づける労働は，純粋に個人としての労働ではなく，家長 landlords のために投
入されるものにすぎず，第二に，ロックにおける所有権は抽象的な処分権では
なく，具体的な利用権と結びついたものだったからだ（村上，1979：83-84）．「物
の実体の処分を中心とする全面的な経済的支配権としての近代的所有概念」の
確立には，ヘーゲルの登場を待たねばならない（村上，1979：107-109）．

　所有権が元来備えており，後に失ったとされる政治的な性格とはどのような
ものであったか，もう少し詳しく見てみよう．ヨーロッパ中世において，領主
とその支配に服する農民との間には，農民が領主に対して労働力を提供する義
務を負うのに対して，領主は農民に対して庇護と保護を与えるという法的な関
係が存在した．農民を保護するために，領主権力は実力行使の能力を持つこと
が前提とされた．もし領主が農民を保護することが出来ない場合は，農民は領
主に対する義務を失ったこととなり，他の地方や都市に逃亡することもできた．
土地所有権は単なる経済的な権利ではなく，「政治的支配と不可分の一体」で
あったのである（村上，1979：65-66，81，96）．

　啓蒙の理論家たちは，このように経済と政治が，場合によっては宗教までも

が一体化した支配権力を相手に，政治の安定や市民の抵抗を可能にする理論的根拠を提供しようとした．したがって，その射程は経済も政治も含むものであったはずだ．所有権を純粋に経済的な権利と捉えること自体が，すぐれて近代的な偏見であるといえるかもしれない．

第 3 節　ロックの所有権論

以降の議論の前提として，少し長くなるがロックが『統治二論』において所有権を定義した有名な一節を引用し，彼の所有権論の内容を確認しておこう．

> 大地や人間より劣る被造物のすべては，人類の共有物であるが，しかし，すべての人が自分自身の身体に対して所有権 a property on his own person を持っている．これに対しては，本人以外の誰も，いかなる権利をも持っていない．彼の身体の労働 a property of his body とその手の働き work of his Hands は，まさしく彼のものと言ってよい．そこで，自然が与え，そのままにしておいた状態から彼が取り出したものは何であっても，かれはそこで労働をそれに加え mixed his labour, 彼自身のものをつけ加えて，それへの彼の所有権が発生するのである．そのものは自然のままの状態から彼によって取り出されたものであるから，この労働によって他の人の共有権を排除する何かがつけ加えられたことになる．この労働は疑いもなく労働した人の所有権なのであるから，少なくとも共有物として他の人にも充分なものが同じように残されている場合には，いったん労働をつけ加えたものにはその本人以外の何人も権利を持ち得ないのである．
> （Lock, 1689：111-112 = 1997：176）

この部分に続けてロックは，歴史的・経験的な説明を行っている．人類の出発点においては全てが共有物であり，私的な所有は存在しなかった．採取と狩猟の時代が終わり，人は自己保存に必要な食糧を得るため，定住して土地を耕し作物を作るようになる．その際，人が耕した土地は，その人の所有であると自然に認められた．当時，土地は豊富にあったから，そのことに異議を唱える者は誰もいなかった．土地は他に十分に残されていたし（十分性の法則），また誰も，自分の生活を支える目的のために利用しうる限りしか所有しなかった（適宜性の法則）．さらに時代が下り，貨幣が発明され，自己保存に必要とされる以

上の土地を個人が蓄積するようになるが，適宜性の法則を超える大土地所有に関して，人びとは同意と契約によって権利を与えるようになった．「こういう尺度（所有権）は，世界が満ちているように見える今日においても，誰をも傷つけることがなければ，なお認められてよい」のである（Lock, 1689：111-115＝1997：176-182）（カッコ内は引用者）.

　ロックの所有権論は，理論的な構成としては，人が自己の身体を所有するという身体所有権 property in person と，労働を根拠として外物を所有する労働所有権（財産所有権）の，二段階に分けることができる．所有権が政治哲学・政治思想の分野で論じられる際は，現在でも通常は，この二段階構成が用いられるが，第一段階の身体所有権は今日では自己所有権 self-ownership と呼ばれることが多い.

　本章がこの自己所有権に注目するのは，自己所有権が労働所有権を生じさせる原因とみなされるというだけではない．私的所有制度に対して批判的で社会的な平等を志向する現代の議論の多くが，労働所有権を否定する場合でも，自己所有権命題の否定は困難である，あるいは否定すべきではないと考えていることにある．ロールズやドウォーキンらの正義基底的なリベラリズムはもとより，私有財産制を否定するマルクス主義でさえ，搾取理論において労働者が自己の労働の所有権を有することを前提にしており，自己所有権は否定していないという見方が一般的である．これに対してフェミニズムは，自己所有権に関していまだ，明確な立場を示していないように見える．「私の身体は私のもの」というスローガンに象徴される自己所有権自体は堅持すべき命題なのか．自己所有権を肯定した場合，労働所有権もその論理的帰結として承認せざるをえないのか．そもそも，自己所有権命題自体になんらかの錯誤が含まれている可能性はないのか.

第4節　リバータリアニズムの社会理論と自己所有権

　自己所有権命題の検討に際して本章が主な対象とするのは，自己所有権を思想の核として持つとされるリバータリアニズムである．リバータリアニズムは通常，リベラリズムのスペクトラムの最も右に位置する思想と考えられているが，別の見方をとるなら，古典的リベラリズムないしロックの所有権論の正嫡とも言える．先に見たように，ロック自身が非常に緩い形で適用している条件

を取り払い，無条件の，絶対的な所有権を承認すると，どのような社会理論が構成されうるのか，リバータリアニズムはその格好の実験と考えられる．

　古典的なリベラリズムに加えてアナーキズムやトランセンデンタリズムの流れを汲むこの思想は，ノージックの『アナーキー・国家・ユートピア *Anarchy, state, and utopia*』(1974) によって体系化されたとされる．同書は，第一部で無政府状態から，彼が唯一正当であると認める最小国家 minimal state が現れる過程を追い，第二部において，個人の自由を侵害して再分配を行う拡張国家 extensive state が正当化できないことを論証している．

　ノージックはロックにしたがって，まず自然状態の記述から始める (Nozick, 1974 : 6-9, 邦訳 : 8-13)．しかし彼は，自然状態の人間が有する自然権の内容を特定しないまま，自然状態の不都合について語る．いわく，自然状態においては，個人の権利に対する侵害が起こった時，個人は自分の力で侵害者に対して自分を保護し，賠償を請求し，処罰を行うことになる．その場合，保護も賠償も不十分なままに終わったり，あるいは行き過ぎた報復がなされたりする．この不都合を回避するためにロックは国家を登場させたが，ノージックはその代わりに私企業である「保護協会 protective associations」を登場させる．保護協会は個人 clients との契約に基づいて，警察官，検察官，裁判官の機能を果たす．当初はいくつもの保護協会が乱立するが，競合の結果として1つの地域を独占する「支配的保護協会 a dominant agency」が成立する．(Nozick, 1974 : 12-20 = 2000 : 18-32)．このような事実上の de facto 国家 (Nozick, 1974 : 140 = 2000 : 221) こそが，ノージックにとっての唯一正当化可能な最小国家である．

　これは，アダム・スミス流の夜警国家と同じものではないかという予想される疑問に対しては，夜警国家はコストを負担しない者 free riders の存在を許し，他人を保護することで生ずるコストまでクライアントに強制的に負担させると，ノージックは言う (Nozick, 1974 : 26-28 = 2000 : 41-43)．つまり彼によれば，夜警国家もまた，リバータリアンの立場からは許すことのできない再分配を行っていることになるのである．これに対して支配的保護協会の発展形としての国家は，誰の権利をも侵害しない．

　個々人と保護協会の間の契約の集積として成立するこのような最小国家は，そもそも国家 body politic と呼べるのだろうか．ノージック自身，自説が通常の社会契約説とは異なっていると認める．またさらに進んで，このような国家は誰の権利も侵すことなく人目を惹かぬままに漸進的に成立するゆえに「自然

状態の枠内にあるのであって，それと両立する言うべきだろうか」と述べている（Nozick, 1974：172＝2000：290）．断言はしていないものの，そう解釈して構わないという意味であろう．すなわち，社会契約説において通常想定される個人から政治体への権限の委譲 alienation が一切行われないノージックの最小国家は，自然状態の中にとどまるのである[6)]．

　ノージックの国家が自然状態の中にとどまることは，個人と社会の関係に関する彼の見解からも論証可能である．ノージックはカントを援用して，政治哲学が関心を向けるべきは，人が他人を利用してはならないという点のみだという．なぜ，社会全体の善に関心を向ける必要がないかといえば，「善を伴う社会的実体 *social entity* などというものは存在しない．（中略）存在するのは個々の人びと，彼ら自身の個々の命をもった，各々異なった個々の人々のみである」からだ（Nozick, 1974：32-33＝2000：51）．「個人が集まっても既存の権利の総和ではない新しい権利を創造することはできない」（Nozick, 1974：90＝2000：143）つまり，個人はそれぞれ商業的な契約を保護協会と結ぶが，個人同士はなんら結合しておらず，社会も政治体も成立していないと解釈できる．

　さて，このようにしてノージックが政治体への委譲を頑強に拒否した個人の権利の内容を見てみたい．先述のように，ノージックは自然権を特定しないまま議論を進めるが，行論の中で明らかになるように，彼が問題にするのは所有権のみである．

> 分配的正義 distributive justice[7)]の結果状態原理 end-state principle やほとんどのパタン付き原理は，人々及びその行為と労働に対する他人の（部分的 partial）所有権を設定する．このような原理は，古典的自由主義における自己所有権 self-ownership の概念から他の人々に対する（部分的）所有権の概念への移行を含意している．（Nozick, 1974：172＝2000：290）（傍点は原著イタリック）

　ノージックは，保有物に関する正義の原理 principle of justice in holdings を以下の3つの論題として定立する．

　1　獲得の正義の原理 the principle of justice in acquisition に依って保有物を獲得する者は，その保有物に対する権限をもつ．2　ある保有物に対する権限をもつ者から移転の正義の原理に依ってその保有物を得る者は，その保有物に対する権限をもつ．3　1と2の適用の場合を除いて，保有物に対する権

限をもつ者はいない（Nozick, 1974：151-153＝2000：255-260）.

　すなわち，原始的な獲得 original acquisition の正当性がその後の相続・移転の際にも貫徹するのである．では，1の獲得の正義とは何か．何をもってして正当な獲得とするのか.

　まず，分配的正義の理論と異なり，獲得の正義は結果状態原理 end-result principles ではなく歴史原理 historical principles であるとされる.「人々の過去の環境や行為が色々な物に対する差異をともなう権限と資格を生み出しうる」（Nozick, 1974：153＝2000：263）のであり，純粋な無主物以外の地球上のほとんどあらゆる物はすでに原始的な獲得（占有）の時点で所有権が確立しているため,「それらの上に権限を有する人々に既に属しているものとして，この世に生み出されるのである.」（Nozick, 1974：160＝2000：270）．では，この世のあらゆる物が所有のタグを付けられる以前の，原始的な一次獲得が正義に基づくことは，どのように担保されるのか.

　この点に関してノージックは「ロックの獲得理論 Locke's theory of acquisition」と題された章を立て，ロックを参照して,「何かに自分の労働を混入することが，なぜ人をその物の所有者にするのだろうか．おそらく，人は自分の労働を所有しているからである.」と述べる．しかし，おそらく意図的であろうが，この原始獲得論の当否については触れずに，ロック的但し書き proviso の検討へと筆を移してしまっている[8]（Nozick, 1974：174-178＝2000：292-299）.

　以上のようにノージックは，政治体の創出に関しては明確にロックから離れながら，所有論については，大筋においてロックを踏襲する.

　このようなノージックのリバータリアニズムが自己所有権に基礎をおいていると看破したのは，イギリスの分析的マルクス主義者 G. A. コーエンである.

　ノージックは何よりも自由を最優先するが,「『リバータリアニズム』は自由そのものではなくて，自己所有権によって形態を規定された特定の自由を肯定しているのである．……自己所有権の欠如が自由の欠如を意味するから人々は私的所有者としての資格を有すると彼は考えたのである.」（Cohen, 1995：67＝2005：95）．そして，先述のようにマクファーソンがロックの所有論において「自由は所有権の関数である」と述べていたのに対して，コーエンはノージックに関して，彼は「自由の範囲と性質は自己所有権の関数である」と考えていたと指摘する（Cohen, 1995：67＝2005：96）.

第5節　自己所有権命題は反駁可能か

　コーエンは，ノージックのリバータリアニズムの核心が自己所有権にあることを理解するために数年を要したと述べている．再分配を支持するリベラル左派がノージックの見解を軽く片付けていたのに対して，コーエンがきわめて真剣にリバータリアニズムと格闘しなければならなかったのは，マルクス主義の搾取論が自己所有権を前提にしているとの認識ゆえである（Cohen, 1995：4-18＝2005：4-21）．資本主義のもとで日々，自己の所有物である労働力を売って生きている無産プロレタリアートは，それにもかかわらず「自己所有者であり，よって本質的な意味で自由である」とするノージックの議論に対して，コーエンは何としてでも反駁せねばならなかったのである．

　コーエンも，ノージックが自己所有権命題を論証抜きに主張していると見る．しかしコーエンによれば，論証していないことは，ただちに自己所有権命題が誤りであるとの結論を導くわけではない．それどころか，この命題は「先験的な（すなわち，前哲学的 pre-philosophical な）説得力」をもっており，この説得力はどのような平等原理にも匹敵するとまで言う（Cohen, 1995：70＝2005：98）．

　自己所有権命題が完全には否定できないことを認めた上で，コーエンは，その説得力を減じることを試みる．自己所有権命題の否定が奴隷制の肯定ではないこと，また人を合意なしに手段として利用してはならないというカント的原理は，自己所有権命題の根拠にならないことなどが論証される（Cohen, 1995：229-244＝2005：327-346）．

　コーエンのこの議論は，その後数多くなされたリバータリアニズム批判の範型の役割を果たすことになる．自己所有権命題に対する反駁の論点を，フェミニストによるものを中心に，以下に整理してみよう．

1　直感的な説得力

　コーエンは，自己所有権命題の先験的な説得力が，多くのリベラルと社会主義者を動揺させていると述べている．その先験性とは，彼によれば，人とその身体との親密な関係が生み出すものである．自分の身体の部分が自分の所有であって，自分の制御下にあると考えるのは「理解しやすい理論」であり，多くの人が「一応は賛同しうる」（Cohen, 1995：70-71＝2005：98-99）．

　日本のリバータリアン森村進も，自己所有権の根拠を直感に求める立場を取り，「自己の身体の物理的な支配と自己所有権との関係は，論理的な正当化の関係ではなく，心理的なものである」と言う．そして，自己所有権テーゼが自然なものと感じられる理由として，コーエンと同様に，人とその身体との関係の特殊性を挙げる．また，論証不可能な直感を根拠にすることに対する予想される批判に対しては，「あらゆる規範的議論は究極的には何らかの道徳的な直感に訴えかけざるを得ない」として正当化する．直感が人により異なるとしても，「自己所有権テーゼは〈理由のない苦痛は避けられるべきである〉といった直感と同様に，われわれにとって最も自然な，捨てにくい直感の一つなのである.」と（森村，1995：37-44）.

　直感を自己所有権の根拠とすることを批判して，髙橋文彦は次のように論じている．そもそも，議論の出発点において道徳的直感に依拠することが許されるのであれば，自己所有権テーゼに反する直感もまた等価である．自分の身体を自分の意志で自由に処分することや，自分の身体は自分だけの物であると考えることに，直感的な違和感をもつ人びとも存在するのである（髙橋，2005：81）.

　また，コーエンや森村の直感を言語化すると「私の身体は私のものである．My body is mine.」という言明になるが，このような言明が必要な場面は，私たちの身体を傷つけたり，利用したりする他者に抗する時に限られる．すなわちこの宣言は「私の身体は他人のものである」という命題を予想し，それを否定するためになされるにすぎない．したがって，「私の身体は私のものである.」という時の私と私の身体との関係は，「所有したり，されたり」の関係である必然性はない.

　A. フィリップスは，「私の身体」と言う時にそこで主張されるのは所有権ではなくして「身体の統合性integrity」であると指摘する．性暴力や身体刑が脅かすものは，私の所有権ではなく，私の身体のインテグリティーであると．したがって，この文脈で所有権のレトリックを使用することは過剰であることになる（Phillips, 2011：728）.

2　再帰的所有権は成立するか

　「私が私の身体を所有する」という時，所有する主体は私であり，所有される客体もまた私である．下川潔によれば，私が所有者であり同時に被所有物であるという命題は，論理学的には矛盾律に反し，成立しえない．ただし，「時

間軸を持ち込んだり，私の中に支配的要素と被支配的要素を考えれば」「ゆる
やかな再帰性」は成り立ちえるとする（下川，2000：102-105）.

　下川をはじめとして多くの論者が気づいているのは，再帰的所有がデカルト
的心身二元論を想起させることである．すなわち，「私が私の身体を所有する」
という命題の最初の「私」は心や自我などの言葉で呼ばれる非物質的な私であ
って，後の「私」が物質的な肉体やそれが持つ能力であると考えれば，論理的
矛盾は解決する．ロックやノージックがどこまで心身二元論の立場に立ってい
たかとは無関係に，所有権の言語は心身二元論を強く示唆する．

　心身二元論が哲学の領域で完全に乗り越えられ，一般の人びとの認識におい
ても心と身体が切り離せない一体であると考えることが常識となった今日でも，
相変わらず心身二元論的自己所有権を前提として成立しているのが，労働力の
商品化の論理である．すなわち個人が自己の労働力の所有者であって，それを
売買できるという周知の論理である．自己所有権は「政治的虚構 political fic-
tion」であると主張するC. ペイトマンは，自己所有権に基づく労働契約が労
働の場における疎外と従属を引き起こしていると言う（Pateman, 2002：26, 31）.
とくに，商品化されるのが身体と強く結びついたサービスである場合，事態は
深刻化する．フィリップスは，このような疎外の具体例として，売春に従事す
る女性たちが心と身体を乖離させることでその労働の辛さに耐えようと努めな
がら果たせない例，あるいは代理母が，自分が提供するサービスを「子宮のレ
ンタル」だと割り切ろうとしながら，生まれた子に対する情愛を捨てられずに
苦しむ例などを挙げている（Phillips, 2011：730）.

3　自己の境界

　啓蒙の社会・政治理論が，自立し，自足した強い個人のみを社会契約の当事
者として想定し，関係的存在としての人間を捉え損ねていたことは，多くのフ
ェミニストがすでに指摘してきたことである[9]．ノージックの社会理論について
本章で指摘したとおり，このようなアトミズムは，自己所有権論において，そ
の極北に達する．自己所有権は，「隠喩的な壁を自分の周りに建てることによ
り，他者を脅威として構築する」のである（Phillips, 2011：728）.

　リバータリアンにとっては，人間が他者や世界と自分を明確に分かつ境界
border としての身体を持っていること自体が，自己所有権の根拠として認識
される．たとえば森村は，「もし自己所有権が前提されていなかったら，各人

のもつ自由の範囲が自分の身体に限定される理由はない.」と述べている（森村, 1995：35）. あるいは, 自分の身体を制御することができること, 自分の身体に生起する苦痛や喜びを感じることができるのは自分のみであること, そしてこの世界の中で自分が持っているのはこの身体のみであることが, 個人の孤立性 separateness を端的に証明し, 自己所有権の根拠であるとされてきた（McElwee, 2010：215）.

　アメリカの法哲学者 J. ネデルスキーは, アメリカにおいて境界の隠喩^{メタファー}が所有権を論じる際に使われてきたことに注目する. 彼女によれば, アメリカ憲法制定時のフェデラリストは, 片方に数を増しつつある無産の多数者, もう片方には強大化する可能性のある連邦政府権力という二つの脅威に直面しながら, 土地所有者の権利を守るという複雑な課題を抱えていた. そしてその解決策として, 自由と結びついた所有権の保護を憲法によって行おうとした. その際に複雑な問題を直感的に理解させるために用いられたのが, 境界 border という視覚的な隠喩であった. この隠喩は非常に効果的であるため, 今日では, 人間の本来的な自己が境界に囲まれたものとして間違って認識されるようになったと（Nedelsky, 1990：162-171）.

　ロックの所有権論のもっとも純粋な形での適用例であるといえるアメリカにおいて, 所有権がことさらに排他的なものとして社会的に構成されたことは, 非常に興味深い. リバータリアニズムが政治運動として市民権を得て, 胎児の権利と妊婦の権利とが対立的に語られ, 私有地に侵入する見知らぬ者を銃殺する権利さえ承認されうる社会は, 権利基底的な個人主義的リベラリズムのユートピアであるようにも見える.

　フェミニズムの側からの, この境界の問題へのアプローチは, 女性が自分の身体に対して抱く感覚を言語化することから始まった. A. リッチは『女から生まれる』の中で, 男が自分の身体を外壁を巡らせた城として考えるのに対して, 女の自身の身体に対する認識は, 身体の内部と外部を厳格に区別しない, 流動的なものであると指摘した（Rich, 1976：62-64＝1990：86-89）. また, アメリカの政治哲学者 I. ヤングは, 現象学の方法により妊娠という経験を記述し, 妊娠した主体の分裂, 二重化を語る. そして, 統一的な自己や超越・内在の区別という伝統哲学の前提に疑問を呈している（Young, 2005：46-61）.

　ヤングをはじめとするフェミニスト現象学の研究においては, とくにメルロ＝ポンティやレヴィナスに依拠して, 女性の経験が記述されることが多いが,

その中で，境界の意味は逆転される．リベラリズムないしリバータリアニズム[10]
において，外部や他者との絶対的な境界として認識される，私の身体の輪郭を
形作る皮膚は，現象学的な見方をとるならば，外部や他者と繋がるための経路
である．私たちは，この身体と皮膚を持つがゆえに，感覚器の働きを通じて世
界を経験することができるし，他者と共にあること，他者とさまざまな形で相
互的に関わることができるのである[11]．

お わ り に

　本章では，所有権がリベラリズムの思想の中核的概念であることを確認した
後，その観点からリバータリアニズムの社会理論と所有権論を紹介し，最後に
自己所有権命題が反駁可能か否かという問題を検討した．自己所有権命題は反
駁可能であるし，最終的には廃棄されねばならないというのが，筆者の結論で
ある．

　じつは，自己所有権命題に関連して，本章では触れることができなかった重
要な問題が一つ残っている．それは自己決定権（自律）の問題である[12]．

　性と生殖に関する自律（自己決定）は，フェミニズムにとってとりわけ重要
度の高い問題であり，自律 autonomy の概念を主題にするフェミニストによる
論考は，自己所有権に関するそれと比較にならないほど豊富にある[13]．しかしな
がら私見では，それらの自律に関する議論には，自律の権利を何に基礎付ける
のかという点において，理論的な混乱が少なからず存在する．たとえば，アメ
リカにおいて妊娠中絶を合法化した Roe v. Wade（1973）判決がプライヴァシ
ー権を根拠にしたことについて，多くのフェミニストは批判的であるが，代わ
りに何を根拠にすべきかについては，いまだ合意点が見つかっていないように
見える[14]．

　リベラリズムおよびリバータリアニズムにおいては，個人は自己を所有する
がゆえに，自己に関する事柄について決定する主権 sovereignty を有すると考
えられている．したがって，自律は自己所有権を暗黙のうちに前提にしてしま
っており，このことが，フェミニストが自律を語る際の困難を生んでいると筆
者は考える．多くのフェミニストが取り組んでいる自律の再概念化 reconcep-
tualization は，まずは自己所有権を否定し，所有でない別の言葉で自己および
自分の身体を語ることから始めなければならないのである．

注

1 ）　後述のノージックは，所有権は生命権に優先すると述べている．「生への権利は，せいぜいのところ，生きるに必要な物すべてについて，それを得ることが他人の権利を侵さない場合に，それらを手に入れまたその努力をする，という権利であろう．（中略）生への権利なるものを適用できるようになる以前に，所有権の理論がまず必要である．」（Nozick, 1974：179＝2000，邦訳：300-301）．

2 ）　批判の内容を総括した論考として D. Miller（1982）がある．批判者には I. ヴァーリン，J. ダン，J. G. A. ポーコック，Q. スキナーなど錚々たる面々が含まれる．同じく近代初期のヨーロッパのリベラリズムを対象とした研究の中でも，リベラリズムの共和主義的伝統を再評価したポーコックの研究が主流派政治学において大歓迎されことは，マクファーソン・テーゼに対する冷遇と対照的である．

3 ）　立岩（2004），稲葉・立岩（2006）などを参照のこと．なお，自己所有権は肯定しながら労働所有権を否定する Hillel Steiner, Michael Otsuka らの「左派リバータリアン」については井上（2008）が詳しく論じている．

4 ）　Cohen（1995：ch. 6-8），稲葉（2005）を参照のこと．

5 ）　J. チャーチは，リベラルな傾向を持つアメリカのフェミニストが所有を個人の力の行使として肯定的に捉えるのに対して，フランスを中心とするラディカル・フェミニストは，人がどこに誰として生まれたかという，自己の意思によらない偶然の結果として，所有というものを消極的に捉えると指摘している（Church, 1997：89）．

6 ）　ロールズは，リバータリアニズムは社会契約説でも正義の理論でもないとして，次のように述べている．「国家を私企業とみなすことで，リバータリアニズムの原理は社会契約説の基本的な概念を拒否しており，その意味で当然ながら，〔社会の〕基本的構成のための正義の特殊理論としての地位を得ることはできない．」（Rawls, 1993：265）（〔　〕内は引用者）．

7 ）　邦訳は「配分的正義」となっているが，経済学において採用される訳し分け（「distribution 配分」「allocation 分配」）の慣行にしたがい，「分配的正義」としている．

8 ）　『アナーキー・国家・ユートピア』において，ノージックが最も基本的な部分の議論を意図的に避けていることについては，多くの論者が指摘している．たとえば Nagel（1981）などを参照のこと．同書が大きな反響を呼びながらも，コーエンの『自己所有権・自由・平等』が書かれるまでその解釈が定まらなかった原因もそこにあると思われる．

9 ）　このテーマに関する優れた研究として岡野（2012）を参照のこと．

10）　フェミニスト現象学による自他関係をテーマとする代表的な研究としては，Keller（1986），Scarth（2004），Adams and Lundquist（2013）などがある．また，フェミニストによるレヴィナス解釈をまとめた Chanter ed.（2001）も参照のこと．

11）　「皮膚は分かつのではない――それは感覚器の素晴らしい回路を通じて，私たちを世界と繋げるのだ．（中略）感覚を通じて，私は世界の中に入り，世界は私の中に入る．多数が1つとなり，外部が内部になるのはまさに，この身体という現象 embodiment

においてなのである.」(Keller, 1986：234).

12) 欧米では self-determination は民族自決という意味で，主にナショナリズムの文脈で使われる概念である．日本語の「自己決定権」に最も近いのは「自律 autonomy」である．ただし，「自律」は決定権に限定されないより広い概念であるため，正確には，「自己決定権」は「決定に関わる自律 decision-making autonomy」と呼ばれるべきであろう.

13) 自律をテーマとする研究としては，Benhabib（1992），Held（1993），McKenzie and Stoljar（2000），Friedman（2003）などを参照のこと．McKenzie and Stoljar（2000）は，自律の再概念化を提唱して「関係的自律 relational autonomy」という新しい概念を提案している.

14) 法律論議としては，プライヴァシー権ではなく憲法上の男女平等の観点から妊娠中絶の権利を認めるべきだという声が強い．Petchesky（1984），MacKinnon（1991）などを参照のこと．なお，プライヴァシー権はアメリカの大衆文化に根づいた，私的事柄への政府の介入を嫌うリバータリアニズム的心情に訴えかけるゆえに，本来的に保守的な概念であることに注意すべきだという指摘がある（Petchesky, 1984：Preface to the 1990 edition, xxi-xxv）.

参考文献

Adams, S. Lachance and Lundquist, Caroline R. eds.（2013）*Coming to Life：Philosophies of Pregnancy, Childbirth, and Mothering,* Fordham University Press.

Benhabib, Seyla（1992）*Situating the Self,* Polity Press.

Chanter, Tina ed.（2001）*Feminist Interpretations of Emmanuel Levinas,* Pennsylvania State University Press.

Cohen, Gerald Allan（1995）*Self-ownership, Freedom, and Equality,* Cambridge University Press（松井暁・中村宗之訳（2005）『自己所有権・自由・平等』青木書店）.

Church, Jennifer（1997）'Ownership and the Body,' Meyers, Diana T. ed., *Feminists Rethink the Self,* Routledge.

Friedman, Marilyn（2003）*Autonomy, Gender, Politics,* Oxford University Press.

Held, Virginia（1993）*Feminist Morality,* The University of Chicago Press.

Jeske, Diane（1996）'Self-Ownership and Motherhood.' *Social Theory and Practice,* vol. 22, no. 2, Florida State University Department of Philosophy.

Keller, Catherine（1986）*From a Broken Web：Separation, Sexism, and Self,* Beacon Press.

Locke, John（1689）ed. by Ian Shapiro, *Two Treatises of Government,* publ. 2003 by Yale University Press（伊藤宏之訳（1997）『全訳 統治論』柏書房）.

McKenzie, Catriona, and Stoljar, Natalie eds.（2000）*Relational Autonomy：Feminist Perspectives on Autonomy, Agency, and the Social Self,* Oxford University Press.

MacKinnon, Catharine A.（1991）'Reflections on Sex Equality Under Law,' *Yale Law*

Journal, vol. 100, Issue 5, Yale Law School Legal Scholarship Repository.

Macpherson, Crawford Brough（1962）*The Political Theory of Possessive Individualism : Hobbes to Locke,* Oxford University Press（藤野渉他訳（1980）『所有的個人主義の理論』合同出版）.

McElwee, Brian（2010）'The Appeal of Self-Ownership,' *Social Theory and Practice,* vol. 36, no. 2, Florida State University Department of Philosophy.

Miller, David（1982）'The Macpherson Version,' *Political Studies* 30, the Political Studies Association and Wiley.

Nagel, Thomas（1981）'Libertarianism Without Foundations,' Paul, Jeffrey ed., *Reading Nozick : Essays on Anarchy, State, and Utopia,* Rowman & Littlefield.

Nedelsky, Jeniffer（1989）'Reconceiving Autonomy: Sources, Thoughts and Possibilities,' *Yale Journal of Law and Feminism,* vol. 1, issue 1, Yale Law School Legal Scholarship Repository.

Nedelsky, Jennifer（1990）'Law, Boundaries, and the Bounded Self,' *Representation,* no. 30, University of California Press.

Nozick, Robert（1974）*Anarchy, State, and Utopia,* Basic Books（嶋津格訳（2000）『アナーキー・国家・ユートピア』木鐸社）.

Pateman, Carole（2002）'Self-Ownership and Property in Person: Democratization and a Tale of Two Concepts,' *The Journal of Political Philosophy,* vol. 10, no. 1, Blackwell Publishers.

Petchesky, Rosalind Polack（1984）*Abortion and Woman's Choice : The State, Sexuality, and Reproductive Freedom,* University Press of New England.

Phillips, Anne（2011）'It's My Body and I'll Do What I Like It: Bodies as Objects and Property,' *Political Theory,* vol. 39, no. 6 , Sage Publications.

Rawls, John（1993）*Political Liberalism,* Columbia University Press.

Rich, Adrienne（1976）*Of Woman Born,* publ. 1986 by W. W. Norton & Co（髙橋茅香子訳（1990）『女から生まれる』晶文社）.

Scarth, Fredrika（2004）*The Other Within : Ethics, Politics, and the Body in Simone de Beauvoir,* Rowman & Littlefield.

Tully, James（1993）*An Approach to Political Philosophy : Locke in Contexts,* Cambridge University Press.

Young, Iris Marion（2005）*On Female Body Experience : 'Throwing Like a Girl' and Other Essays,* Oxford University Press.

稲葉振一郎（2005）『「資本」論——取引する身体／取引される身体』筑摩書房.

稲葉振一郎・立岩真也（2006）『所有と国家のゆくえ』日本放送協会.

井上彰（2008）「自己所有権と平等——左派リバータリアニズムの意義ご限界——」『年報政治学』59(2).

大庭健（2004）『所有という神話——市場経済の倫理学』岩波書店.

岡野八代（2012）『フェミニズムの政治学』みすず書房.

下川潔（2000）『ジョン・ロックの自由主義哲学』名古屋大学出版会.

髙橋文彦（2005）「自己・所有・身体——私の体は私のものか？」森田成満編『法と身体』
　　国際書院.

立岩真也（2004）『自由の平等』岩波書店.

村上淳一（1979）『近代法の形成』岩波書店.

森村進（1995）『財産権の理論』弘文堂.

（原 千 砂 子）

第9章　現代日本の「食」の問題と
ジェンダー

は じ め に

　「食」はすべての人間にとって，その生存・生命を支え維持するために不可
欠なものであり，基本的には性差を問わないことである．しかし人間の食のあ
り方は時代や社会とともに変化してきたものであり，家族や地域や国家などを
含む人間たちの生活や文化と深いかかわりをもっている．今日，食の世界は生
産・加工・流通・販売・消費・廃棄等の領域に拡大し，グローバルな市場世界
とつながっていることから生じるさまざまな問題を抱えているが，それら食の
問題には「ジェンダー」の問題とのかかわりが深いものも多い．その「ジェン
ダー」とは「社会的文化的性差」の役割・思考・行動・表象全般を指すが，第
二波フェミニズムによって，社会的文化的性差にかかわる差別・抑圧・規範・
構造などを組み解く用語として使われてきた．本章は，そうしたジェンダーの
視点から，現代日本の食の問題について考えたいと思う．
　まず前半部（第1〜4節）では，「豊食・飽食・崩食」時代の現代日本の食の
問題について，ジェンダー，とくに女性とのかかわりについて考える．後半部
（第5・6節）では，食の問題についてのフェミニズムの食の理論をとりあげる．
それらを通して，現代日本における「食の問題とジェンダー」の課題について
考えたい．

第1節　現代日本の「食」とジェンダーとの関係

　20世紀後半以降，高度資本主義的産業社会の発展により，食の領域は生産
（農林畜産水産業）と消費の二領域から，生産・流通・販売・消費・廃棄などの
領域へと拡大し，それらのすべてが市場経済に依拠するようになった．いまや
食の世界全般が産業側の主導のもとで，食の人工化，機械化，商品化，個別化

とともに，供給の不安定化や安全性確保の不確実性などの問題が生まれ，国境を越えた対応・対策が必要となっている．そこでは「食べ物」に関する「安全保障」や「国家政策を含めた社会経済機構全体」の問題などがとくに論議されているが，重要なのは，食の世界の変貌によって「見えなくなっている（＝不可視化されている）」食（物・品）についての私たちの「かかわり」の問題ではないだろうか．

　というのも現代の食の世界の変貌は，近代以降の産業・科学技術の発展に伴う「食（料）」の人工化・加工化という「食文明」がもたらしたことであり，その動きを押しとどめることは困難である．人工的な添加物，冷凍食品や改造食品，遺伝子や DNA の改変された「新しい」食（品）の登場などについて，私たちはその安全性の保証・管理・規制などの基準や知識をまだもっていない．それどころか，その基準・規制を，そうした食の改造を推進している産業側に委ねているともいえる．そこから産業側の食（品）偽装，食の事件，公害，遺伝子組み換え技術や食品の DNA 改造技術，原発事故による食物およびその環境の放射能汚染，さらに食品ロスや食料廃棄物やごみ（プラスティックごみ）の処理問題などが生まれ，私たちの「食」への不安が増大するばかりである．それだけではない．食品にかんする情報の氾濫が，SNS 問題なども加わって錯綜しているうえに，（漁業捕獲の問題など）差異ある伝統文化の国際間取り決め問題なども抱えており，「食の未来」は「不透明」「不確実」であり，「安心」をもてない状況にあるといわざるをえないのである．

　ところでこうした現代日本の食の世界が抱える問題は，男女に共通する問題であり，ジェンダー（性差）を問わない，あるいはジェンダー問題と無関係なのだろうか．そうではない．その関係が見えなくされているだけなのである．

　第一に，食の技術化に関する安全性問題について，食（品）や食物への人工化や環境ホルモンや環境汚染などが人間の身体能力，男女の生殖能力や妊娠に影響し被害をもたらすことは，多くの環境問題から明白となっている．そのことは，レイチェル・カーソンやシーア・コルボーン，そして C. マーチャントなどのエコフェミニストたちが指摘してきた問題である．

　第二は，食の生産と消費の分断が起こす問題として，大規模な新自由主義的経済の発展に組み込まれつつある食産業の生産的部門には男性を基本とするジェンダー構造・秩序・格差があり，他方，食の消費の世界は産業化が進行して

いるにもかかわらず女性たちの私的世界とされるという，ジェンダー構造が健在である．そうして食産業生産の世界化・大規模化・機械化によって大量生産される食料や食品の消費者として，女性たちは「北」の豊食・肥満と「南」の貧困・飢餓という格差に追いやられている．

　第三には，食の変化と家族の変化との相応関係である．これは，一方で産業側の「食」の商品化・個別化という変化があり，他方それに相応して消費者側の家族の「食」の個食化や孤食化という変化がある．この相応構図は，食の主領域である男性モデルの社会的労働とそれに依存する女性モデルの家事労働という，食労働世界の非対称なジェンダー構図でもある．このジェンダーの非対称な関係は，今日最大の食問題といわれる「ごみ問題や食料廃棄物や食品ロス」問題において，それが食の産業側による大量生産によって引き起こされているにもかかわらず，女性たちの「食消費」の問題とされていることにあらわれている．

　しかしこうした「食」とジェンダーとの「相関」関係について，これまで問題化されず，多くは男女共通の食の問題として論議され，ジェンダーの視点は欠落していたといえる．しかもそこでは，食（品）の生産・販売側の視点（生産第一主義）が重視され，結果として食の問題は「男性目線」で語られても女性への視点は欠如している．そうして多くは消費者側にいる家族の食事を担う女性たちの（自己）責任とされているのである．だが近年，こうした食の世界におけるジェンダー問題も留意されるようになり，少しずつ変化しているようである．そうした変化を含めて，食とジェンダーとの関係について考えたい．

第2節　食の世界におけるジェンダー構図

⑴　食の世界のジェンダー不平等

　日本における「食」のあり方は，近代以前までは，食の生産と消費の領域とが分離されず，家族や地域などの「共食共同体」を中心に営まれ，そこでは身体的差異に基づく性的協働はあったが，身分制度や社会の仕組みからくる差異が「性」差より大きかったといわれている．だが近代以降の産業社会の発展に伴い，食の生産と消費の二領域が分離して，食の生産領域は「男性」をモデルとする社会的労働（賃金労働）の場となり，消費領域は「再生産」領域としての家族の，とくに「女性」による家事労働（アンペイドワーク）によって担われ

る場となった.「男は外／女は内」という「ジェンダー秩序・構造」が社会を
支える枠組みとなり,食の世界の「ジェンダー化」が基本となった.このジェ
ンダー化は,男性を世帯主とし女性をその補佐とする「近代（家父長制）家族」
の成立を意味し,それは女性個人の経済的自立が困難な,男女の「不平等」な
ジェンダー構図の成立でもあった.

　こうした食労働における非対称なジェンダー構図は,20世紀後半以降,食産
業の大規模化・技術化・商品化などによって,多様な労働形態の担い手が必要
となり,少しずつ変化してきた.生産領域の基幹食産業といわれる「農業」で
も従来のように男性中心では成りたたず,女性が農業専従者の半数を占めるま
でになった.農村女性起業家も生まれ,加工・販売などの領域では女性が主た
る担い手となっている[1).こうしたことは他の食産業分野でも同様であり,今日
多くの女性たちが,「雇用機会均等法」から「女性活躍推進法」への社会の動
きを背景に,食産業を支える労働領域に参入しているのである.

　ではこうした（食産業の）社会的労働への女性参与は,食の世界におけるジ
ェンダーの非対称な構図を変革しているかといえば,必ずしもそうではない.
一方で女性の社会的労働の多くが補佐的な役割であり,しかも女性が従事する
社会的労働の形態には差異（正規・非正規など）による賃金格差があり,また配
偶者の有無によって,女性間に経済格差がうまれている.他方では,女性は食
の消費領域である家庭における労働（家事労働）を担うことから自由でなく,
その結果として,今日では「外＝男女／内＝女」という新たなジェンダー構図
がうまれている.いまや女性たちは,かつての「外と内」とのジェンダー非対
称ではなく,「外」の社会的労働におけるジェンダー不平等と,「内」の女性の
みの家事労働負担という,ジェンダーの「変則的二重的」非対称構図のなかに
いるといえる.なおこうした近年の女性の社会的労働への参入は,女性たちの
雇用平等化の動きよりは,新自由主義的な雇用要請が大きな動因ゆえに,女性
たちに経済的格差が生まれ,女性たちのなかに「下層化」や「貧困」問題が大き
くなっているのである（小杉ほか編, 2015）.いずれにせよ女性たちにおいては,
社会的労働への参入によって,逆に労働負担が増加するという現象がおきてお
り,ジェンダー改革の見通しは明るいとはいえないようである.

(2)　食（家事）労働の問題

　さて以上のような女性たちの過重な労働負担状況に対して,今日（ジェンダ

ー平等の観点からか）男女がともに２つの労働を担うこと，とくに男性がこれま
で負担してこなかった家事（食）労働を担うことが提唱されている．いわゆる
食事や子育てなどの家事労働についての男女共同分担である．欧米（とくに北
欧）ではこの方策が少しずつ実現しているが，日本ではまだ途上，いや現実に
はほとんど進行していないようである．家事労働の負担についての男女の認識
の違いや，労働状況からの現実的困難性もあり，欧米のような男女の家事
（食）労働の共同負担という方向に向かっていない．現実は，後述するように
女性側の（食の）家事労働の負担の軽減（策）が進んでいるようである．もちろ
んそれぞれの事情（経済状態だけでなく，子育てや介護や家族関係などの理由）で社会
的労働に参入していない女性もいるが，それらも，以下のような社会状況と無
関係ではないだろう．

　女性たちは，社会的労働に参入していることから生じる家事労働問題，とく
に食（事）負担に関して，現実には食（事）内容やその形態の変更による軽減
と，代行化による軽減で行っている．前者は食の**外部化**（外食，中食）や**個食化
や孤食化**（家族が各自個人のあり方で食事をするあり方）であり，後者は**代行化**（業
者や家事代行者，家庭内食代行 HMR）である．こうしたことが可能なのは，食
（事）の消費者側の意向だけではなく，食品の個別的商品化（冷凍食品，ワンパッ
ク食品など）や食（事）づくりにかかわる道具や器具の技術化を考慮に入れなけ
ればならない（電気ジャー，電子レンジ，冷蔵冷凍庫，食洗器など）．もちろんこれら
を購入して利用するには経済的問題がかかわるので，貧困問題や国際的問題も
かかわり，結果として（貧食・孤食・介護を含む）社会的「支援」問題が大きくな
ってきている（河上，2017）．

第3節　「家族の食」とジェンダー

　家族とは，「性と食をめぐって成立した集団」であり，「１つ屋根の下，同じ
火で煮炊きした食べ物を共に分かち合う人びと」（表，2010：11）の「**共食共同
体**」であるといわれてきた．この家族は歴史的には性的分業のもとで食の生産
と消費とを共に担い，そこで得られた食べ物を共に分け合ってきたが，近代以
降，食の生産領域は家族から分離されて男性たちの労働に依拠する社会領域
（産業・企業のもと）に属するもの，食の消費領域は女性の家事労働に依拠する
私的家族に属するものとなった．いわゆる「男は外，女は内」というジェンダ

一構造のもとに，家族という共食共同体が再編成されたのである．

　しかし「夫婦と子」という法で保証された日本の画一的な核家族の「近代家族」も，20世紀後半からのグローバル世界の発展と多様な人びとの交流によって，非（未）婚，事実婚，国際結婚，離婚，婚外子出生，少子化など多様化し変化してきた．そうした家族の変容は，これまで家族を支えてきた「共食」のあり方にも変容をもたらしている．

(1) 家族の変化と「共食」の衰退

　「共食」とは集団で食事を共にする（共有する）ことを意味するが，これには，食を共有する人間集団＝「共食共同体」（家族，地域共同体，民族，宗教共同体，同性・同一身分・友人同士などの集合体）と，共有する食べもの，食空間・食行動の質・食事つくり・食規範・食情報の共有などが含まれる．共食は，食活動を通して人間が属している社会集団の観念を維持する役割をもつが，もともとは「神人共食」「神饌」といわれる宗教儀式に由来している．家族という共同体における食卓の共食は，人間が生きるうえでの社会性や人間関係のルールなどの育成や保持に不可欠な役割や意義をもつ「共生の原理」の基盤であるといわれている（河上，2016ｂ）．

　だがこの共食は，日本では，産業社会の発達によってコミュニティの弱体化・崩壊および社会の個人化が進み，**孤食**や**個食**に変容してきた．石毛直道は「家族とは食の分配をめぐって成立した集団であるが，いま逆に共食することが，家族という集団を維持する役割を担っている」（石毛，1982：175）という．いまや「共食」は食（事）の問題を超えて家族の問題になり，共食の衰退は，家族の危機・崩壊，日本社会の危機であるといわれるようになった．

　家族における食（事）のあり方は，社会文化や家庭状況（生活・労働・教育などの事情）に相応して変化するものであり，超歴史的な「本来的な」形態があるとはいえないだろう．共食の今日的あり様も家族に限定されず，さまざまである．たしかに現代日本のように，食（品）の加工化・技術化・人工化によって「食の個別化」や「食卓の個食化」「孤食」などの現象が顕著になるなかでは，人間の「共生の原理」でもある家族における共食の役割の再評価は大事である．これは，東日本大震災で家族や故郷を喪失した人びとのいる日本社会において共食の意義が見直されていることで了解されよう．

　しかし共食は，フォイエルバッハがすでに述べているように（河上，2015；河

上，2019a・b），人間間の結束と排除，集団・組織の団結と差別という両面的な機能をもつものである（女性に多いといわれる「拒食症」もこの家族の共食機能に関係が深い）．にもかかわらず，共食の衰退は「家族の危機」「日本の食文化の危機」として，「共食の復権」や「共食運動」が盛んになっている．一方では各地の「孤食」にある子ども，若もの，高齢者むけの「共食ネットワークづくり」が提唱・提供され，他方で各家庭の「共食日」の設定をふくむ「食生活指針」などが推奨される．こうした「共食運動」には，家族の再生運動と連続して戦前の「共食のイデオロギー」が潜むことが危惧される．その点では近年の共食の復権運動には，かつての「家族団らんイデオロギー」の同調がみられるということもできよう．表真美（2010：136-144, 159）は，国家政策としての家族団らんが「食育基本法」施行以後，小・中・高の教科書に「孤食，個食，家族の食事の共有の減少を警告する言説がたびたび見出され」るが，「食卓での家族団らんは，日本においては，国家がつくりあげて国民にうえつけてきたイデオロギーといえる」と述べている．共食問題は家族への食支援の必要性という視点だけではなく，食を通した日本の教育（食育）や家族の再生という政治的問題とも関連しているようである[2]．人間の共食活動を，かつての私的家族という閉ざされた空間にイデオロギー的に引き戻そうとするのではなく，今日「開かれた」場のなかで再設定することが必要だろう．

　かつて私は，近年多くの学問的知見が日本における「共食」の衰退を問題化し，家族における共食機能の復権を提唱していることについて，共食の「イデオロギー的両面性」から疑義を述べたことがある（河上，2017）が，今日それとは異なる考えもできるようである．これは，昨今各地で開設されている「子ども食堂」のなかに共食の新たな可能性がみられるからである．それは，「子ども食堂」等の機能をただ貧困家庭や母子家庭の子どもへの食支援や民間の福祉活動とみなすのではなく，「社会的孤立」にある人たちの「共生の場」として考えようという動きである．そこで目指されているのは，湯浅誠などがいうように（湯浅，2017：75-84；志賀，2018），共食を通してコミュニティの再建を含む新たな人間関係の再構築を試みる「共生食堂」といえるものである．そこに通う人びとが求めているのは，親子の共食だけでなく，地域の大人や仲間たちとの共食であり，また学習支援であり，悩みや相談しあえる親しい人たちとの「人間らしい」交流，「居場所」などだといわれている．それゆえそこでは子ど

もたちだけでなく，その親たち，外国籍の人たち，孤食の単身者や高齢者，障がいのある人たち，安らぐ場所を求めている仲間や人びとによる「下からの共生」が追求されているようである．

　こうした試みのなかで注目されるのは，食事を共にすることの意味や役割の再構築ではないだろうか．共食とは「共生」の基礎であり，また人間にとっての食事が，「ともに食事することの楽しさ」の共有だからである．そのことは，ギリシアの哲学者たちがすでに語ってきたことであり（河上，2015），この共食の楽しさこそ，私たちが今日失いつつある食の基本的意義・役割ではないだろうか．こうした共食の本来的「意義」を，「子ども食堂」に集う子どもたちが示唆しているように思う．

　ただ気になるのは，そこでも「孤食」の貧困女子などを含む女性と食の問題との関係について語られていないことである．貧困に追いやられた女性たちは家庭からも社会から孤立しているにもかかわらず，ほとんど食支援の対象にはなっていない．女性は食事の供給側にいる者であり，一人で食事ができる者であるという日本の伝統的な食のジェンダー観念には，女性は食の「社会的弱者」にならないという考えが潜んでいるようである．

　差異と多様性の社会のなかに生きる私たちの食（事）のあり方は画一的なものではなく，共食にも各家庭や個々人による特色がある（時々の共食や母親たちの共食など）．現在，家族の食（事）のあり方が孤食や個食になるのは，それぞれの家庭や個人が抱える事情や背景もあるからである（親たちの経済的事情や労働状態，子どもの教育や生活時間，若者たちの生き方，家族関係の事情など）．そうした複雑な問題への視線なしに，共食の欠如は家庭，とくに食（事）を預かる母親の問題だとすることは，そうした状況にある家族を追い詰めることにしかならないだろう．

(2)　家族の食（事）担当とジェンダー

　食事を含む家事担当に関して，日本は先進国のなかではジェンダー格差が大きく，女性に偏っている．家（食）事負担についてのジェンダー改革が叫ばれているが，実質的には女性の社会的労働の負担（従事量）を少なくする方法（非正規やパートなど）がとられているようである．こうした現実についてはいろんな見方があるが，これは世界的な新自由主義的経済の要請に沿わない日本の保守的ナショナリズムのせいだけではないようである．そこには，女性たちの家

（食）事に関する「意識」の問題もかかわっているようである．

　見崎恵子は，これまで自明視されてきた「女性＝家族の『調理主体』」という考え方が現在検討されているが，そこには女性たちの「危機感」があることに留意したいという（見崎，1999：118，130）．女性たちの危機感とは，女性たちが食（事）や料理作り（その負担を含む）についてもっている複雑な意識，不安である．というのも女性たちにとって食（事）担当は，「負担」というジェンダー格差や不平等による「ジェンダー秩序の再生産」などの問題とは別の「意識・役割」の問題がかかわっているようだからである．食（事）や料理を担当することについて，女性たちには次のような意識的精神的側面がみられるという．1つは家族への食事担当を「家族への愛情と配慮（ケア）」と考えていること，他はそれを「仕事の分担」ではなく，家族の「健康や食嗜好」を優先させているという「特別の心づかい」だと考えていることである．

　女性たちのこういう意識（女性自身がそれを負担と考えるかどうかは別にして）について，単に伝統的なジェンダー規範を無意識的に内面化しているとか，慣習継承や自己肯定だということができるだろうか．「ポストフェミニズム時代」に生きる女性たちは必ずしもそうではないようである．多くの女性たちは料理作りを楽しむだけでなく，家族用に作った料理を通して料理教室を起業したり，そのレシピを商品化してインターネットに公開したりしている．家庭の食事や家事の担当は技術化，情報化，外部化，代行化が進んで，より合理化・簡素化できるようになった（かつてはそれらに対応できる女性側の知識などが必要だったが，いまや自動センサーやAI化されている）．女性たちはいまやある意味で「自分独自の」食事担当をすることができるようになり，それを負担や義務だと考えないで，「自由選択」だと考える人たちも生まれている．もちろんそうした考えをもったり，そうすることができたりするのも，環境や事情（家族や経済的要素）が許すからだということもできよう．しかしそれだけではないようだ．私見では，この問題については必ずしもジェンダー平等や公正問題に収斂できない，女性たちが長く食（事）や料理作りを担当してきた歴史から身に着けた，食に関する知力・技術力・文化力もかかわっているのではないだろうか[3]．

第4節　食の「ジェンダー規範」からの自由

　近年，「食とジェンダー」に関して注目される現象がある．かつて「食」は

時代社会文化のもつ「ジェンダー規範」のもとで，酒は男性用のもの，甘いものやチョコレート等は女性用，という「通念」があった．女性は人前で酒を飲んではいけない，酒を飲めない男性は「男性性」に欠けるなどを始め，食に関するさまざまな「ジェンダー規範」があり，時代社会文化のジェンダー・イデオロギーが食にも存在していたといえる（河上，2016a）．では今日，こうした「食のジェンダー・イデオロギー」はなくなったのだろうか．

　食のジェンダー・イデオロギーからの自由について確認しておきたいのは，これは食の消費者サイドの問題よりは，むしろ食（品）の生産（量）や販売（量）に関係することとして，生産側や産業側の「意向」と無関係ではない．私たちの「食」は今日，生命維持のためよりは商売・美容・趣味等の多様な目的をもち，人びとのニーズや欲求に相応するものとなっている．食（品）もいまや社会的なジェンダー意識の変化に沿うものとなり，最近は「脱ジェンダー」や「ジェンダー・フリー」の食（品）も多く見かけるようになった．「酒好きの女」「大食の女性タレント」「甘食好きの青年」「黒や白など中性色や無色の食器や食道具」等々が，マスコミや食のコーナーに出回ってっている．

　かつては宗教儀礼や地域の慣習と一体であった食べものの「ジェンダー規範」（家父長制的規範）が確固としてみられたが，今日では都市生活者のみでなく，日本中の多くの男女（個人）が自分たちの好みで脱ジェンダー的食（品）を「自由」選択している．10年前の「肉食女子」「草食男子」という揶揄的表現ももはや風化して，食品はジェンダーをもたないようである．もちろん地方や家庭内では，伝統的なジェンダー規範はまだなくなってはいないが，社会的には食品へのジェンダーの縛りは確実に衰退している．では今日，日本の食品の世界はジェンダーから自由な領域，食べものは個人の自由選択の対象物となったのであろうか．必ずしもそうではないようである．

　もちろん食（品）に対するジェンダー規範からの自由は，近代の自由・平等・民主主義の精神や，女性たちの自由・平等を求めるフェミニズム運動のジェンダー変革運動が影響しているといえるだろう．しかしそれ以上に，1990年以降のグローバルな高度資本主義的生産主義による大量の食（品）消費の拡大という，新自由主義的な産業経済側の要請が大きいのである．ジェンダー色のあるローカルな食（品）ではなく，マクドナルドな無性や中性の脱ジェンダー的な食（品）が世界のいたるところで消費されるのは，背後に産業側の「売るための戦略」「商戦」があるからではないだろうか．それゆえそうした「新し

い」ジェンダー色の食品が「売れない」ならば，政治状況を背景に，「古い」ジェンダー食品の再登場もあるかもしれない．

　食品の自由化には「新自由主義」的食市場の意向も入っている．その意味で，食品選択の自由については，産業側と消費者側（女性たち）との間の相関性を考える必要がある．現実の食選択は，食品のジェンダー規範からの自由よりは，むしろ消費者の選択の「自己責任」問題とされることが大きいのである．つまり現在進行しつつある脱ジェンダー的な食（品）購入の「自由選択」は，自由と平等と民主主義のあらわれよりは，グローバルな高度資本主義的経済主義のあらわれではないかと考えられる．近年の食（品）にみられる脱ジェンダー化は食の世界のジェンダー規範からの「自由」を必ずしも意味していないように思う．

第5節　エコフェミニズムの「食」論

　周知のように，日本のフェミニズムもジェンダー問題，とくに女性の「労働」問題や「選択の自由」「家事に関する性役割」問題などにおける差別・抑圧・構造の解明とその超克に取り組んできた．その運動や理論は，前節にみたように，一面では食の世界におけるジェンダー「改革」に「寄与してきた」といえるが，多くは食のグローバルな市場経済主義に巻き込まれている．というのも日本のフェミニズムは，現代社会がかえている食の問題とジェンダーとの関係について正面から理論的に取り組んできたとはいえないからである．そこから食の世界におけるジェンダー改革は不完全なものになったように思う．この節ではそうしたことを踏まえて今日のフェミニズムの食論について考える．

　フェミニズムのなかで，「食とジェンダー」の関係問題に取り組んできたといえるのは「エコフェミニズム」だろう．そのエコフェミニズムの理論は，日本ではこれまで注目されてこなかったようである（河上，2012）．その理由も含めて，エコフェミニズムの「食」論について考える．

(1)　日本のエコフェミニズム
　フェミニズムは，日本では1970年代から，伝統的なジェンダーの不平等な関係を乗り越え，女性自身の自立と自由をめざす運動として活動してきたが，「食」については家事労働の問題や家族内の性役割の問題のみに取り組んでき

たように思う．そうしたなかで食の問題に関心をもってきたのは，エコフェミニズムの一部と生活者運動，環境運動，消費者運動などだろう[4]．だが日本のエコフェミニズムは，1980年代まで青木やよひを中心とする「リプロダクティブ身体」（その医療技術化批判）を主題化してきたので[5]，食問題の理論化はなされなかった．しかし1990年代には，社会主義の崩壊とともに資本主義的市場経済がグローバル化し，食の産業構造が変化するとともに，世界の「食」をめぐる経済的格差が広がり，日本でも食に関する多くの問題に関心が集まるようになった[6]．そして消費生活の仕方やごみ問題などを含む食の環境への（女性たちの）かかわり方が問われるようになって，欧米の（ソーシャル系の）エコフェミニズム理論が注目されるようになった[7]．

　そうしたなかで綿貫礼子は，チェルノブイリ原発事故による放射能汚染の後遺症を抱えた子どもたちの（食）支援活動から，「リプロダクティブ環境」の問題を軸に，「環境と女性」との関係を主題化した[8]．この綿貫たちの活動は，2011年の福島の原発事故による「食の環境」への放射能汚染問題が起きて以降，エコフェミニズムがもつ「食・環境」と「ジェンダー」問題への視角を，改めて照明させることになったといえよう．

　いうまでもないが，福島の原発事故による「食の環境」への放射能汚染は，日本および世界中に大きな衝撃を与えた．現代社会のグローバルな資本主義と科学技術主義の発展によって，「自然」「生命」を支える「食・環境」世界そのものが脅かされることを私たちは体験した．そして現代の食産業経済のなかで脅かされている食の「**安全性**」という問題と，「家族のための食（事）担当」という女性たちが担っている役割の重大さを改めて認識したのである．言い換えれば「フクシマ」以後，私たちは，「食と環境の安全性」と「女性における家族の食事担当」（その意義を含む）の問題を主題化しなければならなくなった．近年のエコフェミニズムの再読やケア論の提唱の背景にはこうした「食・環境・ジェンダー」の問題への注視があるといえよう．

(2)　エコフェミニズムの「食・環境・ジェンダー」の考え方

　人間の食に関しては，生命の存立・維持にかかわることとして，その安全性確保が重要であり保障されなければならない[9]．それゆえこの食の「安全性」について，これまでも産業技術の発展による食料・食物への加工化・人工化・技術化の問題として論議され，規制などがとられてきた．そこでの「安全性」は，

人間にとっての「食（料・品）の有害性・危険性」の防止・排除ということにある（第 1 段階）．その後，食物の遺伝子組み換え技術などの高度産業科学技術の発達によって食糧生産場の「**食の環境**」が脅かされるようになり，「安全性」は「食の環境」の自然性の破壊・侵害の禁止・制限，そしてその保護である（第 2 段階）．その後さらに原発事故による「放射能汚染」などによる生き物の「いのち」「生存」の存在基盤の危機という問題が引き起こり，「安全性」は，人間を含む生き物の生命・生存の「存立・維持と可能性」（＝サブシステンス）にかかわる広義の「（食の）環境」問題となった（第 3 段階）．これは環境そのものの問題であり，ある意味で「食とジェンダー」という枠を超える問題だといえるだろう．ではこうした「食」の安全性をめぐる状況変化のなかで，エコフェミニズムは，「食・環境・ジェンダー」の関係について，どのように考えてきたのだろうか．

　エコフェミニズムは，エコロジーとフェミニズムの 2 つの思想を発生源とするといわれ，自然破壊と女性の抑圧には共通の支配構造が存在するという認識に基づいて，「生命の尊重，自然の保護，女性の自由」をめざす社会運動であり，食と環境に関する問題・課題をジェンダーの視点から分析する（河上，2003b）．それゆえエコフェミニズムは，今日の食・環境の問題についてエコロジーと必ずしも同じ考え方をしない．その違いを示すのがフェミニズム，とくに「ジェンダーの視点」である．以下，「ジェンダー」に軸足を置いて，エコフェミニズムの「食・環境」についての考えを確認したい．
　エコロジーは人間中心主義を批判し，すべての生き物・自然・地球の尊重，存続，保存・保護の立場を考える（生命中心主義）．それゆえ食についても他の生きものを含めた生命存続のための環境を軸に考える．たとえば，捕鯨のクジラ「食」も，日本の「食文化」の伝統継承という観点をとらず，クジラの生命という観点から否定する．つまりエコロジーは，「食」の軸を人間（の食活動）におくのではなく，すべての生き物の生存や自然の存続性におく．東方沙由理（2018：36）は，私たちの食には海や土地によって「生かされ養われている」という「エコロジー感覚」が必要であると指摘している[10]．
　それに対して，エコフェミニズムは食の問題について，「食べて生きる」人間社会のなかで，**女性**にかかわる現実の人間関係や社会文化や経済システムなどの問題を含めて，考える．それゆえエコフェミニズムの食の見解には「両面

性」「多義性」が付きまとうこととなる．その「食・環境」理論には，現代の食・環境の男女の身体への影響，「食」労働（賃労働と家事労働）の性役割，「北と南」の食市場における格差（富裕と貧困），妊娠，肥満や美容にあらわれる男女の食認識の差異などの見解も含まれるからである．つまりエコフェミニズムは，現代の食の世界へのグローバルな食市場における自然性の収奪・支配を批判するが，同時にそれを支えている食の生産と消費の関係構造，人間の食生活やジェンダーの問題についても考えるのである．

　現代の食の世界は，前節でみたように，グローバルな金融資本主義的食産業の食市場拡大によって，「北」では生産領域での（男性）労働の価値化＝有償化と，消費領域での（「主婦」の）再生産活動の無価値化＝無償化という，食の（資本主義的）交換価値構造に支えられた豊食の世界が出現している．他方「南」では，「北」の食市場を支えるために，生産と消費の双方における男女の協働労働が無価値化されつつも続けざるをえないという「貧困」「飢餓」の世界が出現している．しかしそうした食の世界の「北と南」の（ジェンダー）格差構造について，国際機関による是正策も結局は格差の横断的拡大にしかならない．なぜなら今日では男性労働の「主婦化」[11]が，グローバル金融資本主義のもとで，世界中で縦横的に拡がっているからである．エコフェミニズムはこうしたジェンダー的構造に支えられた資本主義的食労働の問題を含めて，食・環境の問題を批判的に考えてきたといえよう．

第6節　ポストフェミニズム時代の食のケア論

⑴　母たちの「食のケア」について

　福島の原発事故後，子どもたちのための「安全な」（放射能汚染のより少ない）食料調達や環境確保の「要望・葛藤・苦しみ」が，母親たちから SNS やインターネットを通して発せられ，それらに対して国や地域や民間などの多様な支援活動が展開された．ところがこうした動きについて，「なぜ母親たちなのか」という疑問や異議が出された．「安全な食料の調達」は子どもをもつ母親たちの問題ではなく，老人，病者，障がい者などの食のケアをしている人たちの問題でもあり，「男女」を問わない問題ではないのか．いや安全な食料の調達や環境確保は，「フクシマ」の被害者全体の問題であっても，「母たちの問題」ではないだろう，と．

　母親たちの声や要望を優先することに対して，こうした疑問や異議が出たのである．そして一部のフェミニストからは，母親たちの要望を優先するのは伝統的な「母性主義」や，食事における「ジェンダー構図・秩序」を容認することではないのかと，疑問も出された．ここから母親たちの食事担当の「役割」とはなにかが改めて問題化されたのである（河上，2012：25-28）．

　この問題は，第二波フェミニズム理論では家（食）事に関するジェンダー構造や性役割の問題であるが，しかしこれはそういう問題枠では論議できないように思われる．というのも原発事故による「食の安全性」問題は生命を脅かす「第 3 段階」の環境問題迄に進んでいる．子どもたちの日々の食料調達をケアしている母たちの声は，母親たち専有の食べ物への要求ではなく，生命保護のための「食の安全性」の主張だからである．それだけではない．エコフェミニズムでは，母親たちを含む女性たちが子どもや家族の食事のケアに関心をもちケアすることについて，性役割の問題以上に，子どもや他者との「生存」や「共生」の問題だと考える．資本主義的市場経済優先主義のなかでもっとも犠牲を蒙るのは，社会のなかで弱い立場に追いやられる者たちであり，それは子どもだけなく，貧困者，社会的弱者，「南側」の男女，社会的孤立した者たち，そしてケアの必要な人たちを「ケアしている」人たちである．こうした人びとは，食の（安全性や調達）保障からも遠いところに立たされるゆえに，食の保護・支援・情報をもっとも提供される必要があり，それは，性役割の観点からでは論じられないといえるからである．この考えは，チェルノブイリ事故後，子どもたちのために放射能汚染されないミルクを求めて母親たちと共鳴して活動した西欧のエコフェミニストたちの主張でもあった．食事を含む家事担当は，資本主義的再生産問題よりは，生命と生活の再生産問題として，人間の基本的生存を支える活動とみる必要があるという．これが，エコフェミニズムの「サブシステンス」の考えである．

　サブシステンス subsistence とは，一般に「基本的生存」や「自立的生存」と訳され，資本主義的市場経済に依存しない労働や生活を指示する考え方である．食のケアを含む家事労働は，資本主義社会のなかでは生産労働などの賃金を稼ぐ生活のあり方より価値が低いとみなされているが，エコフェミニズムではむしろ，それは生存のための価値ある再生産活動，サブシステンスのための労働と考えられている．そこでは食の安全なあり方を確保・維持するために，

生産と生活とを分離させないで，人びとがともにかかわるべきだと考える．もちろんそうした営みを女性だけが担うのではなく，男女共同の活動としていくことが大事だという．そして安全な食の生活と結びついた生産のあり方を求めることや，強制や差別のないあり方で食活動に取りくみ，男女が自立した生き方をすることが重要だといわれている．

　しかし今日のように資本主義的市場経済が私的領域まで進行しているなかで，そうした自立した（自給的）生活ができるには，賃金獲得を目的としない，「最低限の」社会的労働をすることも必要だと，ミースたちは語っている（ジョージほか，1998）．その場合もミースたちは，女性たちが対立するのではなく，考えを共有する仲間たちと（男性を含めて）繋がり，組織化し，これまでのジェンダー構造への変革的な意識をもち活動することが必要だともいう．それは，グローバルな経済構造のパラダイム，プロセス，政策，プロジェクトには「父権的偏見」が存在し，そこでは「女性の関心と優先問題，視点が排除されてきた」からである，といわれている．

　エコフェミニストたちは，以上のサブシステンスの考え方（サブシステンス・パースペクティブ）のもとで，世界各地で自立・自給の生活を実践している女性たちの活動と連携している．ミースはその点で日本の「生活クラブ」を評価した．こうした女性における食の（担当を含む）問題については，ポストフェミニズムのケア論にも同様の見解がみられるようである．

(2) ポストフェミニズムの「ケア」論

　現代社会のように家族が多様化し個人化しつつあるなかで，差別や抑圧のない共生関係を実現することの一番の難問は，家庭・家族における「ケア」という問題であろう．家族におけるケアという問題は，これまで食事や育児などのケアの主体は女性であるとされてきた，「食」に関する「ジェンダー」問題である．現代社会では，食事を含む家事（労働）が私的世界の無償労働（アンペイドワーク）として女性に配分されていることで女性の経済的自立が困難になるという問題がある．これは「ケアの私事化」「ケアの女性化」の問題といわれ，「ケアの社会化」志向と対置されている．はたしてケアは私事的問題なのか．いや，昨今国の共生政策として，ワークライフバランスや共食推奨が掲げられているにもかかわらず，生命・生活そして労働の基本をなす家（食）事の「ケア」が私事的問題，女性の問題にされていることが問題なのである．

「ケア」の原点に立ち戻って考えてみよう．「ケア」はすべての人間存在にとって生存の不可欠な要件である．「ケアしケアされること」，つまり双方向的ケア存在であることが人間存在の「本質」でもあることは，ギリシアの哲学者ソクラテス以来20世紀のケアの哲学者 M. メイヤロフまで語ってきたことである．こうした双方向的ケア存在である人間において，（家族への）「ケアすること」を女性のみに負わせることこそ，現代社会の問題だろう．もちろん男性たちは（家族への）「ケアする」ことを多くは社会的労働という形で担っているともいうが，女性たちは直接的に「ケアする」ことに従事することで，現実的には自己の自立的生活の経済的基盤を喪失したり社会に依存したりしている．こうした現実を受けて，女性個人の自立を掲げてきたフェミニズムにおいてもケア論が提唱されるようになった．ギリガンやノディングスたちのケア倫理や，キティやファインマンのケア論などが知られているが，「食とジェンダー」を考えるうえから後者のポストフェミニズム[12]のケア論に注目したい．

　このケア論は，岡野八代や牟田和恵などの翻訳によって内容が紹介されているが，そこで問題化されているのは，子どもなど，ケアを必然的に必要としている者（ケアされる者）への「ケアする者」の社会的位置づけ（依存的状態）である．これまでのフェミニズムでは，「母」を始めとする女性が「ケアする者」とされることで女性たちの（社会経済的）自立が困難になることを問題化し，ケアと「母」との一体化的関係性を切り離し，ケアを社会化することを提唱してきたように思う．しかしファインマンなどのフェミニストは，ケアの人間関係性，とくに「家族」のあり方から考える．というのも「自立」可能な大人たちは，食事（調達を含む）などのケアを他者に依頼したり社会的支援によって行うことも可能だが，自立できない子どもなどは「必然的に」他者のケアを必要とする．ファインマンは，後者のケア関係においてケアする者は，ケアされる者と日々生活を共にし，その心身状態を知っている家族員（「母」という象徴体）がふさわしい，と述べている．これは，前節で述べた，家族で担われてきた「共食」の性役割問題でもあることを確認しておきたい．だが他方では，高齢者や障がい者への食のケアを含む家族内でのケア関係が，多くの問題を生じさせていることも確認する必要があるだろう．

　いずれにせよキティやファインマンたちは，従来，女性個人の自立を掲げてきたフェミニズムのなかに，新たにケアという**共生**の視点を導入している．このポストフェミニズムのケア論は，家族を近代的自律・自立的個人による集合

体と考えるのではなく，また性愛的関係態とするのでもなく，相互にケアしあう関係態と考えている．つまり家族とはケア関係で構成される（共食を含む）人間集団であると考え，そこから共生社会を考えようとしている．家族の「絆」を「性愛」から「ケア」へと転換させようというのである．こうした考えは，前節でみたような現代の食の世界のなかでの変容した家族のあり方として説得力をもつように思うが，問題は，この「ケア家族」も新自由主義的資本主義社会という現実のもとにあるということである．

　このことについて，第二波フェミニズム理論では，家族は近代社会において「自然的な」性的関係態として規定され，国家よって法的規制と保護を受ける「特別な集団」であり，「政治的な諸制度のなかの1つ」であるとされてきた．それゆえに家族も人と人との関係性や生活形態などにおいて「国家の一制度」として，国家が期待する役割を担ってきたといえる．近代国家は「ケア」という「家族役割」の「自然化」という「イデオロギー的装置」をもって，ジェンダー家族をつくりあげてきたといわれている．こうした近代の性的家族のもとにあるケア関係の軛を解き放ち，新たなケア関係でつながる家族が求められている，とポストフェミニズムのケア論は主張しているようである．
　それでも私見では，家族におけるケア役割は近代国家による性愛関係に結びついた構築物だけではないように思う．霊長類学の山極壽一（2012：230）によれば，家族は人間のもっとも古い社会的文化的な装置で，歴史を通して存続してきた人間の社会組織であり，家族における共食と子育ては家族の性関係とは別であった．たしかに家族のなかで共食と子育てを担う者がいたが，それは母という血縁的単体よりは複数の母たちが担っていた．また複数の父もそこに参与していた．いわゆる共同の食事（共食）と，複数の親たちによる共同の子育てをする「開かれた」家族である．この家族のケア主体は母だけではなく父でもあった．多くは父のケアは積極的参加ではなく，「母親の負担をなくすような積極的世話とは別の」「連携」というかたちであり，「長期的に子どもに影響を与えるようなあり方」「子どもの保護者，監督者という役割」のもとにあり，「ほかの子どもたちと対等なつきあいをさせて社会化すること」であったという．つまり人類の家族は性愛の閉鎖的ジェンダー集団ではなかったのである．こうした家族のあり方は家族の共食活動において最も現れているといわれている．以上の見解を踏まえれば，古来，家族は（対の父母の）性愛を基本とする人

間共同体よりは，むしろ食（共食）を中心とするケアの共同体であったようである．家族の基盤が共食にあり，家族のケアも食にかかわる役割を基本としていたからである．

　ポストフェミニズム時代のケア論は，家族の性愛関係の変化からのアプローチからではなく，「食のケア」からのアプローチ，つまり現代社会の食のあり方の変貌のなかで，家族を支えてきた食（事）のケアのあり方からも考える必要があるように思う．

お わ り に

　現代のグローバル化した食の世界が抱える問題について，女性たちのジェンダー「改革」は，労働問題，食の自由化，食・環境の安全性問題，家族のケアを含む共食（事）のあり方などの問題を中心に，一定の役割をはたしてきたといえる．それでも女性たちは，世界規模で発展し続ける食市場経済の支配のもとで多くの解決困難なジェンダー問題を抱え，自身の生（活）のあり方を模索している．そうしたポストフェミニズム時代に生きる女性たちの歩みは，二方向に分かれているようである．自ら食産業を含む社会的労働に積極的に参入することでジェンダー改革を志向する方向と，食を介した自然や他者とのケア関係を重視したサブシステンスの生活を志向する方向である．だがその両者にも属しえないで，豊食の日本のなかで貧困や病気や家族関係によって日々の食事にも欠き社会的に放置され孤立している女性（男性）たちが少なからずいる．こうした食の世界のジェンダー「格差」も，グローバルな食の市場経済社会のなかで不可視化されていることを確認しておきたい．

注
1）　女性の食産業へのかかわりの変化については，佐藤ほか編（2018）参照．
2）　表真美はこの「食卓」の役割について，「家族団らん」との関係から「食育」の「イデオロギー」的側面も問題化している（表，2010：142）．
3）　ポーランによれば，ボーヴォワールは，食事作りについて，「重圧」にもなるし「一種の啓示と創造」にもなると（両面性を）考えていたという（ポーラン，2014：225）．
4）　食問題への取り組みに関しては，日本では生活者運動やごみ問題などの環境運動や生協や生活クラブを始めとする消費者運動などが取り組んできた．そこから日本のエコフェミニズムは「エコロジーとフェミニズムの合体」よりは「**環境運動とフェミニ**

　　ズムの合体」であるといわれる（萩原，1997）．

5）　1980年代の青木やよひを中心とする日本のエコフェミニズムは，「エコフェミ論争」
　　で反近代主義・母性主義・本質主義などの批判を受けて，それ以降，理論展開されな
　　かったといえる（河上，2003a）．

6）　1990年代，日本のフェミニストたちの間で，女性の社会的労働への参与や各人の生
　　き方をめぐる論争（「女性のコア参入論争」）が起きるが，これは後述するエコフェミ
　　ニズムのサブシステンスの考え方の問題を含んでいた（伊吹，2018：10）．

7）　この欧米のエコフェミニズム理論は，M. メラー，ヴァンダナ・シヴァ，マリア・ミ
　　ース，C・v・ヴェールホフ，ヴェロニカ・ベンホルト・トムゼン，C・V・ヴェール
　　ホフ，ヴァル・プラムウッド，カレン・ウォレンなどの思想が翻訳書を通して紹介さ
　　れた（河上，2003b）．

8）　綿貫のこの視角は，他のフェミニストにも共鳴を与えたが，これは80年代エコフェ
　　ミニズムの科学的医療技術批判や反核運動の産業科学技術批判の継承でもあった．

9）　ミースは食の安全性問題は，女性における食（事）担当において一番重要な関心事
　　であるという．また食糧安全保障が国連の重要な主題となっているが，グローバル資
　　本主義の拡大によって産業経済側の視点が重要視され，食べる人間の視点が軽視され
　　ていると批判している．（ジョージほか，1998：24）．

10）　こうした食のエコロジー的考えをもっとも著わしたのが，宮沢賢治であろう．彼は
　　「肉」を食べることが動物を殺すことであると気づき，ベジタリアンであろうとしたが，
　　人間の食自体が全ての生き物を殺すことにつながっていると自覚し，ベジタリアニズ
　　ムの限界を知る．人間の食行為とは生き物を殺し食べることである，と述べている
　　（河上，2015：172-191）．

11）　エコフェミニストたちは，無償の家事労働をする女性（＝主婦）たちと同様に，男
　　性たち（の労働）も資本主義的市場経済のもとで同じく手段となっていることを「主
　　婦化 Hausfrauisierung」といっている．

12）　「ポストフェミニズム」には，フェミニズム運動を「終った」とみる考えと，フェミ
　　ニズム理論の欠陥を補完しようという考えがあるが，ここでは後者をとりあげる．な
　　おケア論には，食の自然・環境への双方向的ケアをとなえる「エコフェミニズム」の
　　考えもある．

参考文献

Mies, Maria, Veronika Bennholt-Thomsen and Claudia von Werlhof（1991）*Woman: The Last Colony,* Zed Books（マリア・ミース／ヴェロニカ・ベンホルト＝トムゼン／クラウディア・フォン・ヴェールホフ（1995）『世界システムと女性』古田睦美・善本裕子訳，藤原書店）．

Mies, Maria, Vandana Shiva（1993）*Ecofeminism,* Zed Books.

石毛直道（1982）『食事の文明論』中央公論社（中公新書）．

―――（2009）『食の文化を語る』ドメス出版．

井上輝子・上野千鶴子・江原由美子編（2009）『新編　日本のフェミニズム：第 2 巻』岩波書店.

伊吹美貴子（2018）「80年代フェミニズムにおける総撤退論を再考する—マリア・ミースのサブシステンスの視座から」『日本女子大学院紀要』24.

上野千鶴子・綿貫礼子（1996）『リプロダクティブ・ヘルスと環境』工作舎.

岡野八代（2012）『フェミニズムの政治学』みすず書房.

―――（2017）「継続する第二波フェミニズム理論」『同志社アメリカ研究』53.

尾関周二・亀山純生・武田一博編著（2005）『環境思想キーワード』青木書店.

落合恵美子（2004）『21世紀家族へ（第 3 版）』有斐閣.

表真美（2010）『食卓と家族—家族団らんの歴史的変遷』世界思想社.

ガムバロフ，マリーナほか（1989）『チェルノブイリは女たちを変えた』グルッペGAU訳，社会思想社.

河上睦子（2003a）「〈女性，身体，自然〉への現代的視角」『社会思想史研究』27.

―――（2003b）「環境思想としてのエコフェミニズム」『季報唯物論研究』85.

―――（2012）「食をめぐる母たちの苦しみ—フクシマとミナマタ—」岡野治子・奥田暁子編『希望の倫理—自律とつながりを求めて—』知泉書館.

―――（2015）『いま，なぜ食の思想か—豊食・飽食・崩食』社会評論社.

―――（2016a）「現代日本の〈食〉とイデオロギー」『環境思想・教育研究』第 9 号.

―――（2016b）「共食と共生—食・ジェンダー・ケア」唯物論研究協会第39回大会報告.

―――（2017）「〈食〉の哲学入門—孤食について哲学する」『季報唯物論研究』140号.

―――（2019a）「ルードヴィヒ・フォイエルバッハ」安井大輔編『フードスタディーズ・ガイドブック』ナカニシヤ出版.

―――（2019b）「「食の哲学」入門——フォイエルバッハを参考に「食と宗教」について考える」大阪哲学学校編『生きる場からの哲学入門』新泉社.

菊地夏野（2019）『日本のポストフェミニズム』大月書店.

キティ，エヴァ・フェーダー（2010）『愛の労働あるいは依存とケアの正義論』岡野八代・牟田和恵訳，現代書館.

―――（2011）『ケアの倫理からはじめる正義論』岡野八代・牟田和恵訳，白澤社.

小杉礼子・宮本みち子編著（2015）『下層化する女性たち』勁草書房.

斎藤純一（2003）「依存する他者へのケアをめぐって」日本政治学会編『「性」と政治』.

佐藤一子・千葉悦子・宮城道子編著（2018）『〈食といのち〉をひらく女性たち』農山漁村文化協会.

志賀文哉（2018）「"食堂活動"の可能性」『富山大学人間発達科学部紀要』12(2).

品田知美・野田潤・畠山洋輔（2015）『平成の家族と食』晶文社.

渋谷望（2013）「からみあう貧困・災害・資本主義」『社会学年誌』54.

ジョージ，スーザン／マリア・ミース／ヴァンダナ・シヴァ／マリリ・カール（1998）『食糧と経済』アジア太平洋資料センター（PARC）.

竹井恵美子編（2000）『食とジェンダー』ドメス出版.

東方沙由理（2018）「日本におけるエコロジーへのケアの不在」『季刊 変革のアソシエ』32.

ファインマン, マーサ・A.（2003）『家族 積みすぎた方舟』上野千鶴子監訳, 学陽書房.

───（2009）『ケアの絆──自律神話を超えて』穐田信子・速水葉子訳, 岩波書店.

───（2012）「ジェンダーとケア」ジェンダー法学会編『講座ジェンダーと法』2巻.

萩原なつ子（1997）「エコロジカル・フェミニズム」江原由美子・金井淑子編『フェミニズム』新曜社.

福永真弓（2016）「エコロジーとフェミニズム：生（life）への感度をめぐって」『大阪府立大学女性学センター論集』23.

古田睦美（2002）「『北の女性』とサブシステンス・パースペクティブ」『社会運動』263.

ポーラン, マイケル（2014）『人間は料理をする』上, 野中香方子訳, NTT出版.

桝潟俊子・谷口吉光・立川雅司編著（2014）『食と農の社会学』ミネルヴァ書房.

見崎恵子（1999）「女性の意識・役割の変化と食」石毛直道監修『食の文化（7巻）─食のゆくえ』(118-136), 農山漁村文化協会.

安井大輔編（2019）『フードスタディーズ・ガイドブック』ナカニシヤ出版.

山極壽一（2012）『家族進化論』東京大学出版会.

湯浅誠（2017）『「なんとかする」子どもの貧困』角川書店（角川新書）.

（河上睦子）

あ と が き

　本書の共同研究の端緒は，編者の鳴子が科研費基盤研究(C)を平成27（2015）年度にスタートさせたことにある．同研究は「ルソーのアソシエーション論から女性の能動化と戦争を阻止する国家の創出を探究する」という限定性の強い課題の個人研究を進めるものであった．しかし同研究は当初から，複数の研究者の協力を得ることを想定しており，個人研究と併行してジェンダーや暴力に重点を置いた共同研究を進め，それとの連動，連携によって個人研究の進展を図る意図も有していた．

　共同研究の具体的な活動の始まりは2018年2月3日に中央大学駿河台記念館で開催された中央大学社会科学研究所シンポジウム「ジェンダー・暴力・デモクラシー」（第27回中央大学学術シンポジウム「理論研究」チーム主催（チーム代表：鳴子））にあった．同シンポジウムは二部構成で，あわせて八名が登壇した．第一部四名の登壇者は，本書の執筆者でもある棚沢，平野，原，堀川（登壇順）であり，第二部四名は，鳴子を含む「理論研究」チームメンバーであった．シンポジウム当日の五名の報告の表題は以下の通りである．

　　棚沢直子　「力関係の起源としての世代」
　　平野千果子「ナポレオンと植民地――反乱・奴隷・女性」
　　原千砂子　「再生産における女性主体と暴力」
　　堀川祐里　「戦時期日本における既婚女性の就業環境」
　　鳴子博子　「ジェンダー視点から見たフランス革命――暴力と道徳の関係
　　　　　　　をめぐって」

　シンポジウム「ジェンダー・暴力・デモクラシー」開催後，関係者の話し合いや意志確認を経て，今後はよりジェンダーに重心を移して共同研究を進めること，中央大学社会科学研究所の枠組みを離れて共同研究を進めること，共同研究メンバーの新たな参加を求めることが決まった．しかしこの間，編者側の都合もあり，こうした決定に至るまで，シンポジウム開催から1年弱の時間がたっていた．新たにメンバーに加わったのが，大矢，大久保，後藤，河上（本書の執筆順）である．本書執筆の九名が全員確定したのは，2019年の早春であ

った．こうして再編された共同研究の共通テーマは最終的に「ジェンダー・暴力・権力」となった．以上の経緯から，本書のサブタイトル「水平関係から水平・垂直関係へ」に対して執筆者全員が意識化して研究を進めることはできなかった．しかし世代間関係を重視することの必要性から棚沢が提起した「垂直関係」を，棚沢以外の執筆者は必ずしも意識化しているとは言えないけれども，無意識的には問題としているように思われる．執筆者が無意識的に問題としている隠れた側面を読者が読み取ってくださるとしたら，望外の喜びである．世代関係のなかにある権力の問題は，身近な例を1つだけ挙げるとすれば，セクシュアル・マイノリティへの差別・偏見の除去が求められている時代にあっても，なぜ日本で選択的夫婦別姓すら認められないのか，という疑問と深くかかわっているように思われる．身近にありすぎて見えなくされている大きな力，権力に私たちはもっと自覚的になり，問題を深く掘り下げなければならないのである．

　晃洋書房編集部の山本博子さんと本書刊行の話し合いを始めたのは，2018年2月のシンポジウムの直前であった．それ以来，山本さんの的確で迅速な，それでいて細やかな心遣いに溢れた仕事ぶりに私たちは大いに助けられた．京都と東京を行き来する多忙な毎日の中で山本さんの重ねられた尽力なしには，本書の刊行は覚束なかったと思う．執筆者を代表して心より感謝申し上げる．

　　＊本共同研究を進めるための費用は，平成27年度文部科学省科学研究費助成事業基盤研究(C)「ルソーのアソシエーション論から女性の能動化と戦争を阻止する国家の創出を探究する」(15K03292，研究代表者：鳴子博子) より支出した．

　2019年11月吉日

　　　　　　　　　　　　　　　　　　　　　　　　　　　鳴 子 博 子

人 名 索 引

事 項 索 引

《執筆者紹介》（執筆順，＊は編著者）

＊鳴子博子（なるこ　ひろこ）［はしがき・第1章］
　　中央大学経済学部教授．博士（政治学）．
　　研究領域：社会思想史・政治思想史
　　主要業績：『ルソーにおける正義と歴史——ユートピアなき永久民主主義革命論』中央大学出版部，
　　2001.『ルソーと現代政治——正義・民意・ジェンダー・権力』ヒルトップ出版，2012年.『地球
　　社会の複合的諸問題への応答の試み』（新原道信・宮野勝・鳴子博子編），中央大学学術シンポジウ
　　ム研究叢書12号，中央大学出版部，2020年.

平野千果子（ひらの　ちかこ）［第2章］
　　武蔵大学人文学部教授．博士（地域研究）．
　　研究領域：フランス植民地史
　　主要業績：『フランス植民地主義の歴史——奴隷制廃止から植民地帝国の崩壊まで』人文書院，
　　2002.『フランス植民地主義と歴史認識』岩波書店，2014年.『アフリカを活用する——フランス
　　植民地からみた第一次世界大戦』人文書院，2014年.

大矢　　温（おおや　おん）［第3章］
　　札幌大学地域共創学群教授．
　　研究領域：ロシア政治思想史
　　主要業績：「スラヴ派の共同体論における「ナショナル」意識」『札幌法学』（札幌大学）29巻1・
　　2号合併号，2018.「Н. Г. チェルヌィシェフスキーと「リベラル」との位相関係」『札幌大学総合
　　論叢』47号，2019年.

大久保由理（おおくぼ　ゆり）［第4章］
　　日本女子大学人間社会学部助教．博士（学術）．
　　研究領域：日本近現代史，植民地研究（南方移民史）
　　主要業績：「断裂する日本占領下の記憶——グアム・チャモロのひとびとと旧日本軍」『記憶の地層
　　を掘る——アジアの植民地支配と戦争の語り方』（今井昭夫・岩崎稔編，共著），御茶の水書房，
　　2010年.「「大東亜共栄圏」における南方国策移民——政策・教育・活動」（博士論文，日本女子大
　　学）2015年.「『大東亜共栄圏』研究における『南方・南洋』の可能性——南方国策移民の研究史整
　　理として」『人間社会学部紀要』28号，2018年.

堀川祐里（ほりかわ　ゆうり）［第5章］
　　新潟国際情報大学国際学部講師．博士（経済学）．
　　研究領域：社会政策，ジェンダー史
　　主要業績：「戦時動員政策と既婚女性労働者——戦時期における女性労働者の階層性をめぐる一考
　　察」『社会政策』9巻3号，2018.「戦時期の女性労働者動員政策と産業報国会——赤松常子の思
　　想に着目して」『大原社会問題研究所雑誌』715号，2018年.「戦時期日本の労務動員における女性
　　労働者の多様性に関する研究——稼得労働と世代の再生産をめぐる政策のもつ期待の二重性に対す
　　る研究者と指導者の主張を糸口に」（博士論文，中央大学）2019年.

後 藤 浩 子 （ごとう　ひろこ）[第 6 章]
　　法政大学経済学部教授．Ph. D.
　　研究領域：アイルランド・ブリテン社会思想史
　　主要業績：『アイルランドの経験：植民・ナショナリズム・国際統合』（法政大学比較経済研究所・
　　後藤浩子編），法政大学出版局，2009年．「名誉革命とプロテスタント優位体制の成立」『世界歴史
　　大系：アイルランド史』（上野格・森ありさ・勝田俊輔編，共著），山川出版社，2018年．

棚 沢 直 子 （たなさわ　なおこ）[第 7 章]
　　フランス研究者，東洋大学名誉教授，東洋大学人間科学総合研究所客員研究員．パリ第 4 大学博士
　　課程 DEA 取得．
　　研究領域：フランス思想，日仏比較研究
　　主要業績：『女たちのフランス思想』（棚沢直子編訳），勁草書房，1998年．『フランスには，なぜ恋
　　愛スキャンダルがないのか？』（棚沢直子・草野いづみ，共著），角川書店，1999年．『フランスか
　　ら見る日本ジェンダー史──権力と女性表象の日仏比較』（棚沢直子・中嶋公子編），新曜社，2007
　　年．『日本とフランスのあいだで──思想の軌跡』御茶の水書房，2017年．

原 千 砂 子 （はら　ちさこ）[第 8 章]
　　桐蔭横浜大学法学部教授．
　　研究領域：政治思想史・フェミニズム
　　主要業績：「民主主義社会における宗教の役割──トクヴィルの宗教論」『歴史のなかの政教分離』
　　（大西直樹・千葉眞編，共著），彩流社，2006年．「人格と所有──『性の商品化』をめぐって」『法
　　の基層と展開』（桐蔭法学研究会編，共著），信山社，2014年．

河 上 睦 子 （かわかみ　むつこ）[第 9 章]
　　相模女子大学名誉教授．博士（文学）．
　　研究領域：哲学・社会思想
　　主要業績：『フォイエルバッハと現代』御茶の水書房，1997年．『宗教批判と身体論』御茶の水書房，
　　2008年．『いま，なぜ食の思想か──豊食・飽食・崩食の時代』社会評論社，2015年．「「食の哲学」
　　入門」『生きる場からの哲学入門』（大阪哲学学校編，共著），新泉社，2019年．

ジェンダー・暴力・権力
　　──水平関係から水平・垂直関係へ──

2020年2月20日　初版第1刷発行　　＊定価はカバーに
2020年7月25日　初版第2刷発行　　　表示してあります

編著者　　鳴　子　博　子ⓒ

発行者　　萩　原　淳　平

印刷者　　江　戸　孝　典

発行所　株式会社　晃　洋　書　房
〒615-0026　京都市右京区西院北矢掛町7番地
電話　075(312)0788番(代)
振替口座　01040-6-32280

装丁　野田和浩　　　　　印刷・製本　共同印刷工業㈱

ISBN978-4-7710-3288-0